KB263802

이토록 평범한 나도 건물주

이토록 평범한 나도 건물주

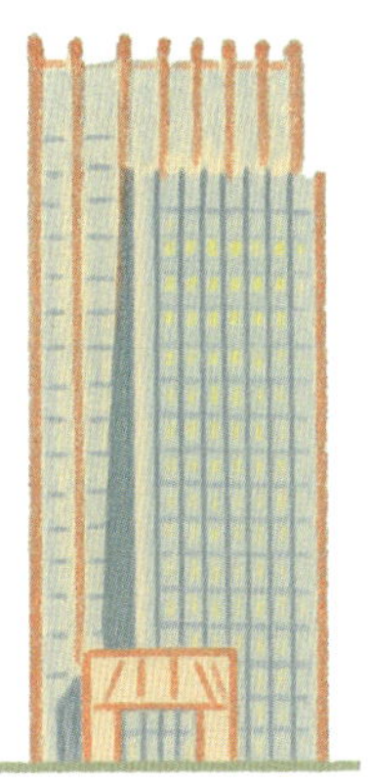

소액으로 따박따박 월급 받는 건물투자의 모든 것

월건주 오조 지음

매일경제신문사

평범해서 가능했던
건물주의 길

"고생했다, 김 부장."

〈서울 자가에 대기업 다니는 김 부장 이야기〉에서 25년 충성한 회사에 사표를 내고 집으로 돌아온 김 부장. 모든 걸 알아버린 아내 하진은 말없이 남편을 안아줍니다. 드라마 속 장면이지만, 이상하게 낯설지 않습니다.

어쩌면 지금 이 책을 펼친 당신의 이야기일지도 모르니까요. 대한민국 인구의 약 60%는 월급쟁이와 경단녀 주부입니다. 100세 시대라지만, 은퇴는 여전히 55세 전후. 열심히 살았는데, 노후는 불안합니다. 월급은 들어오지만 미래는 잘 보이지 않습니다. 이 책은 그런 불안에서 출발했습니다.

부동산 천재도, 금수저도 아닌 월급을 받으며 출근하던 40대 직장인 '월건주', 그리고 경력단절을 겪었던 평범한 가정주부 '오조'가 어떻게 월급을 모으고, 시간을 견디고, 선택을 쌓아 마침내 건물주가 되었는지에 대한 기록입니다. 그리고 동시에 이 책은, 김 부장처럼 은퇴를 처음 고민하기 시작한 40대 직장인, 가족을 위해 살아오다 문득 내 인생의 후반전을 떠올린 분들에게 건네는 현실적인 건물 투자 이야기입니다.

저희 역시 부린이였습니다. 회사 안에서의 성과가 인생의 전부라 믿었고, 월급은 꼬박꼬박 받았지만 미래는 늘 막막했습니다. 부동산 책을 펼치면 용어부터 어려워 덮어버리곤 했습니다.

"건물주는 특별한 사람만 되는 거 아냐?"

"강남 건물은 애초에 나랑 상관없지."

"지금 시작하면 너무 늦은 거 아닐까?"

이 질문 앞에서 저희도 수없이 흔들렸고, 잘못된 선택도 했고, 돌아가기도 했습니다. 그래서 이 책에는 성공담만 담지 않았습니다. 실패했던 판단, 겁이 나서 놓쳐버린 기회, 괜히 어려운 말에 흔들렸던 순간까지 솔직하게 담았습니다. 이 책은 "이렇게 하면 쉽게 돈 번다"는 책이 아니라 "이렇게 하면 최소한 실패는 피할 수 있다"는 책이 되고 싶었습니다. 이야기는 이렇게 흘러갑니다.

1장과 2장에서는 월급쟁이였던 월건주가 어떻게 건물 2채를 샀는지, 경단녀였던 오조의마법사가 어떻게 200억 강남 건물주가 되었는지를 에세이처럼 풀어냅니다. 읽다 보면 아마 이런 생각이 들 겁니다. "저 사람, 나랑 크게 다르지 않은데?" 3장과 4장에서는 건물주 선배의 시선으로 건물 투자의 기본과 실전을 정리했습니다. 중개업자 말이 아니라, 생계형 투자자가 실제로 고민했던 기준입니다. 5장과 6장에서는 건물주가 되기 전에 반드시 필요한 마인드, 그리고 초보가 꼭 알아야 할 핵심 정보들을 담았습니다. 돈보다 먼저 바뀌어야 할 생각에 대해 이야기합니다.

이 책을 덮을 때, 당장 건물을 사지 않아도 괜찮습니다. 다만 이것 하나만은 분명해지길 바랍니다. "건물주는 나와 상관없는 세계가 아니다." 완벽한 시작은 없습니다. 그러나 준비된 시작은 분명히 존재합니다. 이 책이 당신의 인생 후반전을 준비하는 가장 현실적인 출발점이 되기를 바랍니다.

독자들의 걱정 없는 미래를 응원하며
월건주, 오조 올림

PART 2   건물주 선배가 알려주는 투자 비밀 노트

Chapter04 **건물주 되는 실전 노하우** |오조|

PART 3 평범한 사람 누구나 건물주 될 수 있다

우리는 이렇게 건물주가 되었다

PART 1

chapter 01

월급 300, 노예에서
3년 만에 건물 2채
건물주 되다

월급 300,
노예의 삶 시작

"건주야, 우리 건물 투자 한번 해볼래?" 전화기 너머로 들려온 형의 목소리는 이상하게도 덤덤했다. 나는 커피를 마시다 그대로 뿜을 뻔했다. "뭐? 건물 투자? 에이, 우리 같은 평범한 월급쟁이가 무슨 건물주야. 드라마나 신문 속 얘기지."

2018년, 유난히 더웠던 여름

5살 많은 친형이 불쑥 꺼낸 이 말은 내 인생의 모든 경제관념을 뒤흔들었다. 형도 나와 다를 바 없었다. 대학 졸업 후 평범하게 직장 생활을 시작했고, 한 가정의 가장으로 월급에 의지해 살았다. 차이점이 있다면, 형은 '절약의 화신'이었다. 결혼 10년 동안 차를 한 번도 바꾸지 않았고, 신발은 닳아도 새 걸 잘 안 샀다. 그렇게 악착같이 모은 종잣돈으로 집을 마련했고, 틈틈이 주식과 상가 투자를 하긴 했지만, 건물은 '부자나 연예인 전용 아이템'이라 여겼다. 그래서 나는 형에게 물었다. "형, 꼬마빌딩이라도 몇 십 억 원짜리 건물을 우리가 어떻게 사?" 형은 잠시 뜸을 들이다 말했다. "우리가 모은 돈 합치고, 대출 좀 끼면 충분히 가능해."

그때는 몰랐다. 이 말이 평범한 월급쟁이였던 내가 3년 만에 건물 2채를 살 수 있었던 투자의 핵심 열쇠였다는 걸. 그때 나는 코웃음을 쳤다. "뭐라고? 몇 십억 대출? 형, 우린 금수저 아니잖아."

사실 나는 '대출'이라는 단어만 들어도 거부 반응이 나왔다. 어린 시절, 나는 부모님과 함께 뜨거운 태양 아래의 중동 건설 현장에서 땀 흘리던 아버지를 기억한다. 아버지는 30년 동안 한 건설회사에서 단 한 번도 이직 없이 성실히 일하셨다. 전국 현장을 전전하며, 새벽이 되기 전에 일어나 가족을 위해 한평생을 바쳤다. 그 덕분에 부모님은 빚 한 푼 없이 삼 남매를 키워낼 수 있었다.

아버지는 늘 말씀하셨다

"성실하게 일하고, 월급 모아 저축하면, 다 잘 살 수 있다."

그런 집안에서 자란 내게 '대출'은 그저 위험하고 나쁜 것, 집안을 말아먹는 선택이었다. 그래서 나는 성실함 하나로 버티면 언젠가는 건물주가 될 수 있다고 믿었다. 하지만 그 믿음은 2018년 그 여름, 형의 한 마디에 서서히 흔들리기 시작했다.

평생직장은 없다,
회사의 배신

나는 평생 '대출은 적'이라고 배웠다. 대출 잘못 받으면 집안 말아먹는 것이고, 받지 않고 성실히만 살면 언젠가 돈이 모이고 건물주도 될 수 있다고 믿었다.

그래서 대학을 졸업하고, 나 역시 아버지처럼 평범한 회사원으로 사회에 나왔다. 결혼 전까지 악착같이 돈을 아꼈고, 결혼 후에는 경제관념 탄탄한 아내와 맞벌이를 하며 종잣돈을 모았다. 회사도 나름 인정해줬다. 실적 좋을 땐 연말 보너스가 두둑했고, 인사 평가 점수도 항상 상위권이었다. 그때 내 머릿속에는 아주 선명한 성공의 테크트리가 있었다.

'1단계 사원부터 시작해서 부장까지 된다', '2단계 임원으로 발탁된다', '3단계 월급이 껑충 뛴다', '4단계 돈을 모아 건물주가 된다', '5단계 은퇴 후 경제적 자유를 누린다' 이 5단계만 착착 밟으면 되는 줄 알았다. 그래서 나는 남들보다 일찍 출근했고, 남들보다 늦게 퇴근했다. "열심히만 하면 반드시 보상받는다"는 믿음으로, 회사에 내 청춘을 맡겼다.

그런데 그 믿음이 무너지는 날이 왔다. 어느 날 아침, 회사에서 가장 믿고 따르던 박 부장이 갑자기 짐을 싸고 있었다. 그는 나에게는 롤모델이었다. 실력, 인품, 인간관계까지 완벽한 선배. 그런데 이유도 설명도 없이, 그날로 회사를 떠났다. 박 부장이 쓸쓸하게 회사를 나서는 뒷모습을 보는데, 머릿속이 얼어붙었다.

"저 사람도 이렇게 나가는데… 나는 안전할까?"

그 순간 처음으로, 내가 믿어온 5단계 테크트리에 금이 갔다.

"나는 지금까지 뭘 위해 살았지?"

"아버지처럼 월급쟁이로 성실하게만 살면 정말 경제적 자유가 올까?"

그날 이후, 나에게 회사는 더 이상 내 안전지대가 아니었다. 아마도 그때부터였을 것이다. 내 머릿속 어딘가에서 '회사 밖의 삶'이 자라나기 시작한 것은.

이 회사가
내 인생 전부일까?

그 후 내 회사 생활은 눈에 띄게 달라졌다. 예전에는 '야근=충성'이라 생각했는데, 이젠 아니었다. 나는 더 이상 회사에 내 모든 에너지를 바칠 수 없었다. 대신 매일 고민했다. '이직할까?' '다른 부서로 가볼까?' '아니면 휴직을?'

하지만 회사 안에서 발버둥 친다고 세상이 바뀌진 않았다. 그리고 마음 한 구석에서 또렷한 결론이 생겨났다. 회사 밖에서 답을 찾자. 근로소득만으로는 진정한 경제적 자유를 얻을 수 없다는 것을 깨달았던 것이다. 그 순간, 예전에 읽었던 《부자 아빠 가난한 아빠》의 문장이 떠올랐다.

봉급생활자에서 → 사업가로
근로소득에서 → 자본·투자소득으로
월급쟁이에서 → 건물주로
그래, 내 인생의 '직업'이 바뀌어야 했다. 그러다 문득 몇 달 전

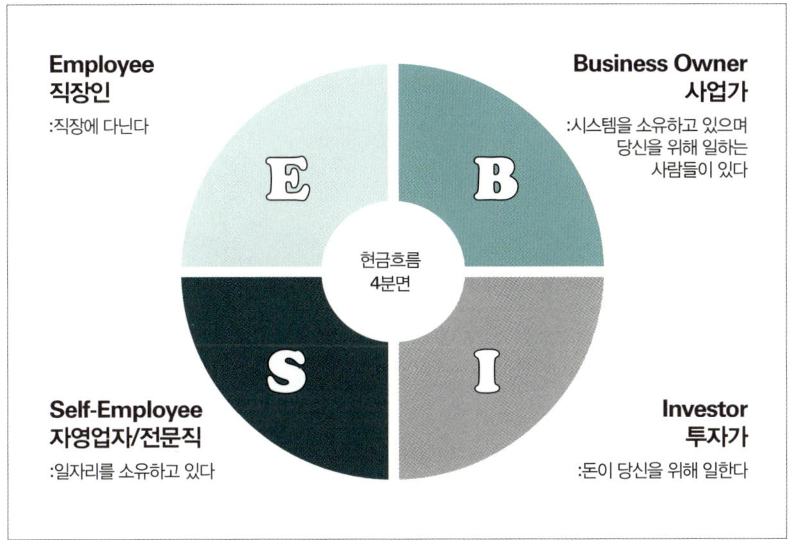

형의 제안이 생각났다.

"건물 투자, 해볼래?"

그때는 흘려들었지만, 지금은 달랐다. 나는 곧장 형에게 전화를 걸었다.

"형! 그 건물 투자… 그거 어떻게 하는 거야?"

"우리 같은 월급쟁이도 돼?"

"대출은 얼마 받아야 돼?"

"월세는 한 달에 얼마 들어와?"

한 번 뚝 터진 호기심은 멈출 줄 몰랐다. 질문이 폭포수처럼 쏟아졌다. 형은 웃으면서 말했다.

“야, 진짜 해볼 마음 있네?”

그렇게 나의 꼬마빌딩 부동산 공부가 시작됐다. 하지만 문제는 어디서부터 시작해야 할지 전혀 감이 없었다는 것이다. 정보는 감춰져 있었고 발품 팔아도 얻는 것은 소문과 추측뿐이었다. 결국 나는 맨땅에 헤딩하듯, 회사 밖 세상으로 첫발을 내딛었다. 그리고 그 발걸음이, 앞으로 3년간 나를 건물 2채의 주인으로 이끌게 될 줄은 그때는 몰랐다.

나도 건물주 될 수 있을까?

형과 나, 월급쟁이 형제가 건물주를 꿈꾸었지만, 곧 현실적인 두 가지 고민이 앞을 가로막았다. 첫째, 월급 모아서 건물주가 될 수 있을까? 둘째, 투자 잘못했다가 집안 말아먹는 거 아니야? 아마 이 글을 읽는 독자분들도 비슷한 고민을 하고 있을 것이다.

월급과 건물가격의 상대성 이론

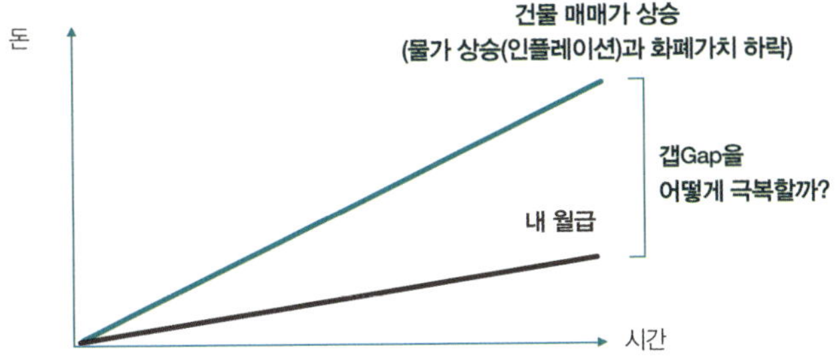

월급으로 건물주가 가능할까?

종이에 숫자를 써 내려가 보았다. 내 월급, 저축률, 그리고 서울 꼬마빌딩 가격 상승률까지 결론은 너무도 명확했다. 월급 저축 그래프는 완만한 언덕이었고 건물가격 그래프는 끝없는 하늘이었다.

두 선은 갈수록 벌어졌고, 그 차이는 메울 수 없었다. 그렇다면 방법은? 바로, 부모님 세대가 극도로 경계하던 '대출'이었다. 대출이라는 지렛대를 활용하면, 이 불가능한 간극을 뛰어넘을 수 있었다. 이것이 K-부동산의 냉정한 실체였다. 대출은 위험하지 않을까? 두 번째 고민은 자연스럽게 이어졌다.

대출 잘못 받으면 집안 말아먹는 거 아니야?

맞다. 위험하다. 다음 그래프는 내가 투자한 1호기 건물의 대출 금리 변화다. 처음 2019년에는 3% 초반이었다가 2% 초반까지 하락하다 2023년에는 미친 듯 상승했다. 롤러코스터 그 자체였다. 금리가 낮았던 시기에는 월세로 이자를 내고도 돈이 남았다. 그러나 금리가 높아진 시기에는 월세 대부분이 은행으로 흘러갔다. 2호기 역시 비슷한 흐름이었다.

월건주 1호기 대출금리 추이

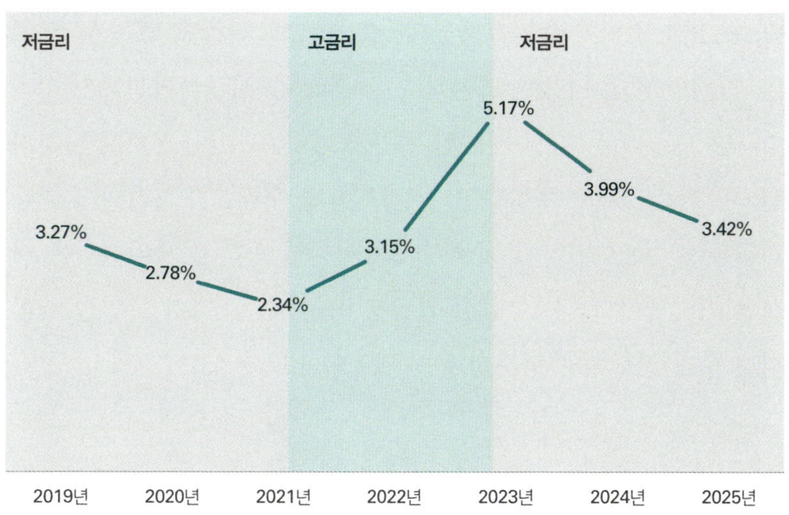

월건주 2호기 대출금리 추이

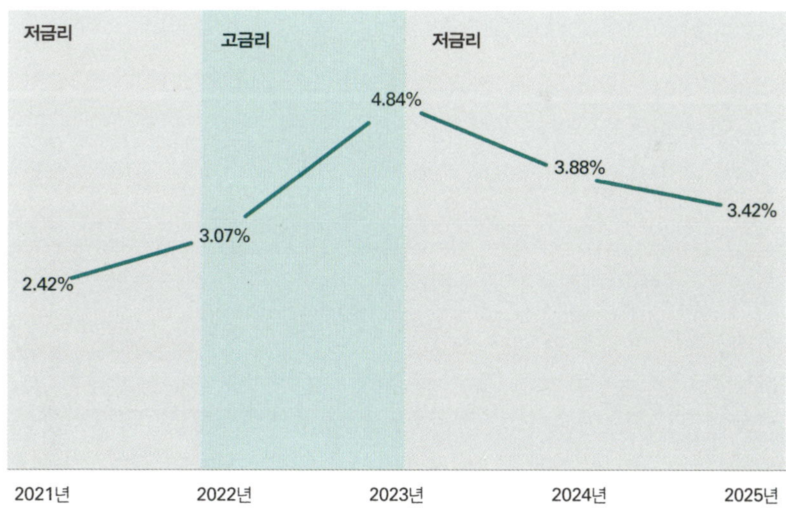

이 경험은 "대출은 사업이다. 사업에는 성수기와 불황기가 있다"는 것을 명확하게 가르쳐줬다. 즉, 세상에 리스크 없는 일은 없다. 하지만 대출 비중을 조절하고, 금리 상승 시뮬레이션까지 고려한다면 그 위험은 감당 가능한 수준이 된다. 조금 냉정하게 말하자면, 이 리스크조차 두렵다면 건물주는 될 수 없다. 거리의 수많은 건물들 중 90% 이상이 대출이라는 사다리를 타고 세워졌다는 사실을 기억해야 한다. 평범한 월급쟁이도, 이 두 가지 고민을 극복하는 순간 건물주로 향하는 문이 열린다.

평범한 직장인,
건물주 되는 단 하나의 방법

월급쟁이가 건물주가 되는 가장 빠른 길은 단 하나다. 여럿이 종잣돈을 합치는 것. 예를 들어 보자. 인천의 한 신축 꼬마빌딩은 왠만한 수도권 아파트보다 저렴한 가격으로 2024년에 8억 8,000만 원에 매각되었다.

매매가 8억 8,000만 원

각 층 세입자 보증금 층당 1,000만 원 × 6층 = 6,000만 원

월세 층당 65만 원 × 6층 = 월 390만 원

이러한 꼬마빌딩을 사기 위해 실제로 드는 현금은 얼마나 될까? "8억 8,000만 원 전부일까? 평범한 직장인에겐 꿈의 숫자 아닌가?" 하지만 상업용 건물은 아파트와 달리 대출이 60~70%까지 가능하다.

70% 대출 받았다고 가정해보자. 즉, 세입자 보증금 6,000만 원

항목	금액	비고
매매가	8억 8,000만 원	
보증금	−6,000만 원	
대출금	−6억 1,600만 원	70%
취득세	+4,048만 원	4.60%
중개료	+792만 원	0.90%
합계	2억 5,240만 원	

제외하고, '매입가 8억 8,000만 원 × 70% 대출 = 6억 1,600만 원 대출'을 감안했을 때 취득세와 중개료까지 합쳐 실제로 필요한 내 돈은 약 2억 5,240만 원이면 된다.

그렇다면 자연스럽게 고민되는 두 번째 질문 "2억 5,240만 원, 어떻게 만들까?" 솔직히 2억 5,240만 원조차 직장인 혼자 모으기에는 너무 많은 돈이다. 그래서 방법은 '돈을 합치는 것'이다. 돌이켜 보면, 이것이 평범한 월급쟁이가 3년 안에 건물 2채 건물주가 될 수 있었던 핵심 비법이다.

예를 들어보자. 매달 월건주가 300만 원씩 저축한다고 하자(간단히 계산을 위해 복리 개념을 빼고 생각하자). 3억 원을 모으는 데 몇 년이 걸릴까?

① 나 혼자 월급 300만 원으로 3억 원을 모으는 데 8.33년이 걸린다(3억 원 / 300만 원 = 100개월).

② 둘이 함께 3억 원을 모으면? 각각 1억 5,000만 원을 합치면, 8.33년의 절반인 약 4.17년이 걸릴 것이다.

③ 여기에 맞벌이 아내까지 합친다면? 그에 반의 반인 약 2.78년으로 줄어든다.

④ 마지막으로 맞벌이 형수님까지 힘을 합친다면? 반의 반의 반인 약 2.08년으로 더 줄어든다.

결론은 다음과 같다.

가족이 함께 돈을 모을 때 줄어드는 시간

인원	월 저축액	걸리는 시간
1명	300만 원	100개월(8.33년)
2명	600만 원	50개월(4.17년)
3명	900만 원	33.3개월(2.78년)
4명	1,200만 원	25개월(2.08년)

나는 이렇게 형, 형수, 아내와 함께 돈을 합쳐 1호기와 2호기를 매입했다. 평범한 월급쟁이라도, 가족·동료와 종잣돈을 합치면 8년 걸릴 일을 2년 만에 할 수 있다. 다음 부분에서, 우리가 어떻게 4명이 힘을 합쳐 첫 건물을 샀는지 그 '실전 스토리'를 공개하겠다.

맨땅에 헤딩, 운명의 첫 건물과의 만남

"어디서부터 시작해야 하지?"

첫 건물 투자의 문턱은 생각보다 높았다. 몇 년 전만 해도 건물 투자 정보는 유튜브나 강의에서 쉽게 찾을 수 없었고, 그저 부자나 연예인, 혹은 '알 만한 사람들'만의 영역처럼 느껴졌다. 우리는 막막함 속으로 무작정 뛰어들 수밖에 없었다.

두려움 속의 첫 발걸음

형과 나는 동네 부동산을 돌며 A부터 Z까지 배우려 했다. 하지만 부동산 사무실 문을 열 때마다 마음속에는 이런 생각이 맴돌았다.

"돈 없다고 무시하면 어쩌지?"

"건물 투자는 잘 모르는데…"

예상대로 현실은 냉혹했다. 연세 지긋한 사장님들이나 강남의 대형 법인 중개사들은 우리를 대수롭지 않게 여겼다. 나이가 어리

다는 이유, 자금이 부족하다는 이유로, 우리는 단순한 '방문자'에
불과했다.

포기 대신 동행

솔직히 몇 번은 포기하고 싶었다. 하지만 형이 옆에 있었다. 형
이 없었다면 이미 돌아섰을지도 모른다.

그 경험 덕분에 나는 깨달았다. 투자에서 가족이나 믿을 수 있
는 동행자는, 단순한 동반자가 아니라 생존의 버팀목이라는 것을.

그래서 나는 강의나 모임에서 늘 말한다. "가족과 함께라면, 혼
자가 아니라면 투자 문턱은 훨씬 낮아진다."

발품과 토론의 반복

매물을 소개받으면 출퇴근 전후로 부지런히 임장을 다녔다. 주
말이면 가족 나들이 코스에 건물 근처 카페를 넣고, 아내와 아이를
잠시 맡겨두고 몰래 건물을 훑었다.

100개가 넘는 건물을 직접 보고 밤새 형과 매물을 토론하며 좋
은 건물과 나쁜 건물을 구분하는 '안목'이 생겼다. 그 과정은 지치
고, 힘들었지만 동시에 눈을 뜨게 하는 시간이었다.

그리고 운명의 건물을 만난다. 지쳐가던 어느 날, 경기도 모 지
역에서 5층짜리 메디컬 꼬마빌딩이 눈에 들어왔다.

당시 제안가 약 23억 원

세입자 보증금 2.2억 원

월세 약 850만 원

"과연 이걸 우리가 살 수 있을까?"

그 질문이 우리의 가슴을 뛰게 했다. 동시에 두려움과 설렘이 교차했다. 이 순간, 우리는 투자자로서 새로운 도전을 맞이하게 되었다.

월급쟁이도
진짜 건물주가 될 수 있을까?

1호기 건물과 마주한 순간, 심장이 뛰기 시작했다. 조건은 그야말로 완벽했다. 대부분의 층이 병원으로 꽉 채워진 '메디컬 건물', 지하철역 도보 5분, 환상적인 역세권 코너는 아니지만, 옆에 주유소가 있어 탁 트인 시야, 20년 된 건물이지만, 튼튼하고 깔끔하며 엘리베이터까지 완비되어 있었고, 주변 재개발 호재로 월세 안정성과 시세차익 모두 기대할 수 있었다.

"이건… 정말 현실일까?"

월급쟁이였던 우리에게, 말 그대로 꿈같은 매물이 눈앞에 펼쳐졌다.

"왜 팔까?"

좋은 조건일수록 더 의심이 됐다. "도대체 이렇게 완벽한 건물을 왜 팔지?" 중개사에게서 들은 사연은 뜻밖이었다. 건물주는 부모님에게서 100억 원대 건물을 증여받았고, 증여세를 내기 위해 어쩔 수 없이 급매로 팔 수밖에 없었다고 했다. 그 순간, 세상에는 정말 다양한 사정의 부자들이 있다는 걸 깨달았다.

잠입 조사, 긴장의 나날

우리에게는 기회였다. 팔려는 사람이 급하면, 협상은 우리에게 유리하다. 그래서 형과 나는 한 달간 '탐정 모드'에 돌입했다.

첫째, 매일 출퇴근 전, 건물 주변을 맴돌며 관찰했고, 둘째, 주말이면 근처 카페에 앉아 유동인구와 임대 업종을 체크했고, 셋째, 병원이 장사 잘 되는지, 환자 행세를 하며 내부를 탐방했다. 매 순간 마음속 긴장이 폭발할 듯했지만, 의심은 철저히 해야 했다.

"혹시 놓친 게 있는 건 아닐까?"

밤마다 형과 얼굴을 맞대고 매물 정보를 가져와 토론하며, 완벽하게 준비하지 않으면 평생 모은 돈을 날릴 수 있음을 절감했다.

의심에서 확신으로

한 달간의 잠입 조사가 끝났을 때, 우리의 의심은 확신으로 바뀌었다. 마침내 중개사에게 매입 의사를 전했다. 하지만 곧 또 다른 현실이 우리를 기다렸다. 바로 '돈'이었다.

자금 퍼즐 맞추기

건물 탁상감정가가 높게 나와 매매가의 70~80%까지 대출이 가능했지만, 역시나 그때 당시만 해도 우리는 대출에 대한 막연한 두려움이 있었다. 그래서 결국 11억 원만 대출받기로 결심했다. 나머지는 이렇게 마련했다.

　10년 넘게 모은 예금과 적금을 몽땅 해지했고, 형과 보유 중이던 소형 상가를 매각했고, 부족분은 마이너스 통장을 활용했다. 그리고 대출 금리 0.1%라도 낮추기 위해 은행 창구를 수십 번 드나들었다. 한 걸음, 한 걸음이 긴장과 두려움으로 채워진 날들이었다.

　그리고 마침내 계약일이 잡혔다. 그 순간, 우리의 가슴은 벅찬 희열과 공포로 뒤섞였다. 월급쟁이였던 우리가, 평범한 사람도 진짜 건물주가 될 수 있다는 걸 증명할 도전이 시작되는 순간이었다.

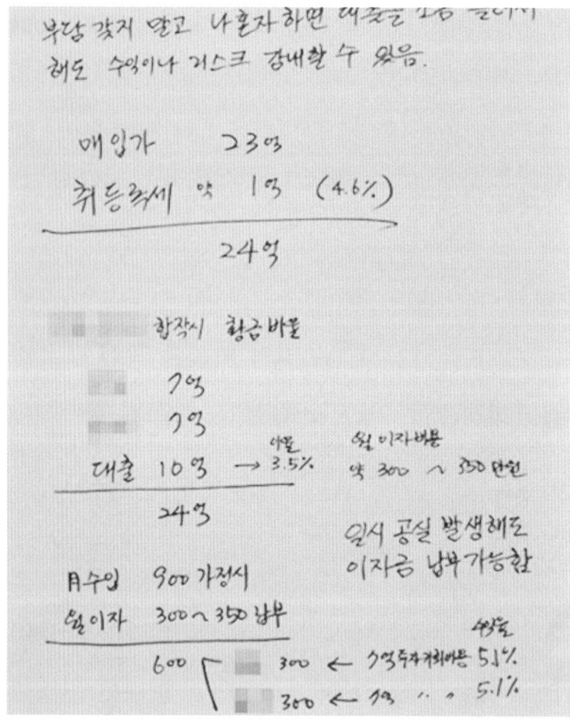

당시 친형과 투자금 관련 고민해본 흔적들이다.

드디어!
첫 건물주가 되다

드디어 계약날이 왔다. 부동산 앞에 멈춰 선 순간, 고급 외제차가 눈에 먼저 들어왔다. 형과 나는 서로의 눈빛을 훑었다. "우리가 과연 감당할 수 있는 게임일까…" 심호흡 한 번, 그리고 문을 열었다.

차원이 다른 계약서

건물을 계약하는 일은 아파트, 상가 계약과는 급이 달랐다. 층별 임차 월세, 관리비, 공과금, 건물 운영비… 모든 항목을 하나하나 확인해야 했다. 반나절 넘게 건물주와 실랑이를 벌이며, 가격과 조건을 조율했다. 다행히 건물주는 젊은 형제가 힘을 합쳐 도전하는 것을 좋게 봐주신 듯했다. 결국 최종 금액 22억 6,000만 원에 도장이 찍히는 순간, 숨이 막혔다.

기쁨보다 걱정

"이제 진짜 건물주네!" 하지만 기쁨은 잠깐이었다. 머릿속은 오직 한 가지 생각으로 꽉 차 있었다. "한 달 뒤, 대출 안 나오면 계약금 2억 2,600만 원 날린다." 최소 현금 10억 원이 필요했고, 대출 11억 원을 승인받아야 했다. 은행에 대출 서류를 제출한 순간부터 매일이 조바심의 연속이었다. 밤마다 "정말 될까?"라는 불안이 마음을 짓눌렀다.

잔금의 순간

3주 뒤, 드디어 정식으로 대출을 승인받았다. 잔금을 치르고 등기부등본을 확인했다. 우리 이름이 선명히 찍혔다. 마침내 첫 꼬마빌딩의 주인이 된 순간이었다.

월급쟁이에게 약 10억 원은 상상도 못할 숫자였다. 그래서 우

월건주 1호기 투자 내역서

항목	금액	비고
매매가	22억 6,000만 원	
보증금	−2억 2,000만 원	
대출금	−11억 원	49%
취득세	+1억 396만 원	4.60%
중개료	+1,000만 원(반 깎음)	0.90%
실투자금	약 10억 원	

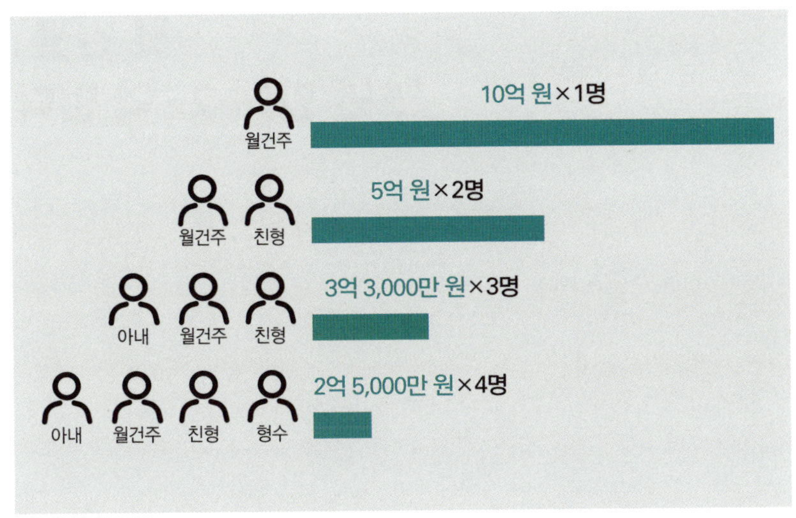

리는 가족 4명이 모여 각자 2억 5,000만 원씩 보탰다.

종잣돈을 합치는 것. 평범한 월급쟁이가 건물주가 되는, 가장 현실적이고 빠른 길이었다. 그 순간, 숨 막히는 긴장감 속에서도 희열과 성취감이 함께 몰려왔다. 우리는 진짜로, 스스로의 힘으로 첫 건물주가 되었다. 그리고 이것이 우리 인생의 완전히 다른 장이 열리는 순간임을, 본능적으로 알 수 있었다.

첫 건물,
5년 만에 25억 벌다

건물주가 되기 전, 나는 막연히 이렇게 생각했다. '그냥 월세 통장만 확인하면 되겠지' 하지만 현실은, 상상과는 완전히 달랐다. '통장에 꽂히는 월세'의 착시, 계약 갱신, 월세 수금, 은행 이자 납부. 청소비, 보험료, 전기료, 엘리베이터 관리비까지⋯ 한 층이라도 공실이 생기면? 그 달 이자는 내 월급에서 메워야 했다.

여름 장마에는 "물 새면 어쩌지?"로 고민했고, 겨울 한파에는 "동파되면 어쩌지?"로 전전긍긍했고, 몇 년 전 새벽 화재에는 심장이 철렁 내려앉았다. 건물주는 단순히 통장만 보는 직업이 아니었다. 매달, 매 순간, 작은 사고와 돌발 상황을 예의주시해야 하는 자리였다.

숫자로 보는 1호기

지난 5년간 다행히 공실 없이 완주했다. 월세는 매입 이후 조금씩 올려, 현재 매달 약 975만 원(부가세 제외, 관리비 포함)이 통장으로 흘러 들어온다.

월세 월 975만 원

대출이자 월 314만 원(11억 원, 금리 3.42%)

운영비 월 86만 원(도로점용료, 청소, 전기, 엘리베이터 등)

합계 지출 약 400만 원

표로 정리해보면 다음과 같다.

월건주 1호기 건물의 월 수익 구조

항목	금액(원)	비고
① 월세	9,750,000원	
② 대출이자	3,140,000원	대출금리 3.4%
③ 운영비	860,000원	
도로점용료	250,000원	연 300만 원
엘리베이터	240,000원	종합보수
청소비	200,000원	청소업체
공용전기요금	100,000원	
정화조	40,000원	연 42만 원
화재보험료	30,000원	연 31만 원
순이익(①-②-③)	5,750,000원	

한 달에 얼마 벌까?

결론적으로 매달 은행이자, 운영비를 제외하면 월 575만 원이 남는다. 대출금리가 오르면 수익률은 줄고, 내리면 늘어난다. 작지만, 확실한 현금 흐름이다. 그렇다면 월세 1년 수익률과 시세차익은 현재 얼마일까?

대출 전 수익률: 5.7%

대출 후 수익률: 8.4%

TIP 왜 대출을 받으면 수익률이 8.4%로 올라갈까?

대출 전 수익률(5.7%)이 대출금리(3.42%)보다 높기 때문이다. 쉽게 말해, 싼 이자로 돈을 빌려와서 더 높은 수익을 내는 구조라서, 내 돈 대비 수익률이 올라간다. 반대로 임대수익률이 대출금리보다 낮으면, 대출을 쓰면 쓸수록 수익률은 낮아진다.

그렇다면 시세차익은 얼마일까?

매입가 22억 6,000만 원

현재 시세 약 47억 원 (매입가 대비 +210%)

아직 1호기는 매각 전이지만 추정가를 근거로 하면, 약 5년 만에 두 배인 25억 원 정도를 번 것이다.

월건주 1호기 추정가

〈매입 당시〉   〈현재〉

실거래정보 빌딩	AI 추정가 *beta*
최근 실거래 18.11 **22.6억** 직전 거래이력 없음	AI 추정가 **47억**

※부동산 플래닛 AI 추정가로 산출

결론적으로, 솔직히 주식이나 코인처럼 폭발적인 수익률은 아니다. 하지만 나는 부동산을 중장기 우상향 안정자산으로 본다. 현금은 인플레이션에 잠식되지만, 건물은 두 가지를 준다. '매달 들어오는 월세라는 현금 흐름'과 '장기적으로 오르는 시세차익' 이 두 마리 토끼를 동시에 잡을 수 있는 것이다. 그래서 1호기를 안고, 우리는 곧 2호기라는 도전을 시작했다. 심장이 두근거리는 설렘과, 책임감이 묵직하게 어깨를 누르는 순간이었다.

코로나 위기 속,
영끌로 두 번째 건물 매입

2020년 코로나의 한복판. 1호기를 매입한 지 겨우 1년이 지났다. 그때 세상은 마치 멈춘 듯했다. 자영업자들은 하루아침에 문을 닫았고, 명동과 강남의 상권조차 외국인 관광객이 끊기며 침체됐다. 당시만 해도 누구도 상가 투자, 건물 투자를 추천하지 않았다. '망하는 지름길'이라고들 했다. 그런 혼돈 속, 한 부동산 사장님이 내게 말했다.

"사장님, 경기도에 급매 건물이 나왔는데요, 25억 원입니다."

2호기와의 첫 만남

1호기를 운영하며 쌓은 자신감이 있었지만, 마음 한 구석은 여전히 두려웠다. 2호기는 1호기의 안정적인 메디컬 건물과 달리, MZ세대가 즐겨 찾는 먹자골목 이면에 있었다. 당시만 해도 코로나로 인해 유동인구는 거의 없었고, 임차인들의 장사도 힘들어 보였다. 하지만 눈에 띄는 매력 포인트가 있었다.

첫째, 준공 2년도 안 된 5층 신축건물, 둘째, 지하철 도보 5분, 셋째, GTX 예정지, 넷째, 젊은 층이 모이는 상권 중심, 다섯째, 신축 특성상 임차인 선호 + 시세차익 기대. "코로나만 견디면, 월세도 받고, 시세차익도 얻을 수 있겠다." 형과 나는 서로의 눈을 마주 보며, 희미한 확신을 공유했다.

가격협상 전쟁

부동산 투자에 있어서 리스크를 줄이는 유일한 방법은 '싸게 사는 것'이었다. 이전 건물주는 중견 건설사 대표로 다른 지역 공사대금을 갚기 위해 자신이 지은 신축 건물을 급매로 내놓았다. 오전 10시부터 시작된 협상은 점심이 지나도록 끝나지 않았다.

"23억 원 이하는 절대 안 됩니다!"

때로는 언성이 높아졌고, 계약이 깨질 뻔한 순간도 있었다. 하지만 결국, 젊은 형제의 열정에 마음이 흔들린 건물주가 말했다.

"내가 졌다. 젊은 형제들이 한다니 해주는 거야."

그리하여 25억 원에서 무려 3억 원을 깎아 22억 원에 계약이 성사되었다.

영끌 대출 승인

계약만으로 끝이 아니었다. 1호기를 매입한 지 2년도 채 되지 않아서 투자금이 부족했기에, 영끌 대출이 안 나오면 계약금 2억 2,000만 원은 날아간다. 서류 제출 후, 3주간의 초조한 기다림. 그리고 마침내 17억 5,000만 원의 대출을 승인받았다.

담보대출 11억 8,000만 원

신용대출 5억 7,000만 원

최종 투자 구조는 다음과 같다.

월건주 2호기 투자 내역서

항목	금액	비고
매매가	22억 원	
보증금	−1억 500만 원	
대출금	−17억 5,000만 원	79%
취득세	+1억 120만 원	4.60%
중개료	+1,000만 원	0.90%
실투자금	4억 5,620만 원	

평범한 월급쟁이의 방법

4억 5,620만 원은 결코 작은 돈이 아니다. 그래서 1호기 때처럼 가족 4명이 약 1억 원씩 모아 공동 명의로 매입했다. 이것이야말로 평범한 월급쟁이가 건물주가 될 수 있는 가장 빠른 길이었다. 우리는 손을 맞잡았다. 위험과 불확실성 속에서도, 가족과 함께라면 꿈을 현실로 만들 수 있다는 확신이 생겼다. 그리고 이 순간, 코로나 속에서도 새로운 건물주가 탄생했다.

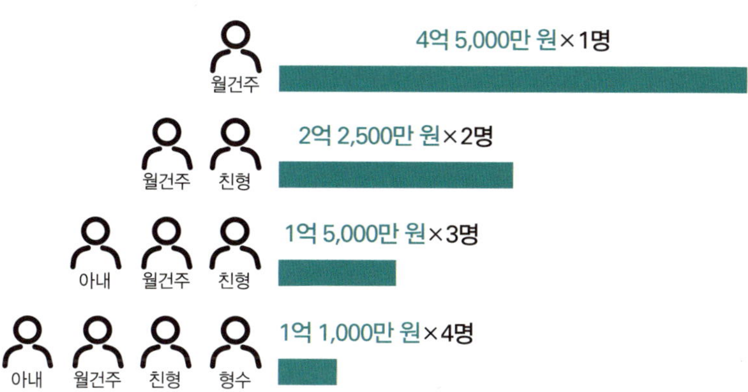

월건주
4억 5,000만 원×1명
월건주
친형
2억 2,500만 원×2명
아내
월건주
친형
1억 5,000만 원×3명
아내
월건주
친형
형수
1억 1,000만 원×4명

두 번째 건물,
성과는 얼마나 됐을까?

코로나의 소용돌이 속에서도, 우리는 두 번째 건물의 주인이 되었다. 하지만 현실에는 낭만만 있는 것이 아니었다.

숫자로 보는 2호기

2호기 또한 지난 4년간 다행히 공실 없이 완주하고 있다. 월세는 매입 이후 조금씩 올려, 현재 매달 약 971만 원(부가세 제외, 관리비 포함)이 통장으로 흘러 들어온다.

월세 월 971만 원

대출이자 월 436만 원 정도(17억 5,000만 원, 금리 3.42%)

운영비 월 32만 원 정도(전기, 엘리베이터 등)

표로 정리하면 다음과 같다.

항목	금액(원)	비고
① 월세	9,710,000원	
② 대출이자	4,360,000원	대출금리 3.42%
③ 운영비	322,500원	
공용전기요금	170,000원	
엘리베이터	90,000원	일반보수
화재보험료	50,000원	연 60만 원
도로점용료	12,500원	연 15만 원
순이익(①-②-③)	5,027,500원	

시세차익, 미래를 꿈꾸다

매달 은행이자, 운영비를 제외하면 한 달에 세전 약 500만 원이 남는다. 금리가 오르면 수익률은 줄고, 내려가면 늘어난다. 작지만 확실한 현금흐름이다. 그렇다면 월세수익률은 얼마일까?

대출 전 수익률 5.5 %

대출 후 수익률 11.3 %

그렇다면 시세차익은 얼마일까?

매입가 22억 원

현제시세 약 32억 원(매입가 대비 +145%)

월건주 2호기 추정가

〈매입 당시〉　　　　　　　　　　〈현재〉

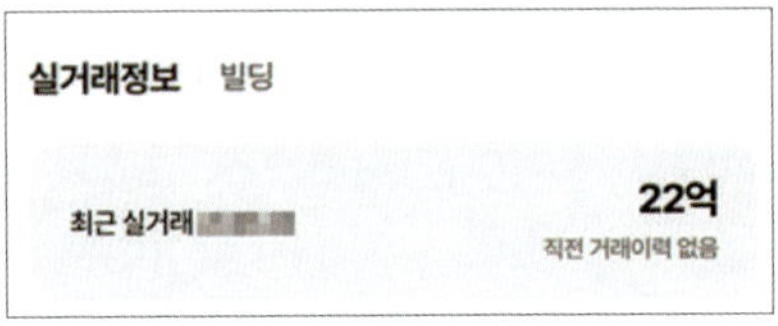

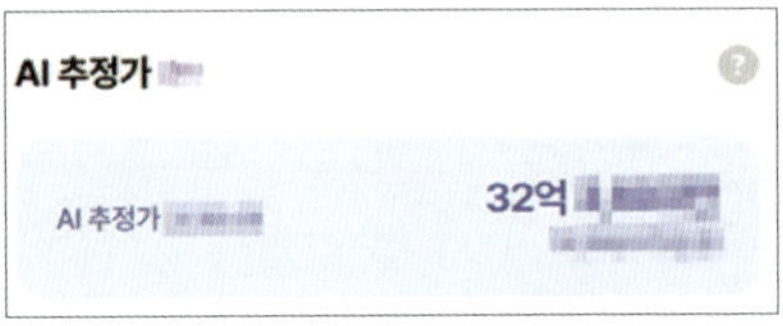

실거래정보　빌딩

최근 실거래　　　　　　**22억**
직전 거래이력 없음

AI 추정가

AI 추정가　　　　　　**32억**

이 2호기도 아직 매각 전이지만 추정가를 근거로 하면, 약 4년 만에 10억 원 정도를 번 셈이다. 아직 확정된 것은 아니지만, 현실적이고 안정적인 성장세임은 분명하다.

2호기 역시 우리의 계획대로, 꾸준한 '월세 수익'과 '중장기적인 시세차익'이라는 두 마리 토끼를 잡는 안정적 투자처가 되었다. 이제 우리는 알고 있다. 평범한 월급쟁이라도, 철저한 준비와 용기, 그리고 가족과의 협력으로 부동산을 통해 안정적이고 강력한 재산을 만들 수 있다는 것을.

매달 월세 2,000만 원, 인생이 달라지다

드디어 나는 두 채 건물의 주인이 되었다. 계좌에는 매달 2,000만 원이 꼬박꼬박 찍힌다. 물론 그중 절반 이상은 대출 이자와 운영비로 다시 빠져나간다. 그래서 월세 수익률만 놓고 보면 주식, ETF, 비트코인처럼 단기 고수익을 노리는 투자보다 화려하지 않을 수도 있다.

하지만 나는 안다. 건물 투자의 진짜 꽃은 몇 년 뒤 되팔았을 때의 시세차익이라는 걸. 현재 내가 가진 1호기와 2호기의 가치는 꾸준히 오르고 있다. 아직 매각을 하진 않았지만, 시장 호가만 놓고 보면 두 채를 합쳐 약 40억 원 시세차익이 기대된다.

물론 호가는 말 그대로 부르는 값일 뿐이다. 그래서 나는 뒤에서 소개할 '복성식평가법'과 '수익환원법'을 이용해 더 현실적인 가치를 계산하곤 한다. 물가가 오른다는 것은, 곧 현금 가치가 떨어진다는 뜻이다. 은행에만 돈을 넣어둔다면 눈에 보이지 않게 돈이 녹아내린다. 대한민국 부동산 가격 그래프를 보면 알 수 있다.

부동산은 잠깐의 조정과 하락이 있더라도, 결국 장기적으로는 우상향해 왔다. 이 믿음이 있기에, 나는 건물 투자를 택했다. 그리고 건물주가 되면서 얻은 것은 단순히 돈만이 아니었다. 생각지도 못했던 세 가지 보너스가 있었다.

첫째, '건물주'라는 이름이 주는 안정감

회사에서는 평범한 윌부장. 하지만 퇴근 후 집으로 돌아오면, 나는 건물주다. 이 호칭이 주는 안정감은 말로 다 표현하기 힘들다. 건물주가 되기 전에는 '회사에서 어떻게든 성공해야지'라는 압박감에 시달렸다.

회사가 전부인 삶이었다. 하지만 건물주가 되고 나서, 마음 한 구석에 이런 생각이 자리 잡았다. '혹시 잘리더라도, 내 건물에서 장사하면 되지'라는 여유는 회사 생활에도 변화를 줬다.

눈치 보며 일하던 내가, 오히려 더 과감해지고 즐겁게 일하게 된 것이다. 아이러니하게도 그 덕분에 성과가 좋아져, 동기들보다 조금 빨리 '부장'이라는 직급도 달았다.

둘째, 일정한 현금 흐름

1호기와 2호기에서 매달 들어오는 월세는 약 2,000만 원. 물론 상당 부분은 은행 이자로 나간다. 그럼에도 원금 상환 후 남는 수익은 차곡차곡 쌓인다. 특히 2호기 매입 당시 받은 신용·담보 대출은 매달 약 500만 원씩 원금을 갚아, 벌써 2억 2,000만 원이나 줄였다.

이렇게 모인 자금은 3호기를 위한 종잣돈이 되거나, 가족 여행·부모님 용돈처럼 삶을 풍요롭게 만드는 데 쓰인다. 돈 이상의 의미가 있었다. 투자가 가족 사이의 온기를 더해준 셈이다.

셋째, 회사 밖 세상을 보는 눈

예전 나는 회사 일밖에 모르는 사람이었다. '은퇴하면 치킨집이나 할까?' 정도의 단순한 생각을 하며 살았다. 하지만 건물주가 된 이후, 전혀 다른 세계가 열렸다.

세입자, 자영업 사장님, 병원 원장님, 은행 지점장, 공인중개사, 세무사, 청소업체 사장님, 설비 기사님… 회사의 울타리 안에서는 결코 만나볼 수 없는 사람들과 대화를 나누게 됐다. 그들의 이야기를 들으며, 회사 밖 세상의 복잡함과 치열함을 깨달았다.

그래서 더 감사해졌다. 매달 안정적으로 월급을 받을 수 있는 월급쟁이의 삶이 결코 당연하지 않다는 사실을. 그 순간부터 나는 퇴근 후에도 험담이나 푸념 대신, 은퇴 후의 삶을 구체적으로 계획하기 시작했다.

이 세 가지가 나를 바꿨다. 그래서 나는 오늘도 말한다. "평범한 월급쟁이도 건물주의 꿈을 가질 수 있다." 물론 요즘은 예전만큼 쉽지 않다. 금리 변동, 자영업 폐업률, 경기 불확실성… 리스크도 함께 커졌다. 그래서 다음 파트에서는 내가 직접 겪은 경험을 토대로 성공적인 건물 투자 방법을 이야기해보려 한다.

chapter 02

경단녀도
200억 강남 건물주가
될 수 있다

오조

돈 모으고 건물 산다고요?
건물부터 사고 돈 모으세요

내가 어릴 적 우리 엄마 친구분 중에 눈만 뜨면 부동산으로 출근해 땅이며 재개발 딱지, 아파트를 수집하시던 분이 계시다. 말 그대로 '복부인'이다. 지금까지도 두 분은 친하고 가끔 만나시지만 헤어질 때 친구 분은 기사가 있는 M외제차로 귀가하신다. 친구 따라 강남 가신다는데, 우리 엄마는 강남은 커녕… 그래, 자식농사에 올인하신 좋은 분이시다. 출발점이 같았던 고향친구 두 분은 현재 각각 부자 엄마, 가난한 엄마가 되셨다. 자, 출발점은 같은데 현재의 모습은 왜 이리 달라져 있을까?

정답은 바로 인플레이션. 자산의 인플레이션을 아는 자와 모르는 자의 미래는 불 보듯 뻔하다(시중에 풀리는 돈은 10년 주기로 평균 2배가 된다). 나는 콩나물이 떨어져 얼마 전 다녀왔던 마트에 들렀다. 1,500원이던 콩나물이 2,000원으로 올랐고, 슬쩍 보니 우유, 고기, 계란도 덩달아 올라 있다, 다른 것도 좀 사볼까 하다 내려놓고 콩나물만 사서 나온다. 뉴스에서는 전기, 가스, 수도 요금도 다 오른다. 남편 월급은 그대로인데, 지갑은 갈수록 얇아진다.

그런데 이상하다. 30년 전 엄마 손 잡고 사왔던 콩나물 가격은 100원이었는데 지금은 2,000원을 훌쩍 넘었다. 100원 하던 아이스크림은 지폐 없이는 사먹을 수 없게 됐고, 고기, 양파, 춘장으로 볶아낸 짜장면 한 그릇씩 사먹는 것도 우리 식구 5명에게는 만만치 않은 가격이 됐다

100원만 갖다 주면 살 수 있었던 콩나물이 이제 2,000원을 줘야 살 수 있다. 이 얘기는 바꿔 말해 돈 값은 하락하고 실물(콩나물) 값은 올랐다는 것이다. 돈 값은 떨어지고 실물 값은 오르는 것, 이게 바로 인플레이션이다.

사실 화폐가 탄생한 순간 인플레이션은 시작되었다. 콩나물에도 자장면에도 부동산에도 모두 이 인플레이션이 적용된다. 세상에 돈은 너무 많이 풀렸고, 그 결과 돈의 값어치는 떨어지고 실물 값은 계속해서 오르고 있다.

모두 다 입을 모아 이렇게 말한다. "아 내가 그때 잠실아파트 한 채만 사 놨더라면…(맞다 그때 샀어야 했다)", "우리 아버지가 그 땅만 안 팔았어도…(맞다 그때 안 팔았어야 했다)" 인플레이션을 아는 당신이라면 이제 뭐부터 해야 하는지 보이는가?

당신의 월급 상승률이 인플레이션 상승률을 이길 수 없다면, 당신이 월급만 받고 자산을 사지 않는다면, 차근차근 거지가 되는 것이 자본주의다. 자, 그렇다면 당신이 부자가 되려면 돈을 모아야 할까? 실물, 즉 부동산을 모아야 할까?

투자 문외한, 돈이 없어서
건물로 눈을 돌리다

나는 사실 투자에는 문외한이었다. 대기업에 다녔지만 불행하게도 야근이 너무 많은 회사라 9시간 근무가 아닌 15시간 근무로 이삼십 대 젊음을 불태웠다. 이런 나에게 투자는 사치, 아침에 눈 떠 통근버스에서도 업무 생각으로 바빴다. 똑똑한 직장인들은 직장 다닐 때 대출 껴서 집도 마련하고 좋은 위치의 아파트도 청약한다는데, 나는 고작 월급 몇 푼에 몸과 마음을 갈아넣고 있었다. 내 업무량을 보면 내 월급은 최저임금도 아닌 동남아 노동자 수준의 월급이었다. 지금 생각하면 너무 억울하지만 그 청춘의 열정이 오늘의 나를 만들었다며 위로한다.

이렇게 미래에 대한 아무런 준비 없이 직장생활만 하다 결혼을 하고 전셋집을 구했다. 결혼 후 일과 육아를 병행하며 하루하루 고단한 생활을 이어갔다. 결국 아이 셋을 출산하고 일을 도저히 병행할 수 없어 경단녀가 되었고 남편 월급에만 의지한 채 살아가고 있었다. 이때까지만 해도 여전히 삶에 치어 투자라는 것은 꿈도 꾸지 못했다. 이렇게 내 집 하나 장만 못하고 서울의 전세살이를 전전하며 살던 시절 어느덧 전세 만기가 다가오고 있었다. 그리고 동시에 충격적인 뉴스가 들려왔다.

'전셋값 폭등'이었다. 임대차법에 따라 전셋값이 미친 듯이 폭등한다는 뉴스였다. 전세 갱신 때는 도저히 올라간 전셋값을 감당할 수 없을 것 같았다. 고민 고민하며 나는 부동산 앱으로 매일같이 내 보증금으로 갈 수 있는 전셋집을 검색했다. 현재 살고 있는 전세 보증금으로는 이제 서울 외곽이나 작은 빌라 또는 경기도까지 나가야 할 판이었다.

그런 와중에 미디어에서는 연일 연예인 빌딩매입 사례나 갓물주 이야기가 나오고 있었다. 전셋집도 못 구하는 나에게 그런 뉴스는 별나라 이야기였다. 그런데 계속 듣다 보니 재미있는 사실이 귀에 들어왔다. 상업용 빌딩은 대출이 80%나 되기 때문에 20억 원짜리 빌딩을 사는 데 자기 자본은 20%, 즉 4억 원이면 된다는 사실이었다. 20억 원? 너무나 큰돈이다. 그러나 4억 원은 꽤 도전해볼 만한 금액이었다.

뉴스는 이걸 보유하다가 되팔아 시세차익을 보거나, 리모델링으로 건물가치를 상승시켜 더 높은 가격에 팔 수 있다는 이야기도 전했다. '나도 한번 해봐?' 솔깃해졌다.

돈은 없지만 건물 좀 사고 싶은데요, 첫 번째 건물을 만나다

누군가 꿈은 크게 가지라고 했던가? 돈은 없지만 가슴 한 편에는 막연히 '나도 건물주가 되고 싶다'는 생각이 자리 잡고 있었다. 그러면서 부동산 앱으로 손품을 팔던 내가 발견한 것은 '투자금 0'의 원룸건물이었다. '건물을 돈 없이 살 수 있다고?' 반신반의하며 찾아가보니 신축원룸 건물이었고 매매가는 19억 원 정도였다.

결론부터 말하자면, 첫 번째 건물을 매입하는 데 내 돈은 1원도 들어가지 않았다. 매도자는 이 건물의 건축주로 오래된 구축빌라를 철거하고 신축한 원룸건물을 매도하는 것이었다. 그는 신축건물에 전월세를 다 맞추었고 세입자의 보증금만으로 사업비와 차익을 실현했다. 독자의 이해도를 높이기 위해 예를 들어 설명하면 다음과 같다.

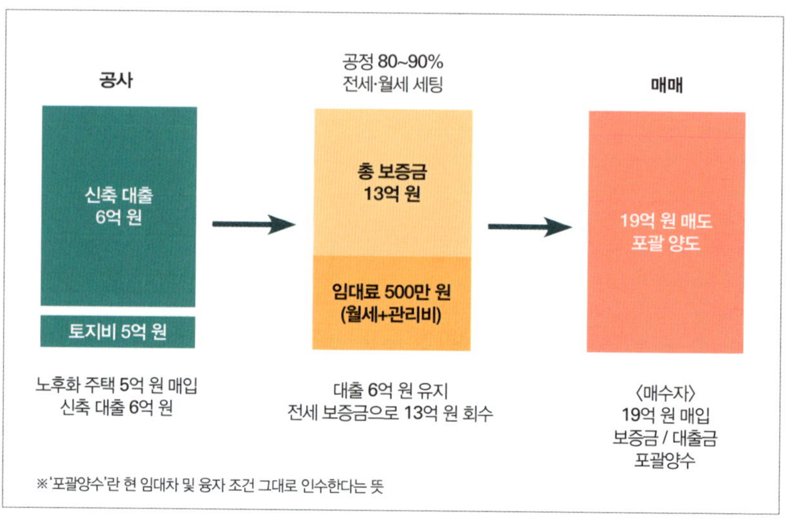

① 건축주는 오래된 구축빌라를 5억 원에 매입한다.

② 공사비 6억 원을 융자받아 철거 후 원룸건물로 신축하게 된다.

③ 공정 80~90% 정도에서부터 전월세를 맞추기 시작한다.

④ 보증금 13억 원 + 신축 대출 6억 원 + 월세 500만 원을 세팅한 후 19억 원에 매각한다.

⑤ 포괄양도 인수된 건물을 통해 매수자는 대출을 인수하며 건물에서 나오는 임대료로 대출이자를 내며 건물을 운영하게 된다.

매수자는 19억 원(보증금 13억 원 + 신축 대출 6억 원)에 사는 대신 자기자본은 안 들어가며(투자금 0원), 은행 융자를 떠안기 때문에 이자를 내야 하지만 월세가 들어오니 이자를 내고도 남는 구조다.

그럼 여기서 들어가야 할 것이 있다. 바로 취득세다. 19억 원에 대한 취득세는 당시 약 8,000만 원 정도였다. 8,000만 원은 전세 갱신 시 보증금을 올려 받으면 회수되는 돈이다. 결국 내가 들인 돈은 0원인 것이다. 더군다나 이자를 내고도 월세가 들어오니 투자금 없이 들어오는 월세는 덤이다.

여기에 전세 보증금을 올리거나 월세를 올린다면 더 많은 돈이 들어온다. 정리하면, 포괄양수 조건으로 투자금 없이 원룸건물을 매수하는 것이다.

세금은 들어가지만 전세비 증액으로 회수할 수 있었고 월세는 덤, 거기에 추후 들어오는 보증금은 다른 투자를 위한 재원이 되었다. 뉴스에서 말하던 80%의 대출을 받아서 사는 방식은 아니었지만 임차인의 보증금을 이용해 자기자본은 최소화하는 방식의 매입이었다.

주거용 건물은 은행이다

은행이라는 곳은 예적금을 하면 이자를 주거나, 목돈이 필요할 때 대출을 할 수 있는 곳이다. 그런데 재미있는 사실이 있다. 내가 1,000만 원을 모아 은행에 넣으면 2%의 금리도 못 받는다는 것이다(지금은 중금리라 4~5%지만, 그 당시는 3%도 안 되는 저금리였다).

그래서 나는 저축 등으로 목돈이 생길 때마다, 보증금을 일이천만 원씩 낮추고 월세를 높였다. 부동산 전월세 시장의 환산법은 보통 1,000만 원당 5만 원이다. 수익률로 치면 연 6%다. 예를 들면, 보증금 1억 원 올 전세를 9,000만 원에 5만 원으로 계약 또는 갱신 시점 보증금은 동결하면서 월세를 올리는 방식이다. 남들은 은행이나 불안정적인 주식에 넣을 때 나는 안정적이고 확실한 6% 수익에 투자하는 것이다.

또한, 목돈이 필요하면 전세 보증금을 다시 올려 활용할 수 있었다. 내가 원룸건물 매입 당시가 2018년인데, 그때 마침 매매 및 전셋값이 하늘 높은 줄 모르고 치솟았다. 당시만 해도 월세보다는 전세가 귀해 보증금을 조금만 올려 내놔도 바로바로 임대가 나갔다. 이렇게 한 집당 일이천만 원만 높여도 약 20세대로 구성된 건물이었기 때문에 수중에 2~4억 원이 들어오는 셈이었다. 그래서 나는 목돈이 필요할 땐 전세금을 올렸고, 현금 흐름이 더 필요할 때는 보증금을 낮추며 나만의 은행처럼 활용할 수 있었다. 그러나 2023년 이후부터는 현재는 서울에 역전세가 나고 있는 상황이니 무리하게 전세금을 증액하는 것은 좋지 않다.

하지만 항상 전제조건이 있다. 이런 원룸건물 수익을 실현하려면 물건을 잘 골라야 한다. 원룸수요가 있는 곳이려면 대부분 사회초년생이나 학생이기 때문에 바쁜 이들을 위한 편리한 대중교통은 필수다. 원룸건물은 반드시 지하철 역세권에서 도보 최대 10분 이내의 건물만 사야 한다. 역에서 멀어질수록 수요도 낮고 결국 전세나 월세 금액을 높이기도 쉽지 않다.

또 한 가지 유념할 것은 원룸건물과 같이 주거 믹스형 건물은 가격상승률이 높지 않기 때문에 단타매매보다는 장기적인 관점에서 보유하며 월세수익률을 높여가는 전략을 취해야 한다. 주거형 건물은 8년 정도를 보유한 지금까지도 가격이 거의 오르지 않았

오조 1호기 건물의 월 수익 구조

구분	금액	비고
월세	+ 6,500,000원	임대료+관리비
대출이자	− 2,300,000원	대출 6억 원 / 이자 5%대
청소비	− 120,000원	
TV인터넷	− 180,000원	
공과금	− 500,000원	수도, 공동전기료
정화조	− 13,000원	연 1회 15만 원
기타	− 100,000원	수리실비 등
합계	3,287,000원	

다. 다만 따박따박 안정적인 월세가 들어온다.

위 표와 같이 대출이자 및 부대비용을 제외하고 약 320만 원 정도의 월수익을 올리고 있다. 대출은 2금융권을 이용 중으로 5.5%로 다소 높은 편이지만 건축주가 받은 보증금보다 선순위 대출이라 대환이 어려워 유지하고 있다(대환 시 은행은 후순위로 되기 때문에 선순위 대출을 유지해야 한다). 매입가 대비 기본수익률은 (650만 원 × 12)/19억 원 = 약 4.1%이지만 투자금은 이미 회수를 했기 때문에 수익률은 사실상 무한대다.

그럼 현재 건물시세는 어떨까?

매입 당시 약 19억 원이었던 빌딩의 현재시세는 얼마일까? 부
동산 플래닛 기준 20억 6,000만 원이 되었다.

주택빌딩 차익형 < 수익형

근생빌딩 차익형 > 수익형

오조 1호기 추정가

실거래	AI 추정가
AI 추정가 βeta	❓
AI 추정가 25.05.15	**20억 6,079만** 20,247,568원/평

저도 강남 건물 좀 사고 싶은데요, 운명의 건물을 만나다

원룸건물로 돈맛을 보고 건물주 예행연습을 하고 나니 이번에는 근생빌딩(상가나 사무소로 믹스된 빌딩)이라 불리는 상업용 빌딩을 매입하고 싶어졌다. 하지만 상업용 빌딩의 경우 보증금이 낮기 때문에 보증금을 끼고 투자금을 적게 하는 원룸건물 매입 방식은 적용하기 어려웠다.

그러나 상업용 빌딩의 장점은 대출이 70~80%까지 가능하다는 것이다(손익이 높고 신용 좋은 법인으로 매입 시 80% 이상도 대출이 나온다). 만약 대출을 받아 들어오는 월세로 이자를 감당할 수 있다면 해볼 만하다고 생각했다. 결국은 강남 건물을 사고 싶었지만 강남 건물로 가기 위해서는 한 단계 엑시트의 과정을 통해 종잣돈을 더 불려야겠다고 생각했다. 그래서 중간단계 빌딩으로 20~30억 원대의 꼬마빌딩을 보러 다니기 시작했다.

나는 원룸건물로 증액했던 전세 보증금, 그동안 알뜰하게 모은 시드머니로 두 번째 빌딩을 사기 위해 열심히 손품과 발품을 팔았다. 마음은 언제나 강남에 있었지만 시드머니에 맞추기 위해 강북, 강동 등 서울 전역과 경기도까지 범위를 확장해서 찾고 있었다. 그러나 범위를 넓힐수록 어렵고 더 감이 오지 않았다(시드머니가 정해졌으면 다음으로 살 지역을 한정해야 한다. 지역을 한정하지 않으면 빌딩 찾는 과정이 매우 고단해진다).

그때 마침 열심히 발품을 팔아 둔 한 부동산에서 연락이 왔다. 좋은 물건이 급매로 나왔다 하지만 내용을 듣고 보니 꼬마빌딩이 아니었다. 대지는 100평이 넘었고 위치가 다름 아닌 강남이었다. 처음에는 보지도 않으려 했다. 그러나 가장 흔들렸던 것은 바로 가격이었다. 당시 강남은 평당 1억 원으로 100평대면 당연히 100억 원이 넘어간다. 그러나 나에게 온 가격은 다름 아닌 72억 원이었다. 30%나 싸게 급매로 나온 것이다. 그러나 가격이 아무리 싸도 내가 도전하기에는 상당히 큰 금액대였다.

이삼십억 원대 건물을 사려던 내 자본금으로 턱없이 부족했기 때문이다. 그러면서 한편으로 드는 생각은 '왜 이렇게 싸게 팔지?'였다. 강남도 강남 나름이라 자투리땅에 지어졌거나 도로가 끊겼거나 이면의 이면으로 불편한 곳은 저렴하기에 못난이 건물은 아닐까 하는 생각이었다. 그러한 건물들의 실정을 잘 알기에 큰 기대 없이 우선 건물 구경이나 하자는 심정으로 가보기로 했다. 부동산으로부터 간략한 건물 정보만 받아 지도를 한번 쓱 보았다. 입지가 역세권이고 도로조건도 괜찮아 보였으나 지도만으로는 확신이 들지 않았다.

바로 가보았다. 지하철역에서 내려 도보로 시간을 재보며 걸었다. 여자 걸음으로 건물까지 3분 정도가 소요되었다. 버스정류장도 바로 앞에 있어 도보 1분 거리였다. 한마디로 교통은 좋았다. 지하철에서 건물까지 찾아가는 길이 어렵지는 않았다. 드디어 도착했다. 건물 앞에 섰다. 다소 촌스러운 외관이었고 지어진 지 20년이 넘어가는 꽤 연식이 있는 건물이었지만 건물주의 아들이 지금까지 관리를 하고 있어 괜찮은 건물상태를 유지하고 있었다. 건물의 지하 1층은 주차장, 1층은 음식점, 2층부터 상층부는 사무실이었으며 꼭대기층은 건물주의 아들이 거주하고 있는 6층 건물이었다.

우선 지하주차장부터 바로 내려가 보았다. 대지가 100평이 넘었기 때문에 지하주차장도 상당히 컸다. 주차가 약 10대 정도 나오는 넉넉한 사이즈였다. 흡족한 마음으로 건물 내부로 들어왔다. 내부의 마감재료나 바닥 대리석 등이 당시로는 꽤 고가의 재료들로 지은 듯했다. 나중에 알고 보니 건물주가 꼭대기층 주택에 거주할 것을 고려하여, 상당히 공을 들여 지었다고 한다(역시 짓자마자 팔 건물과 내가 사용할 건물은 재료부터 다르다더니…).

엘리베이터가 있었지만 타지 않고 한 층 한 층 걸어 올라가 보았다. 각 층별로 올라가보니 공실은 없었고 사무실에서 업무 보는 소리가 종종 들려왔다. 계속 오르다 보니 마침 5층이 공실이었다. 게다가 문이 열려 있고 아무도 없었다. 내부를 보고 싶었지만 무작정 혼자 찾아 갔기에 조금 망설여졌다. 그러나 텅빈 사무실에 문까지 열려 있는 것을 보니 마치 예비 건물주를 맞이하듯 반기는 것 같다는 나만의 상상을 해보며 두근거렸지만 용기를 내어 안으

로 들어갔다. 내부는 크고 좋았다. 전 임차인이 설치한 시설이 정리
가 안 되어 있었지만, 조금만 손을 본다면 깔끔해질 공간이 상상되
었다. 넓직한 내부와 베란다, 채광이 한 눈에 들어왔다. 합격이었다.

더할 나위 없었다. 6층까지 있었지만 건물주가 거주하는 공간
이라 더 이상 올라가지 못하고 다시 내려왔다. 건물 앞과 뒤를 전
체적으로 둘러보았다. 건물 뒤편도 상당히 컸고 나무가 여러 그루
가 운치 있게 심어져 있었다. 흡족한 마음에 건물을 나와 집으로
가려 했지만 뭔가 아쉬움에 발길이 떨어지지 않았다.

그때 마침 맞은편 건물에 4층 공실이라는 현수막이 눈에 들어
왔다. 나는 맞은편에서 건물을 한 번 더 보고 싶은 마음에 임차인
행세를 하며 건너편 건물 관리소장님을 찾아갔다. 이쪽에 사무실
을 구하는 중인데 4층 임대호실 좀 볼 수 있냐 하니 선뜻 가보시란
다. 맞은편 건물 4층 창문에 서서 바라보니 내가 봤던 그 건물 전
체가 한눈에 들어왔다. 반짝반짝 빛이 났다. 그러고는 눈을 감고
잠시 강남 건물주가 되는 상상을 해보았다.

두근두근, '내가 강남 건물주라니…' 꿈에도 생각 못할 일이었
다. 그 순간 나는 결심했다. 그래, 도전해보는 거야. 건물생심이라
고… 막상 강남 건물을 보고 나니 이젠 '구경꾼'의 마음에서 '매수
자'의 마음으로 바뀌어 있었다.

네모반듯한 큰 사이즈의 대지, 넉넉한 연면적, 도보 3분 역세
권, 엘리베이터, 널찍한 주차장, 시세대비 저렴한 가격까지 90%
이상 마음의 결정을 할 수밖에 없었다.

1억 원으로
가계약 좀 합시다

이렇게 멀쩡하게 잘생긴 건물이 왜 이리 싸게 나왔을까? 나중에 그 건물 사연을 들었다. 건축주의 연세가 90대로 여러 자녀분이 계신데, 자녀들과 함께 각층별로 구분소유 중인 건물이었고, 상속을 대비해 빠른 처분을 원하셨다. 이러한 구분건물의 단점은 통건물에 비해 담보력이 낮다는 것이다. 이 건물에 대출을 높이려면 잔금 전 통건물로 다시 등기를 해야 하며 상층부의 주택도 근린생활시설로 용도변경을 해야 한다.

급매가격이기는 했지만 대출을 많이 받기 위해서는 매입 전까지 숙제가 많은 빌딩이었다. 내가 찾아갔던 부동산 사장님과 건물주는 몇 십 년 막역한 사이신데, 두 분과의 신뢰가 두터워 그 부동산에만 물건은 내놓은 것이다. 이렇게 친분관계 덕분에 물건이 나온 지 하루 만에 나에게 온 것이다. 열심히 발품이라는 운의 씨앗을 뿌려놨더니 좋은 운의 열매가 맺힌 것이었다.

"좋은 건물은 기다려주지 않습니다. 1초라도 먼저 가서 계약금

쏘세요." 부동산 사장님의 말이었다. 맞는 말이다. 그리고 건물 투자자들은 안다. 특급물건은 광고에는 안 올라온다는 사실이었다. 엄밀히 말하면 광고를 올릴 필요가 없었다. 올리기도 전에 시장에서 먼저 쥐도 새도 모르게 사라지기 때문이다. 당연한 거였다. 광고는 보통 부동산에서 올리는 데, 일단 좋은 물건은 주변 지인에게 먼저 알린다. 그렇게 했는 데에도 적임자가 없다면 그때 광고의 수순으로 가게 된다. 그래서 발품이 중요하다. 아무리 손품을 열심히 팔아도 그것은 시세 참고용이지 찐 급매빌딩은 발품을 통해서만 만날 수 있는 것이다.

그래서 지역 부동산 또는 건물중개법인 등과 친분을 두텁게 쌓아 놓아야 한다. 여기서 또 중요한 것은 내가 뜨내기가 아닌 찐 수요자라는 것을 각인시켜야 한다. 나의 조건을 보다 구체적으로 알리면 더 좋다. 예를 들면, "저 아파트 정리해서 지금 ○○억 원 보유 중입니다. 좋은 물건이 나오면 바로 계약금 쏘겠습니다" 이런 식으로 말이다. 나 역시 그러한 케이스다.

특히 불장 때는 건물매각 소식이 조금이라도 새어나가면, 여기저기서 더 높게 팔아준다는 브로커들이 금방 붙게 마련이라 매도하려는 자는 흔들리게 되고 뜸을 들이다 보면 물 건너가기 일쑤다. A급 꼬마빌딩은 타이밍이다. 고령자 건물주의 상속 증여나 형제 간의 다툼 또는 사업이 어려워져 급히 처분해야 하는 사정이 있는 일부 건물 외에는 대부분 싸게 살 수 없다.

이런 물건이 간혹 나온다 해도 며칠 만에 사라지기 때문에 빠른 결정만이 답이다. 이와 같은 사정을 알고 서울 경기권까지 많은 발품을 팔았기에 나에게는 이미 비교 잣대가 머릿속에 있었다. 큰 돈이었지만 무리하면 중간 단계 없이 바로 강남 건물주로 직행할 수 있겠다고 생각했다. 만에 하나 이 정도 급매가격이면 사서 바로 팔아도 수억의 이익은 남길 수 있을 것 같았다. 확실한 이익이 눈에 보이자 더더욱 포기하고 싶지 않아졌다. 72억 원 빌딩을 매입하기 위해서 필요한 자금은 얼마였을까? 약 15억 원 정도의 돈이 필요했다.

강남 건물 임장을 마치고 결심을 하게 된 나는 당장이라도 계약하고 싶었지만, 즉시 만들 수 있는 7억 원의 계약금이 없었다. 그러나 이 빌딩을 놓치지 않기 위해 우선 가계약금 1억 원을 넣기로 결심했다. 가계약금의 경우 너무 적은 돈은 배액배상으로 해지가 될 수 있기 때문에 최소 1억 원 정도는 넣어야 안전하다고 생각

강남 건물 매수에 필요한 총 투여금 정리

구분	금액	비고
매매가	+ 7,200,000원	취득세 및 법무사 비용
취등록세	+ 360,000원	
중개보수	+ 64,800원	0.90%
기타비용	+ 20,000원	용도변경 비용
합계	7,644,800원	
보증금	− 185,000원	
대출	− 6,000,000원	
총 투입비	1,459,800원	마련해야 할 돈

했다. 강남 건물을 소개받고 나서 가계약금까지 채 하루가 걸리지 않았다. 살면서 '기회가 왔다'라고 느껴지는 순간이 오면 발 빠른 실행과 결단력만이 답이다

2주 만에
6억 원을 마련하라

생각보다 몸이 빠른 행동파인 내가 가계약금 1억 원을 넣고 나니, 이제부터 당장 마련해야 할 돈은 6억 원이었다. 다행히 부동산 사장님께 돈을 마련할 시간을 좀 벌어 달라고 부탁드려 약 2주 후에 정식 계약 자리를 잡기로 했다.

2주 만에 6억 원을 마련해야 한다. 자, 이제부터 어떻게 그 돈을 마련할지 머리를 굴리기 시작했다. 수중에는 1호기 건물에서 증액했던 보증금과 그동안 모았던 돈 약 2억 원 정도가 있었다. 나머지 4억 원은 어떻게 마련하지? 머리를 굴리기 시작하니 갑자기 안 보이던 돈이 보이기 시작했다.

남편이 결혼 전에 대출받아 매수해두었던 소형아파트의 시세가 올라 있었다. 혹시 거기서 추가 대출이 가능하지 않을까? 다음 날 바로 우선 주거래 은행과 1금융권에서부터 대출이 가능한지 알아보기 시작했다. 하지만 1금융권으로부터는 대부분 대출이 어렵다는 회신이 왔다.

계약금 치르는 것부터 문제였다. 고민하고 고민하다 2금융권으로 눈을 돌리기 시작했다. 하지만 어디서부터 어떻게 알아봐야 할까? 막막했다. 그러다 불현듯 예전에 경매를 해본답시고, 지인 따라 법원 경매장에 갔다가 거기서 대출이모님들로부터 한 움큼 받아 온 명함 다발이 생각났다.

구석에 먼지가 쌓인 명함다발을 꺼내보았다. 한 30군데쯤 전화를 돌렸을까. 그러다 한 이모님께서 지방의 한 ○○조합에서 대출이 된다는 회신이 왔다. 그 길로 나는 부리나케 달려갔다.

담당자는 일반대출은 어렵고 사업자대출로 가능할 것 같다는 대답을 주었다. 사업자대출의 경우 담보 부동산 KB시세의 80%까지 대출이 된다. 나는 빠르게 간이과세사업자를 마련해서 준비해 갔다. 다행히 사업자 대출이 통과되었다. 대출 자서에서부터 입금되기까지 약 4일 정도가 걸렸다. 가까스로 계약금 치르는 데는 성공했고, 한 고비는 넘겼다. 그러나 앞으로 산 넘어 산, 넘어야 할 산이 수십 개가 있었다.

> **TIP** 대출은 한두 군데만 물어보고 포기하지 말자. 세상은 넓고 은행은 많다.

대출이 안 된다고요?

이제부터 피눈물 나는 사연이 소개된다. 계약금과 잔금을 치르기까지 대출로 고생했던 생각만 하면 눈물이 앞을 가린다. 나는 강남 건물을 매입하기 위해서 매매가에서 80%의 영끌 대출을 모두 받아야 했고 계약금 외 나머지 10% 현금과 추가로 매입비용(취득세 및 중개보수 등)이 더 필요했다.

제일 처음 강남 건물을 담보로 나올 수 있는 대출을 알아보았다. 급매가격으로 은행의 탁상감정가가 잘 나왔기 때문에 원하는 금액은 무난하게 받을 수 있을 거라고 기대했다. 하지만 웬걸? 내가 생각하는 시나리오대로 대출이 나와 주지 못했다.

대출을 받을 때야말로 본인이 시장에서 먹히는 상품성이 어느 정도인지 수치적으로 알게 되며 인생의 벽이라는 난관에 부딪히게 된다. 은행에서 좋아하는 순서를 매겨보자면 주부보다는 자영업자, 자영업자보다는 월급쟁이, 월급쟁이보다는 전문직 순으로 대출이 잘 나온다.

그렇다면 경단녀 주부인 나와 평범한 직장인 남편에게 어떤 은행이 환영하며 돈을 빌려줄 수 있겠는가? 계약금을 지불할 때 소통했던 수십 통의 전화 그리고 부동산에서 연결해준 은행들까지 총동원해 알아봤지만 결국 희망대출금에서 10억 원 정도가 부족했다. 아무리 계산기를 두들겨 봐도 조달이 안 되었다. 이대로 가면 계약금도 날아가고 그동안의 수고가 모두 물거품이 될 판이었다.

이때부터 나의 앵벌이와 불효와 그리고 굴욕이 시작되었다. 돈은 없고 용기만 있는 단무지 아줌마에게 잔금까지 남은 기간은 두 달이었다. 영끌을 위해서는 최대한 창의적으로 머리를 굴려야 했다. 우선 양가 부모님께 불효를 저질렀다. 양가 모두 목돈은 없으셨다. 다만 엄마에게는 노후를 위해 월세를 받고 있는 작은 오피스텔이 있었고 시댁에는 작은 상가가 하나 있었다. 두 분 다 노후의 생활비를 위해 마련한 부동산인데 결국 어쩔 수 없이 도움을 받아야 했다. 다음은 내가 다양한 앵벌이 및 돈을 마련하기 위해 총동원했던 방법들이다.

- 양가에서 월세를 받는 부동산을 전세로 돌리며 목돈을 마련했다. 잔금 전 두 달 안에 기존 세입자를 내보내고 새로 임차를 맞춰야 했기 때문에 진행하는 과정에서 비용도 들고 엄청난 노력이 들어갔다.
- 친언니의 마이너스 통장으로 1억 원을 빌릴 수 있었다.
- 회사원일 때 가입했던 보험료에 대해서도 보험약관대출이 가능했다.

- 지인분께 부탁하여 차용증과 상환계획서를 쓰고 손을 벌려 돈을 마련했다.
- 1호기 건물의 임대차 기간이 종료되어 가는 곳은 전세의 경우 보증금을 증액하거나 월세의 경우 반전세로 돌려 최대한 목돈을 만들었다.
- 마지막으로 내가 살던 집의 전세보증금까지 보탰다(집이 없어진 나는 주인이 살던 집이었던 강남 빌딩 꼭대기층에 한동안 들어가 살아야 했다).

그러나 모든 방법을 총동원해도 5억 원이 부족했다. 잔금 날짜는 다가오고 매일매일 엑셀과 싸우며 머리카락을 쥐어뜯고 궁리를 해도 답이 보이질 않았다.

저를 뭘 믿고 5억 원을 빌려주세요? 진심은 통한다

내가 정말 운이 좋았을까? 원룸건물 매입 당시 매도자였던 건축주는 그 지역에 건물을 많이 지으신 원룸건물 디벨로퍼로서 한마디로 베테랑이시다. 이 분과는 건물 매입 때 인연이 되어 건물에 대한 부족한 지식으로 종종 연락을 드리면 언제나 친절히 응해 주셨다(성격이 시원시원했던 그분은 이 분야 베테랑답게 초보 건물주인 내게 언제나 큰 도움을 주셨다).

나는 강남 건물 매입으로 돈을 마련하던 중 갑자기 1호기 원룸건물에서 문제가 발생했다. 그날도 건물 관련된 문의로 그분께 전화를 드렸다. 설명을 듣고 문제를 고치려니 수리비가 상당히 나올 거 같았다. 현재(강남 건물 매입으로 돈도 부족한 상태라) 너무 돈이 많이 들어가니 지금 말고 나중에 해야겠다고 말씀드렸다. 그때 그 분이 대뜸 "돈 부족해? 내가 얼마 빌려줘?" 이러시는 게 아닌가?

그 순간 머릿속 섬광이 번쩍(그래 이분은 부자시다)거렸다. 내가 돈이 좀 필요한데 만나서 말씀드리고 싶다고 했다. 난 이게 마지막 기회다. 안 되면 포기한다는 심정으로 찾아갔다.

진심은 최고의 무기! 솔직하게 호소하라!

단 한 번, 마지막 기회라고 생각하니, 간절한 마음에 처음에는 이런저런 다른 이유를 대볼까도 생각했다. 그러나 산전수전 공중전 다 겪은 분 앞에서 머리 굴리는 것보다 그냥 모든 걸 솔직하게 말씀드리기로 했다. 나는 건물계약서와 상환 일정이 꼼꼼히 적힌 차용증을 준비해갔다. 그러고는 그분 앞에 건물계약서를 펼쳐놓고, 주소와 현재 넣은 계약금 내역까지 세세하게 다 보여드리며 자초지종을 설명하고 부족분 5억 원에 대해 말씀드렸다.

그리고 상환에 대한 구체적 계획(이자 상환일, 근저당물건 등)과 마지막으로 진심까지 모두 전달했다. 그분은 한 5초간 말씀이 없으셨다. 그리고 천천히 입을 여셨다.

"내 다른 거면 모르겠는데, 부동산이니까 빌려준다."

진심이 통하는 순간이었다.

지인이 은인으로 바뀌는 순간

그분은 서울에 수십 채의 부동산을 보유하며 신축하신 부동산 베테랑이다. 부동산 입지 그리고 건물가치에 대해서는 누구보다 빠르게 판단하셨을 것이다. 사업하시는 분답게 결정이 서자 실행력도 빨랐다. 그 자리에서 아는 법무사에게 전화를 해 바로 나오게 하셨다. 내가 준비해간 차용증에 도장을 찍고 그분으로부터 매입했던 원룸건물에 근저당을 설정하는 것으로 그 자리에서 5억 원을 빌려올 수 있었다. 단 2시간 만에 5억 원을 만든 것이다.

그분과의 인연이 이렇게 이어질지 몰랐다. 내가 정말 운이 좋았나? 아니면 내가 너무나 간절해서 하늘이 도와주었나? 처음에는 믿기지 않고 어안이 벙벙했지만, 답을 찾을 수 없어 내린 결론은 사람은 평소 인연을 소중히 생각하고 주변 지인들과 항상 신뢰를 쌓아야 한다는 것이다. 이런 순간이 오면 지인이 은인으로 바뀐다.

그런데 5억 원이라는 그 큰돈을 과연 갚을 수 있었을까? 결론부터 말하자면 6개월 만에 빌린 돈과 이자까지 한 번에 갚아드렸다. 나는 강남 건물을 감정가 이하로 샀기 때문에 소유권 이전등기 후 약 6개월이 지난 시점에서 타 은행에서 재감정을 받아 대환으로 갈아타면서 추가 대출을 받을 수 있었다. 물론 기존은행에서 중도상환수수료가 발생했지만 손해보다 더 중요한 것은 신뢰이기에 일정에 맞춰 전액을 상환해 드렸다.

> **TIP** 감정가 이하로 산 물건은 일정기간 이후 재감정을 받아 추가대출을 받거나 좋은 금리로 갈아탈 수 있다.

드디어
강남 건물주

건물을 사고 돈을 모으다

남편의 소형아파트 사업자 대출, 언니의 마이너스 통장, 1호기 원룸건물의 보증금, 양가 부모님 부동산 전세 보증금, 지인에게 차용, 보험약관 대출, 살고 있는 집 전세 보증금, 1호기 건물매도자로부터 5억 원, 마지막 은행대출까지 모두 끌어모아 나는 결국 강남 건물을 사고 말았다. 강남 건물주가 되기 위해 전국은행을 순회했고 얼굴에 철판을 깔고 주변에 앵벌이를 했으며 살던 집 전세보증금까지 모두 사용한 터라 구축빌딩 탑층에서 몸빵을 해야 했다. 나는 내 돈뿐만 아니라 남의 돈과 대출까지 모두 모아 정말 영혼까지 싹싹 끌어모은 강남 건물주였던 것이다.

위 내용을 보며 독자들은 '그래도 주변에 돈 있는 사람들이 있었네'라며 '내 가족 중에도 주변에도 돈 있는 사람이 없으니 내 현실과는 맞지 않아' 라며 부정할 수 있다. 하지만 내가 찾은 방법은 가능한 방법 수백 가지 중 하나라고 생각한다. 사람은 벼랑 위에 매달려 있으면 식음을 전폐한 불사조 같은 에너지로 우주까지 움직일 수 있다고 믿는다. 그래서 확신이 들면 일단 저질러야 한다.

이렇게 무모하게 건물을 사는 사람도 있다. 하지만 내가 다른 사람들과 달랐던 것 한 가지는 바로 이것이다. 남들은 돈을 모으고 건물주가 된다고 생각한다. 그러나 나는 건물을 사고 돈을 모았다는 것이다. 순서는 바뀌어도 상관없다. 과정은 어찌되었든 간에 꿈에 다가가는 수많은 방법 중 하나다. 꿈을 먼저 실행하고 이루는 방법을 찾아가자. 나는 단지 '강남 건물주'라는 꿈을 실행했고, 이루는 방법을 찾아간 것이다.

강남 건물주가 되기 위한 전략 3가지

• 예행연습

강남 가기 위한 한 번의 징검다리를 거쳐라. 주거용 건물이든 상업용 건물이든 강남 건물 매수로 가기 전인 1호기 건물로 예행연습을 해보는 것이다. 자금이 부족하다면 서울이 아니어도 좋다. 교통 좋은 경기권이나 지방도 괜찮다. 지방은 엑시트가 안 된다는 것은 잘못된 오해다. 입지가 받쳐주고 건물관리를 잘하면서 임대수익을 꾸준히 올린다면 건물 소유를 원하는 해당 지역주민이 분명히 있다. 1호기로 동파, 보일러, 하수 등 설비에 대한 이해도를 높이고, 돈을 불리는 연습도 임차인을 대하는 연습도 모두 해보자. 충분한 연습은 넥스트로 가기 위한 양질의 자양분이 된다.

• 손품, 발품 그리고 로컬부동산

평소 손품을 통해 꾸준히 데이터를 모아야만 지역별 가격특징과 급매인지 여부를 알 수 있다. 발품으로 빌딩 임장을 가서 빌딩의 진면목도 확인하지만 그 건물이 속한 상권과 그 지역 터줏대감 부동산까지 모두 섭렵해야 한다. 이런 로컬 부동산에 가면 특히나 내가 가능성 있는 매수자라는 인식을 심어줘야 한다.

강남 건물과 같이 좋은 물건이 어떻게 나에게 온 것인지 돌이켜 생각해보면 이미 건물 하나를 소유한 내가 또다른 건물을 살 만한 유력한 수요자임을 평소 부동산에 구체적으로 이야기해두었기 때문이다. 부동산에 오는 사람 중 이것저것 찔러보기만 하는 사람들이 대다수이기 때문에 중개사들도 자신의 에너지를 확실한 곳에 쓰고 싶어 하기 때문이다. 물론 거짓말을 하라는 것은 아니다. 현재의 자금 상황과 향후 발생될 수익까지 말하며, 이 정도의 자금 마련이 가능하다는 것을 구체적으로 설명하면 이 역시 좋은 물건을 받을 수 있는 방법이 된다.

• 실행력과 인연

부동산 공인중개사님 인연, 원룸건물 건축주와의 인연, 특히 가장 중요한 내 가족과 지인들 이 모두가 나에게는 힘이 되었다. 운은 사람들로부터 온다고 하지 않았던가. 늘 한 사람 한 사람의 인연을 소중하고 진심으로 대해야 한다.

주변이 도와주고 기회가 생기면 이제 마지막은 실행이다. 그러니 너무 머릿속으로 재고 따지다 기회를 잃지 말고 동물적 감각을 믿고 확신이 든다면 즉시 실행하라. 실행하면 그 이후에는 실행이 되게끔 하는 답이 보인다. 아무리 좋은 기회가 와도 실행하지 않으면 기회는 날아가 버린다.

강남 건물,
그래서 얼마나 벌고 있을까?

강남은 사무실 기준 평당 월세가 구축은 10만 원, 신축은 15만 원이다. 내가 매입한 강남 건물은 현재 매달 3,700만 원 정도의 월세가 들어온다. 그러나 처음 건물을 인수할 당시에는 월세 2,100

강남 건물의 월 수익 구조

구분	금액	비고
월세	+ 37,000,000원	임대료+관리비
대출이자	− 16,000,000원	
관리인	− 1,200,000원	청소 및 건물관리
공과금	− 1,000,000원	수도전기, 폐지비, 정화조
소방관리	− 100,000원	
승강기관리	− 100,000원	
CCTV	− 80,000원	
기타	− 100,000원	지방세(도로, 환경)
합계	18,420,000원	

만 원 수준이었다. 뒤에서 다시 설명하겠지만 꾸준한 건물관리와 인테리어 그리고 자투리 공간의 소소한 수입 등으로 현재는 임대료가 약 1.7배 정도 상승했다. 수익률로 보면 다음과 같다.

매매금액 대비 수익률은 6.2%(매입 당시 3.5%였으나 2.7% 상승시켰다), 연 레버리지 수익률의 경우 13%가 된다(순소득 / 실투자금). 그렇다면 현재 건물시세는 어떨까? 2020년 매입 당시 감정가액은 약 87억 2,000만 원이었다.

(구분건물) 감정평가 명세표

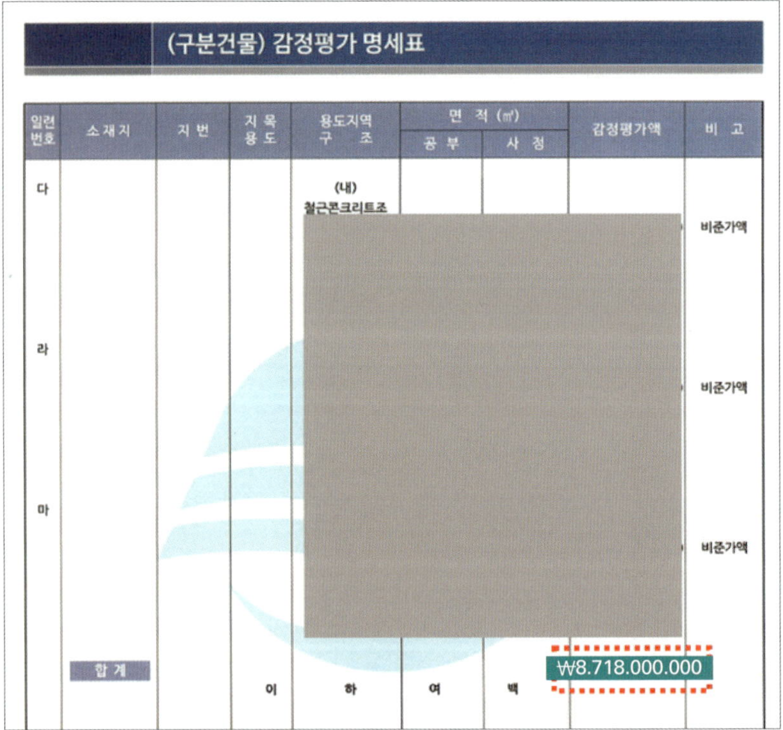

※ 좌상단 감정평가 제목에 보면 *구분건물 로 되어 있다.

토지건물 감정평가명세표

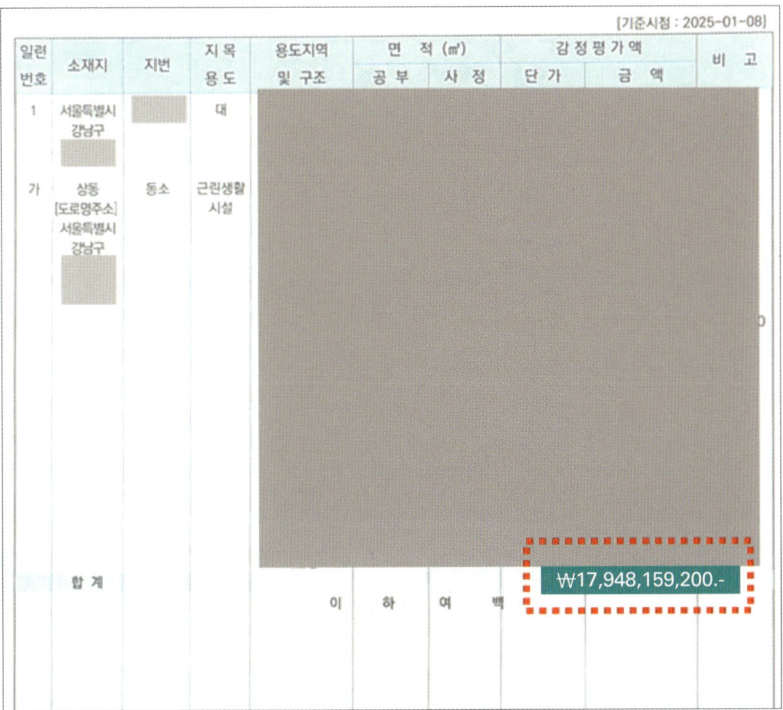

일련번호	소재지	지번	지목 용도	용도지역 및 구조	면 적 (㎡)		감 정 평 가 액		비 고
					공 부	사 정	단 가	금 액	
									[기준시점 : 2025-01-08]
1	서울특별시 강남구		대						
가	상동 [도로명주소] 서울특별시 강남구	동소	근린생활 시설						
합 계					이	하	여	백	₩17,948,159,200.-

※ 2025년 1월 8일 기준 약 180억 원이다.

나의 2호기인 강남 건물의 매입가는 72억 원이었으나 2025년 1월 기준 약 180억 원이 되었다. 자본수익률이 250% 상승했다. 경단녀 부린이었던 나에게는 정말 기적 같은 일이다. 앞서 보았듯이 주택이 믹스된 건물의 시세차익은 크지 않다. 1호기는 8년 보유 후에도 고작 2억 원 이하의 시세차익이었지만 강남 건물의 경우 약 100억 원 이상의 시세차익이 난다. 앞으로 다룰 내용은 대부분 상업용 빌딩 투자 전략이다.

건물주 선배가 알려주는 투자 비밀 노트

chapter 03

건물주 되는
기본 테크트리

월건주

1단계 자금 만들기
: 건물주 되려면
최소 현금 얼마 있어야 할까?

• 현금 확보가 모든 투자의 출발점이다.

• 매매금 일부, 대출상환 능력, 세금·수수료까지 포함한 실제 필요 자금을 계산하라.

• 소액으로도 시작 가능한 전략을 알고, 목표 현금과 기간을 계획하라.

한 줄 요약: "내 돈과 계획을 정확히 파악해야 안전하게 건물주 첫걸음을 뗄 수 있다."

"10억 원짜리 꼬마빌딩 한 채 사려면 현금 얼마 필요해요?" 내가 건물 투자 강의를 하면서 가장 많이 받은 질문이다. 아무리 건물주를 꿈꿔도 결국 돈, 돈, 돈이 문제다. 부린이 시절 나는 10억 원짜리 건물 사려면 10억 원이 다 필요하다고 생각했다. 그래서 건물주는 이번 생에는 불가능하다고 지레 포기했다.

하지만 결론부터 말하면, 10억 원짜리 건물 사는 데 (대출 비중에 따라 다르지만) 현금 3~4억 원이면 가능하다. 그렇다면 실제로 건물 사려면 현금이 얼마 필요한지, 계산하는 것부터 배워보자. 겁먹지

마라. 덧셈·뺄셈만 할 줄 알면 된다. 실투자금 계산 공식은 간단하다. 세입자 보증금과 대출금은 빼고, 취득세와 중개료는 더한다.

7층 건물 사례

2024년에 8억 8,000만 원에 팔린 건물이다(세입자 보증금은 6,000만 원, 월세는 390만 원이 나온다).

층수	업종	보증금	월세
1층	주차장	-	
2층	네일샵	1,000만 원	65만 원
3층	공방	1,000만 원	65만 원
4층	왁싱샵	1,000만 원	65만 원
5층	에스테틱	1,000만 원	65만 원
6층	공방	1,000만 원	65만 원
7층	사무소	1,000만 원	65만 원
합계		6,000만 원	390만 원

명목	금액	비고
매입가	8억 8,000만 원	
(-) 보증금	- 6,000만 원	세입자 보증금
(-) 대출금	- 6억 1,600만 원	매입가 X 70%
(+) 취득세	+ 4,048만 원	매입가 X 4.6%
(+) 중개료	+ 790만 원	매입가 X 0.9%
투자필요금액	2억 5,238만 원	

앞서 말한 공식에 대입해보자. 매입가 8억 8,000만 원에서 덧셈과 뺄셈을 해보자. 결론적으로 8억 8,000만 원짜리 건물을 사는 데 필요한 현금은 2억 5,238만 원이다. 각각의 항목에 대해서 살펴보면 위의 표와 같다.

보증금, 세입자가 미리 건물주에게 맡기는 돈

보증금은 각 층 세입자가 계약 시 건물주에게 미리 주는 돈이다. 건물주는 이 돈을 건물 매입에 보태 쓸 수 있다. 즉, 내 호주머니에서 나가는 돈이 아니므로 실투자금에서 제외된다.

앞에 예로 든 7층 건물의 층별 세입자 보증금은 1,000만 원이며, 전체 건물 보증금 6,000만 원이니 이를 매입가에서 빼주면 된다(만약 보증금이 2억 원인 건물이라면, 그만큼 내 현금 부담이 줄어든다).

TIP 보증금은 '세입자가 먼저 건네는 선불 이용권' 같다. 다만, 세입자가 나갈 때 돌려줘야 하는 돈이므로 다른 투자에 쓰더라도 반드시 '안전하게 보관'해야 한다.

대출금, 건물 매입 가능 여부를 가르는 '열쇠'

대출은 내가 가진 현금을 '레버리지'로 불려주는 도구다. 현재 아파트는 대출 규제 때문에 6억 원만 대출이 나오고 있지만, 건물은 개인과 법인의 신용도에 따라 통상 매매가의 60~80%까지 가능하다. 앞에서 언급한 8억 8,000만 원의 건물을 매수하면서 70%의 대출을 받았다면 은행이 6억 1,600만 원을 빌려주니 현금은 2억 5,238만 원이 필요한 것이다.

- **만약 60% 대출 받았다면,** → 은행이 5억 2,800만 원 빌려주니 →
  현금 3억 4,038만 원이 필요하다.

- **만약 80% 대출 받았다면,** → 은행이 7억 400만 원을 빌려주니 →
  현금 1억 6,438만 원이 필요하다.

명목	대출 60%	대출 70%	대출 80%
매매가		8억 8,000만 원	
(-) 보증금		6,000만 원	
(-) 대출금	5억 2,800만 원	6억 1,600만 원	7억 400만 원
(+) 취득세		4,048만 원	
(+) 중개료		790만 원	
투자필요금액	3억 4,038만 원	2억 5,238만 원	1억 6,438만 원

> **TIP** 대출은 '자전거 보조바퀴' 같다. 힘을 덜 들게 해주지만, 금리가 오르면 속도 대신 위험이 커질 수 있다. 따라서 금리와 월세 수입을 비교해, 이자 부담이 감당 가능한 범위에서 조절해야 한다.

취득세, 부동산의 '입장료'

취득세는 건물의 주인이 되는 순간 내는 지방세다. 공식은 간단하다. 취득세 = 매매가 × 4.6%이니 4.6% 숫자만 잘 기억하면 된다.

앞에 예시를 든 8억 8,000만 원의 건물의 경우 대출 8억 8,000만 원을 받았다고 했을 때 건물의 취득세는 8.8억 원 × 4.6% = 약 4,048만 원이 필요하다. 만약 20억 원 건물을 산다면, 취득세는 20억 원 × 4.6% = 9,200만 원이다. 30억 원 건물을 산다면, 취득세는 30억 원 × 4.6% = 1억 3,800만 원이다.

매매금액	취등록세(4.6%)
20억 원	9,200만 원
30억 원	1억 3,800만 원

TIP 놀이공원 자유이용권 입장료처럼, 건물을 소유하려면 먼저 이 '입장료'를 내야 한다. 금액이 크기 때문에 자금 계획에서 빼먹으면 바로 현금흐름이 꼬인다.

중개료, 좋은 물건을 찾아준 '가이드 팁'

부동산 중개료는 건물 거래를 성사시킨 수고비다. 상업용 건물의 법정 상한은 0.9%이지만, 경우에 따라 협의 가능하다. 앞에 예시를 든 8억 8,000만 원의 건물의 중개료는 8억 8,000만 원 × 0.9% = 792만 원이다. 만약 20억 원의 건물을 산다면, 중개료는

20억 원 × 0.9% = 1,800만 원이고, 30억 원의 건물을 산다면, 중개료는 30억 원 × 0.9% = 2,700만 원이다.

매매금액	중개수수료(0.9%)
20억 원	1,800만 원
30억 원	2,700만 원

그럼 복습을 해보자. 2024년에 12억 8,000만 원에 팔린 서울 한 지역의 커피전문점 건물을 보자. 세입자 보증금은 5,000만 원, 월세 450만 원, 대출은 70%라고 가정해보자. 매입가 12억 8,000만 원에서 다음을 가감해보자.

– 보증금 5,000만 원

– 대출금(매입가의 70%) 약 8억 9,600만 원

+ 취득세(매입가 × 4.6%) 약 5,900만 원

+ 중개료(매입가 × 0.9%) 약 1,100만 원

결론적으로 12억 8,000만 원 건물을 사는 데 필요한 현금은 약 4억 원이다. 계산기만 있으면 누구나 할 수 있다(월건주 블로그에 자동 계산되는 엑셀 파일이 업로드되어 있다).

명목	금액	비고
매입가	12억 8,000만 원	
(-) 보증금	- 5,000만 원	세입자 보증금
(-) 대출금	- 8억 9,600만 원	매입가 X 70%
(+) 취득세	+ 약 5,900만 원	매입가 X 4.6%
(+) 중개료	+ 약 1,100만 원	매입가 X 0.9%
투자필요금액	약 4억 400만 원	

TIP 해외여행에서 가이드가 '핵심 스팟'과 '안전한 경로'를 안내해주는 것처럼, 좋은 중개사는 물건을 제때 잡을 기회를 만들어준다. 그 가치를 생각하면 수수료가 아깝지 않다.

2단계 대출받기
: 대출이자에 따라
수익률이 어떻게 달라질까?

- 대출 전·후 수익률, 월세 수입, 운영비, 금리 변동 등 실제 현금 흐름을 고려하라.

- 투자금 대비 수익률과 시세차익을 함께 계산해, 레버리지 효과를 이해하라.

- 수익률 변동을 감안해 장기적 계획과 목표를 설정하라.

한 줄 요약: "월세 수익, 대출, 운영비를 모두 반영해 내 투자금 대비 현실적 수익을 계산해야 안전하게 건물주 여정을 시작할 수 있다."

앞에서 우리는 실투자금 계산법을 배웠다. 이제는 건물 수익률을 계산하는 방법을 알아보자. 사실 방법은 간단하다. 상가, 오피스텔, 아파트 수익률 계산법과 똑같다.

$$\frac{\text{연간 임대수입}}{\text{매매가} - \text{보증금}} \times 100 = \text{수익률}$$

분자(연간 임대수입): 월세 × 12개월 = 연간 임대수입

분모(실투자금): 매매가 - 세입자 보증금

취득세와 중개료는 보통 수익률 계산에서 제외한다. 예를 들어 보자. 2024년에 12억 8,000만 원에 팔린 서울 지역의 건물 임대수익률을 계산해보자. 이 건물의 세입자 보증금은 5,000만 원, 월세는 450만 원이 나온다.

층수	업종	보증금	월세(관리비 포함)
1층			
2층	W커피	5,000만 원	450만 원
3층			
합계		5,000만 원	450만 원

대출 없는 경우

100% 현금 매입 (단, 취등록세, 중개료 제외)

$$\frac{(450만\ 원 \times 12개월)}{(12.8억\ 원 - 5,000만\ 원)} \times 100 = \text{약}\ 4.4\%$$

분자(연간 임대수입) 월세 450만 원 × 12개월 = 5,400만 원

분모(실투자금) 매매가 12억 8,000만 원 − 보증금 5,000만 원 = 12억 3,000만 원

수익률: 5,400만 원 ÷ 12억 3,000만 원 = 0.0439 × 100 → 약 4.4%

결론적으로 대출 없이 100% 내 돈으로 매입하면 연 4.4% 수익이 난다. 그렇다면 대출이 있는 경우는 어떠할까?

대출 있는 경우

대출금 8억 9,600만 원(매매가의 70%) 가정

$$\frac{\text{연간 임대수입} - \text{은행이자}}{(\text{매매가} - \text{보증금}) - \text{대출금}} \times 100 = \text{수익률}$$

분자(순 임대수입) 연간 임대수입 – 연 이자(대출금 × 금리)

분모(실제 내 돈) 매매가 – 세입자 보증금 – 대출금

대출 금리에 따라 수익률은 변화되니, 은행 금리별 2%, 4%, 8%, 세 가지 경우 수익률을 계산해보자.

① 대출금리 2%인 경우

$$\frac{\underset{\text{(450만 원 × 12개월)}}{\overset{\text{(1년 월세 5,400만 원)}}{}} - \underset{\text{1,792만 원}}{\overset{\text{(8.96억 원 ×2%)}}{}}}{\underset{\text{(매입가)}}{\text{(12.8억 원}} - \underset{\text{(보증금)}}{\text{0.5억 원)}} - \underset{\text{(대출금)}}{\text{8.96억 원}}} \times 100 = 10.8\%$$

연 이자: 8억 9,600만 원 × 0.02 = 1,792만 원

순 임대수입: 5,400만 원 – 1,792만 원 = 3,608만 원

수익률: 3,608만 원 ÷ 3억 3,400만 원 = 0.108 → 10.8%

② 대출금리 4%인 경우

$$\frac{\overset{\text{(1년 월세 5,400만 원)}}{(450만 원 \times 12개월)} - \overset{\text{(8.96억 원} \times 4\%)}{3,584만 원}}{\underset{\text{(매입가)}}{(12.8억 원} - \underset{\text{(보증금)}}{0.5억 원)} - \underset{\text{(대출금)}}{8.96억 원}} \times 100 = 5.4\%$$

연 이자: 8억 9,600만 원 × 0.04 = 3,584만 원

순 임대수입: 5,400만 원 – 3,584만 원 = 1,816만 원

수익률: 1,816만 원 ÷ 3억 3,400만 원 = 0.054 → 5.4%

③ 대출금리 8% 인 경우

상상하고 싶지 않지만 만약 대출금리가 미친 듯이 올라, 대출 금리 8%가 된다면 어떻게 될까?

$$\frac{\overset{\text{(1년 월세 5,400만 원)}}{(450만 원 \times 12개월)} - \overset{\text{(8.96억 원} \times 8\%)}{7,168만 원}}{\underset{\text{(매입가)}}{(12.8억 원} - \underset{\text{(보증금)}}{0.5억 원)} - \underset{\text{(대출금)}}{8.96억 원}} \times 100 = -5.3\%$$

연 이자: 8억 9,600만 원 × 0.08 = 7,168만 원

순 임대수입: 5,400만 원 – 7,168만 원 = -1,768만 원

수익률: -1,768만 원 ÷ 3.34억 원 = -0.053 → -5.3%

정리해보자. 은행 대출 금리가 2%일 때는 대출이 '레버리지' 효과가 극대화되어 수익률이 10%를 넘는다. 따라서 대출금리가

낮으면 대출은 최대한 많이 받아야 수익률이 올라간다. 하지만 만약 대출금리가 2배인 4%로 오르면 수익률은 절반 수준으로 줄어든다. 그리고 대출금리 8%가 되면 월세보다 이자가 많아져 마이너스가 된다.

그렇다면 대출 고금리 시절에는 이러한 마이너스 수익률을 어떻게 올릴 수 있을까? 결론은 단순하다. 분자는 증가시키고 분모를 낮추면 된다. 다음 3가지 방법이 있을 것이다.

고금리 시대, 건물 수익률 지키는 3가지 방법

첫째, 무조건 싸게 사라. 매매가 12억 8,000만 원을 줄여라. '분모를 줄이는 게임' 수익률 계산식에서 분모는 '실제 내가 건물에 넣은 돈'이다. 이게 작을수록 수익률은 올라간다. 예를 들어, 같은 월세 450만 원을 받는 건물이라도, 12억 8,000만 원에 사면 수익률은 4.4%지만, 급매로 11억 원에 샀다면 수익률은 훨씬 높아진다.

고금리 시대에는 매수자가 유리하다. 팔려는 사람은 대출이자 부담이 커서 빨리 처분하려고 하고, 사는 사람은 "이 가격 아니면 안 산다"라고 버틸 수 있다. 이때는 '좋은 건물'보다 '싸게 산 건물'이 더 좋은 투자다.

둘째, 월세를 올릴 수 있는 건물에 투자하라. 월세 450만 원을 늘려라. '분자를 키우는 게임' 분자, 즉 연간 임대수입을 늘리면 수익률이 오른다. 그런데 당장 월세를 올리는 것은 쉽지 않다. 법적 제한도 있고, 세입자와의 관계도 고려해야 한다. 그래서 처음부터 '월세가 저평가된 건물'을 골라야 한다. 예를 들어, 같은 위치에 비숫한 건물들이 월세 500만 원을 받는데 이 건물만 450만 원이라면, 계약 갱신 때 인상 여지가 있다. 또, 공실이 나도 바로 채워지는 지역이라면, 더 나은 세입자를 유치해 월세를 높일 가능성이 크다.

셋째, 대출 비중을 줄여라. 대출금 8억 9,600만 원을 줄여라. '레버리지는 양날의 검'이다. 저금리 시절에는 대출을 많이 받아도 이자가 싸서 좋다. 하지만 금리가 높아지면, 매달 버는 월세보다 이자가 많아져 수익률이 '마이너스'로 바뀔 수 있다. 예를 들어, 금리 8%에서 8.96억 원 대출을 받으면 연 이자가 7,168만 원이나 된다. 월세 5,400만 원보다 많으니, 그 차액만큼 매달 적자를 보는 셈이다. 따라서 고금리 시대에는 욕심을 조금 줄이고, 대출을 적게 받아서 안정성을 지키는 게 훨씬 낫다. 대출이 적으면, 금리가 올라가도 버틸 여력이 생긴다.

정리하면, 고금리 시대의 부동산 투자는 "분모를 줄이고, 분자를 키우고, 위험을 줄이는" 싸움이다. 싸게 사고, 월세를 올릴 수 있는 건물을 고르고, 대출은 최소한으로만 쓰면 금리가 아무리 올라가도 수익률을 지킬 수 있다.

3단계 투자지역 선정
: 돈 되는 지역은 따로 있다

- 묻지마 식 강남 투자는 위험하다. 내가 잘 아는 지역, 가까운 지역부터 검토하라.

- 20~30대 유동인구가 많은 상권, 장사가 잘 되는 지역을 우선 고려하라.

- 매매가 활발하고 거래 회전율이 높은 지역을 선택해 유동성 리스크를 줄여라.

한 줄 요약: 내가 잘 알고, 젊은 층 유동인구가 많으며 건물 거래가 활발한 지역을 골라야 안정적이고 성공적인 건물주 투자를 시작할 수 있다.

앞에서 실투자금과 수익률 계산법을 이해했다면, 그 다음으로 반드시 고민해야 할 것이 있다. 바로 "어느 지역에 투자할 것인가"이다. 건물 투자를 고민해본 사람이라면 공감할 것이다. 누구나 서울 강남과 같은 상급지를 꿈꾼다. 하지만 현실은 냉정하다. 서울 강남의 괜찮은 건물가격은 이미 수십 억 원, 수백억 원에 달한다. 나와 같은 평범한 투자자에게는 소위 '넘사벽'일 뿐이다.

나 또한 같은 고민을 했다. 결국 나는 내가 가진 투자금으로 과감하게 경기도 상급지에 2채를 매입했다. 그러면 대부분 사람들이 이렇게 묻는다."왜 서울에 1채를 안 사고, 굳이 쪼개서 경기도에 2채를 샀어요?"

맞는 말이다. 나도 강남 건물 좋은 거 다 안다. 내가 돈이 아주 많았다면, 소위 '똘똘한 한 채' 전략으로 서울 강남 건물을 샀을 것이다. 하지만 평범한 월급쟁이로서 단번에 강남 건물주가 되는 것은 불가능에 가깝다. 내가 보유한 자금과 능력에 맞춰 나에게 맞는 건물에 투자를 시작하면서 갈아타기를 해야 하는 것이다.

내가 나눈 투자 지역 4가지 분류

건물 투자를 고민하면서, 나는 나름대로 투자 지역을 아래 지도에서처럼 4가지로 구분해보았다. 물론 어디까지나 내가 투자 판단을 내리기 위한 개인적인 기준일 뿐이다.

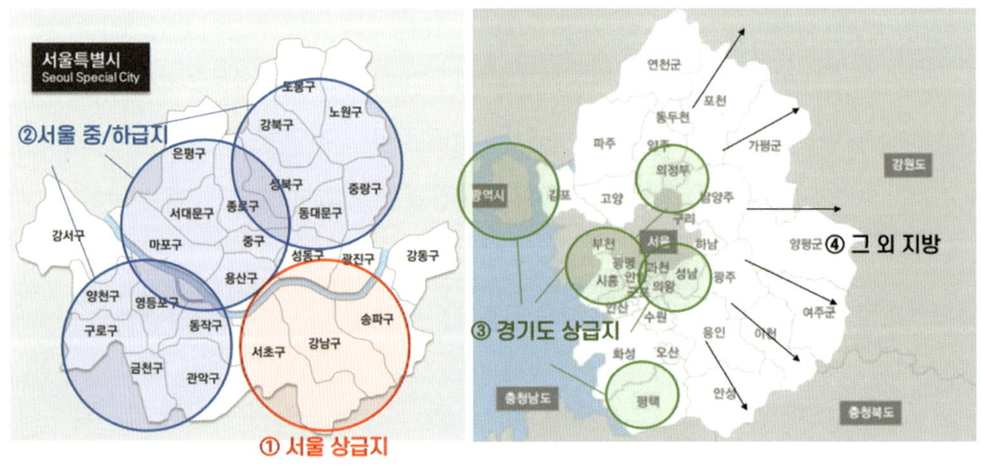

① 서울 상급지

예: 강남구, 서초구, 송파구, 성동구(성수)

특징: 대한민국 부동산의 중심이자 가장 선호도가 높은 지역

장점: 시세차익(가격 상승률)이 매우 높다. 장기적으로 꾸준히 올라갈 가능성이 큰 지역이다.

단점: 건물가격이 비싸서 보통 연 1~2%대로 임대수익률은 낮다. 즉, 매월 월세로 돈을 벌기보다는 시간이 지나 가격이 오르는 것에 베팅하는 지역이다. 따라서 무리한 영끌 대출 투자로 못 버틸 수 있다.

② 서울 중·하급지

예: 종로구, 관악구, 강서구, 노원구 등

특징: 서울 안에 있지만, 입지나 선호도 면에서 상급지보다 한 단계 낮은 지역

장점: 강남 대비 진입장벽이 낮다. 매매가 활발하고 수요층이 꾸준히 있다.

단점: 시세차익은 상급지보다 낮고, 임대수익률 역시 아주 높지는 않다. 다만 두 가지가 적절히 섞여 있는 중간형 투자처라 볼 수 있다.

③ 경기도 상급지

예: 성남시, 평택시, 인천시 부평구, 의정부시 등 중심 도시

특징: 광역 교통망과 대규모 개발 호재가 있는 곳. 서울 수요를 일부 흡수한다.

장점: 서울보다는 저렴하게 진입 가능하면서도, 월세수익률은 서울보다 좋고 인구 유입과 개발 수요 덕분에 시세차익도 어느 정도 기대할 수 있다.

단점: 지역별 편차가 크다. 같은 지역이라도 어느 곳은 폭발적으로 오르고, 어느 곳은 미미하다. 지역 눈높이를 정확히 보는 안목이 필요하다.

④ 그 외 지방

특징: 인구 감소 지역과 정체 지역이 많아 전체적으로는 시세차익 기대가 낮다.

장점: 임대수익률은 서울·경기 대비 확실히 높다. 노후 준비를 위한 월세수익을 원하는 투자자에게는 매력적일 수 있다.

단점: 매매가 활발하지 않다. 즉, 내가 사고 싶을 때는 사기 쉽지만, 팔고 싶을 때는 쉽게 팔리지 않을 수 있다. 유동성 리스크가 존재한다.

각 지역별 자세히 투자법과 대표적인 건물 예시를 살펴보자.

① 서울 상급지

누구나 강남 건물주를 꿈꾼다. 불과 몇 년 전까지만 해도 서울 강남 지역에 낡은 주택을 매입하여 신축·리모델링하는 밸류업 투자가 유행하던 시기도 있었다. 하지만 서울 강남 상급지 투자는 그리 만만하지 않다. 서울 강남 상급지는 이미 건물가격이 비싸져서 월세 수익률이 단지 1~2%에 불과하기 때문에, 이에 충분한 투자금이 부족하여, 무리한 대출을 받아 영끌 투자한다면 매우 위험하다. 한 유명배우가 2024년에 매입한 강남 청담동 건물을 예로 들어보자. 토지 면적은 약 95평, 건물 전체 면적은 약 344평이다.

이런 건물이 대표적인 서울 상급지 건물이다. 이 건물은 220억 원에서 대출을 170억 원을 받아 실제 투자금은 현금 50억 원이 들었다. 세입자 보증금은 4억 5,000만 원이고 월세는 2,850만 원을 받고 있다. 겉으로 보면 수익률은 1.95%다. 하지만 3.3% 대출을 받아 170억 원을 빌렸다고 하면 수익률은 달라진다.

매입가: 220억 원

보증금: 4억 5,000만 원

월세: 2,850만 원

$$\frac{\overset{\text{(월세)}}{(2{,}850\text{만 원}}-\overset{\text{(이자)}}{5{,}667\text{만 원}}) \times 12\text{개월}}{\underset{\text{(매입가)}}{(220\text{억 원}}-\underset{\text{(보증금)}}{4.5\text{억 원}}+\underset{\text{(취득세)}}{10\text{억 원}}+\underset{\text{(중개료)}}{2\text{억 원}})-\underset{\text{(대출)}}{170\text{억 원}}} \times 100 = -5.9\%$$

이자를 고려하면 수익률은 무려 -5.9% 적자다. 즉, 월세를 2,850만 원 받아도 은행이자만 -5,667만 원이니, 매달 2,817만 원이 적자다. 진심 이런 투자를 하는 것이 존경스럽다. 그렇다면 왜 연예인들은 서울 강남 상급지에 투자하는 걸까? 아마도 내가 생각하기에는 세 가지 이유 때문일 것이다.

첫째, 연예인은 현금흐름이 워낙 크다. 광고 한 편, 드라마 한 작품, 공연 한 번으로 수억 원에서 수십억 원의 자금이 들어온다. 즉, 일반 직장인과는 비교할 수 없는 수준의 현금 유입이 있기 때문에, 큰 금액의 대출 상환도 감당할 수 있을 것이다.

둘째, 현금을 건물이라는 자산으로 바꾸려는 목적이 있다. 연예인은 수입이 불안정하다. 몇 년은 전성기를 누리다가도 갑자기 방송 출연이 끊길 수 있다. 그래서 그들은 현금이 들어올 때마다 토지나 건물 같은 부동산으로 바꿔두려는 성향이 강하다. 결국, 건물은 '현금 창고' 역할을 하기 때문이다.

셋째, 강남 부동산의 장기적 우상향을 믿기 때문이다. 특히 연예인들의 투자처를 보면 대부분 강남이나 성수 등 특정 핵심 상권에 집중되어 있다. 이유는 간단하다. "강남 땅은 언젠가 반드시 오른다"라는 신념이 있기 때문이다. 당장의 임대수익률이 낮아도, 장기적으로 보유했을 때 시세차익이 보장된다는 믿음이 그들의 투자 배경에 깔려 있다.

하지만 평범한 월급쟁이가 이런 투자를 따라한다면 어떻게 될까? 옛말에 "뱁새가 황새 따라가다 가랑이 찢어진다"라는 말이 있다. 무슨 소리냐고? 내가 이러한 서울 상급지에 투자를 하기 전에, 내가 뱁새인지? 황새인지? 내 자신을 살펴봐야 한다는 이야기다. 이러한 막대한 월세 투자수익률을 감당하며 시세차익을 실현하기 전까지 오랜 시간 버틸 수 있는 자금이 충분한지 살펴봐야 한다. 즉, 나의 투자금과 현금흐름을 고려하지 않은 무리한 강남 투자는 100% 실패할 것이다.

② 서울 중하급지

서울 강북은 건물은 어떨까? 예를 들어보자. 서울 강북지역에 있는 4층 꼬마빌딩이다. 토지 면적은 약 24평, 전체 건물 연면적은 40평으로 아담하다. 지어진 지 오래된 구축 건물로, 엘리베이터는 없다. 아마도 이런 건물이 대표적인 서울 중급지 건물이다.

매입가: 10억 3,000만 원

보증금: 4,900만 원

월세: 340만 원

임대수익률: 4.16%(무대출 시)

이 건물은 2025년에 10억 3,000만 원에 매각되었고, (공실 제외한) 보증금은 4,900만 원에 월세는 340만 원이다. 연 임대수익률은 무대출 시 4.16%다. 겉으로 보면 수익률은 준수하다. 하지만 건물 상태가 오래된 구축이므로 리모델링 비용, 방수, 공실 리스크를 꼼꼼히 따져봐야 한다. 특히 엘리베이터가 없는 경우 상층부 공실 위험이 높다. 따라서 역세권이거나 재개발 호재가 있는 지역 위주로 접근하는 것이 맞다.

③ 경기도 상급지

솔직히 경기도 상급지 건물은 서울 상급지 건물보다 높은 시세차익을 기대하기 쉽지 않다. 하지만 상대적으로 실투자금이 적게 들고, 건물 컨디션이 좋아 건물 관리나 공실에 대한 스트레스가 작다. 또한 상대적으로 높은 월세수익이 가능하며, 주변 호재 지역을 매입한다면 중장기 보유하면서 시세차익도 기대할 수 있다. 예를 들어보자. 경기도에 위치한 7층 꼬마빌딩이다.

매입가: 8억 8,000만 원

보증금: 6,000만 원

월세: 390만 원

임대수익률: 5.71%(무대출 시)

서울 강남만큼의 시세차익은 어렵지만, 상대적으로 엘리베이터도 있어 안정적인 월세수익과 양호한 건물 컨디션이 장점이다. 게다가 GTX와 같은 교통호재가 있다면 중장기적으로 시세차익도 기대할 수 있다.

④ 수도권 외 지방

수도권 외 지방은 솔직히 시세차익은 약하다. 대신 임대수익률이 5% 이상 높은 편이다. 따라서 지방 투자는 주로 임대수익이 목적일 때만 고려해야 한다. 특히 메인 상권이 살아 있고, 유동인구가 풍부하며, 장기적으로 임대료를 끌어올릴 수 있는 지역만 검토해야 한다. 정리하자면 다음과 같다.

서울 상급지: 시세차익 중심, 월세는 덤

서울 중하급지, 경기도 상급지: 시세차익과 임대수익의 균형

지방: 임대수익 중심, 시세차익은 약함

업종	월세수익	시세차익	투자 성향
① 서울 상급지	1~2%	높음	"월세 필요 없어! 무조건 시세차익!"
② 서울 중하급지	2~3%	중간	"월세 덜 받더라도, 그래도 서울이지!"
③ 경기도 상급지	4~5%	중간	"월세도 남으면서 몇 년 뒤 시세차익!"
④ 그 외 지방	5% 이상	낮음	"지방 살면서 따박따박 월세 받을래!"

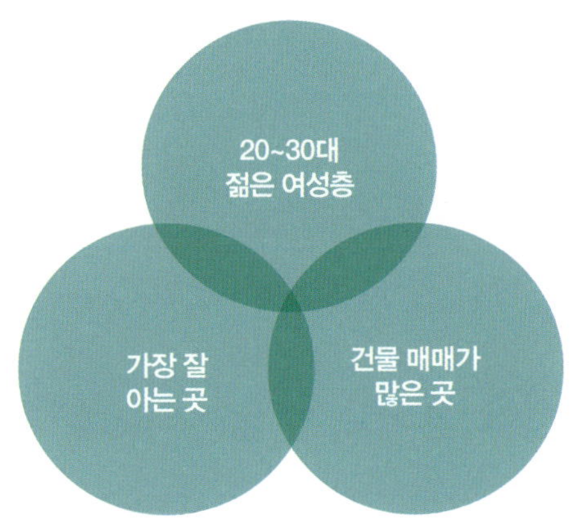

결코 투자지역에 정답은 없다. 다만 나는 이 네 가지 분류 중에서 내 투자 성향(안정성 + 성장성)을 고려했을 때 서울 중하급지와 경기도 상급지에 집중하기로 했다. 이 구간에서라야 적절한 월세 수익을 챙기면서, 동시에 매각 시 시세차익도 기대할 수 있는 '균형 잡힌 투자'가 가능하기 때문이다. 따라서 나와 같은 평범한 월급쟁이가 시도해야 할 첫 투자처는 서울 중하급지와 경기도 상급지가 적합할 것이다. 그렇다면 내가 매입할 지역을 고르는 3가지 원칙을 말해볼까 한다.

첫째, 내가 잘 아는 지역부터 투자해야 한다. 사람마다 편한 지역이 있다. 내가 자주 다니고, 생활권에 속해 있으며, 변화의 흐름을 몸으로 느낄 수 있는 곳. 이런 지역은 뉴스보다 더 빠르게 분위기를 파악할 수 있다. 예를 들어, 빈 상가가 늘어나고 있는지, 새로 생긴 카페가 줄 서는지, 밤에 불이 꺼지지 않는지 같은 생활 속 신호를 바로 알 수 있다. 이런 지역일수록 투자에서 '정보의 비대칭'을 줄일 수 있다.

둘째, 20~30대 여성 유동인구가 많은 곳이 유리하다. 건물의 가치가 높다는 이야기는 장사가 잘 되는 건물이라는 말이다. 장사가 잘되기 위한 특히 소위 '핫플'로 불리는 상권은 2030 여성이 많이 찾는 지역은 망하지 않는다"라는 불문율이 있다. 따라서 20~30대 여성 유동인구가 많은 곳이 유리하다.

셋째, 매매가 활발한 지역이어야 한다. 건물은 끝까지 들고 가는 자산이 아니라, 언제든 되팔 수 있는 자산이어야 한다. 거래가 꾸준한 지역은 '시장 가격'이 명확하게 형성되고, 수요자도 많아 현금화가 빠르다. 반대로 거래가 드문 곳은 팔려고 해도 몇 년씩 묶일 수 있다. 그래서 나는 내가 투자하려는 건물 주변의 실제 건물 거래량과 매물 회전율이 높은가를 살펴보고 선택해야 한다.

이 세 가지를 모두 만족하는 대표 지역은 어디일까? 바로 서울 '강남'일 것이다. 하지만 앞서 말했듯이 강남은 평범한 월급쟁이가 넘볼 수 없는 '넘사벽'이다. 그래서 나는 이 조건을 최대한 충족할 수 있는 경기도 상급지를 선택했다. 내가 잘 알고, 젊은 층 유동인구가 많고, 거래도 활발한 지역. 이런 곳이 결국 내 투자에 안정성을 준다(계속 말하지만 서울지역이 나쁘다는 것은 아니니 오해하지 말기 바란다).

그렇다면 내가 추천하는 경기도 지역 6곳을 알려줄까 한다. 이건 결코 절대적인 정답은 아니다. 다만 위의 3가지 조건에 가장 만족할 만한 경기도 지역이라 생각하면 좋을 거 같다. 내가 투자한 2채의 건물도 이들 지역 어딘가 위치해 있다.

① **수원역, 인계동 주변**

수원시는 크게 세 개의 핵심상권으로 나눌 수 있다. 바로 수원역, 인계동, 광교다. 먼저 수원역 상권은 롯데백화점과 버스터미널을 중심으로 발달해 있다. 이 지역은 10~20대 고객층을 대상으로 한 편의시설과 유흥·먹자골목이 잘 형성되어 있어 유동인구가 매우 풍부하다. 상권의 활력 면에서는 손꼽히는 지역이라, 투자 매력도 충분하다. 다만, 워낙 인기 지역이라 매물이 잘 나오지 않는 점은 아쉬운 부분이다.

반면 인계동 상권은 수원시청과 주변 아파트 단지를 중심으로 발달한 지역이다. 다양한 연령층의 유동인구가 꾸준히 유입되며, 배후 상권이 잘 형성되어 있어 안정적인 임대수익을 기대할 수 있다. 실제로 인계동 부근에서는 상대적으로 괜찮은 투자 매물을 찾기가 수원역보다 쉽다.

마지막으로 광교 상권은 계획도시로 개발된 지역이라 깔끔하고 신도시형 상권의 장점이 있다. 하지만 상대적으로 투자금이 높게 들어가는 편이고, 소액으로 접근 가능한 매물이 적다는 점은 고려해야 한다.

정리하면, 수원역은 활발한 유동인구와 시세상승 가능성이 매력적이지만 매물이 적고, 인계동은 안정적 월세흐름과 적정 투자금 매물이 많아 현실적인 선택지가 된다. 광교는 장기적으로 매력적이지만 소액투자자에게는 접근이 쉽지 않다.

② 의정부역 주변

의정부 상권은 의정부역을 중심으로 발달해 있다. 최근 이 지역에는 60층이 넘는 랜드마크 복합시설이 들어설 계획이 있어, 향후 상권 활성화가 기대된다.

게다가 GTX-C 노선 개통(2028년 예정)으로 교통 접근성이 크게 향상되면, 경기도 북부 지역 전체의 상권변화와 지가상승도 기대할 수 있다.

특히 의정부역 근처에는 제일시장과 로데오 거리를 중심으로 소액으로 투자할 만한 건물 매물이 존재한다. 임대수익률 측면에서도 소액투자자에게 매력적이며, 향후 교통호재와 랜드마크 개발로 장기적인 시세차익 가능성도 열려 있다.

정리하면, 의정부역 상권은 교통 호재와 개발 계획으로 성장 가능성이 큰 지역이며, 소액투자로 안정적인 임대수익과 장기적인 시세차익을 동시에 노릴 수 있는 곳이라고 볼 수 있다.

③ 성남 구도심 주변

성남 구도심은 노후 주거시설 개선과 교통 개발이 활발하게 진행 중인 지역이다. 향후 5만 가구 규모의 재건축 단지를 목표로 재건축 사업이 추진되고 있어, 장기적으로 상권과 지가가 함께 상승할 가능성이 높다.

입지 측면에서도 뛰어나다. 서울 잠실역과 선릉역까지 약 20분 거리로, 서울 접근성이 좋아 상업·주거 수요 모두 견고하다. 다만, 몇 년 전까지만 해도 저평가된 건물 매물이 존재했지만, 최근 개발

호재가 본격화되면서 소액투자 매물은 찾아보기 어려운 상황이라고 할 수 있다.

그럼에도 불구하고 향후 발전 가능성이 크고, 안정적인 임대수익과 장기적인 시세차익이 기대되는 지역이므로 충분히 투자를 고려할 만한 곳이다.

④ 부평역 주변

부평 상권은 부평역을 중심으로 먹거리, 쇼핑, 문화시설이 잘 갖춰져 있어 MZ세대에게 인기 있는 핫플레이스로 자리 잡고 있다. 특히 부평역 앞 테마거리는 인천 최대상권 중 하나로, 유동인구가 풍부하고 상권 활동이 활발하다.

교통 호재도 눈여겨볼 만하다. GTX-B 노선이 2027년 공사 시작, 2030년 개통 예정이며, 환승센터 조성 사업으로 트리플 환승역으로 발전할 계획이다. 이에 따라 접근성과 유동인구가 더욱 증가할 것으로 기대된다. 또한, 부평역 테마거리 중심으로 다양한 소액투자 매물이 존재하므로, 투자자 입장에서는 검토할 만한 좋은 선택지다.

⑤ 주안역 주변

주안역 인근 지역은 일일 유동인구가 약 40만 명에 달하는 인천의 핵심상권 중 하나다. 특히 주안 로데오 거리를 중심으로 다양한 쇼핑몰, 문화시설, 상점, 음식점이 밀집해 있어 젊은 층을 위한 활발한 상권이 형성되어 있다.

교통과 접근성 측면에서도 유리하며, 유동인구가 풍부한 만큼 상권이 지속적으로 유지될 가능성이 높다. 또한, 주안역 주변에는 소액으로 투자 가능한 다양한 건물 매물이 존재하므로, 안정적인 월세수익과 장기적 시세차익을 목표로 하는 투자자에게 충분히 검토할 만한 지역이다.

⑥ 평택역 주변

평택역 상권은 크게 평택역 중심 상권과 비전동 로데오 상권으로 나눌 수 있다. 평택역 주변은 교통의 요충지이자 복합 쇼핑몰이 자리하고 있어 유동인구가 풍부하다. 특히 도시재생사업과 주거환경 개선, 재개발·재건축이 활발히 진행되고 있어 장기적 가치상승 가능성도 기대할 수 있다.

반면, 비전동 로데오 상권은 평택역 중심지보다는 다소 덜 활성화되어 있지만, 학교와 아파트 등 탄탄한 배후세대를 갖추고 있어 안정적인 임대수익을 기대할 수 있다. 따라서 평택역 구도심과 비전동 로데오 상권 모두 다양한 매물이 있으므로 소액투자자도 검토할 만하다.

> **TIP** **수도권 상급지 투자**
>
> 위 6곳 외에도 수도권에는 괜찮은 상급지 매물이 많다. 하지만 이런 매물 중 상당수는 건물중개법인에 등록되지 않은 '숨은 매물'이다. 따라서 실제로 투자 기회를 잡기 위해서는 '진흙 속의 진주'를 찾는다는 마음으로, 직접 발품을 팔며 중개법인뿐만 아니라 동네 로컬 부동산을 탐색하는 노력이 반드시 필요하다.

4단계 투자방법 이해하기 : 건물로 돈 버는 확실한 방법

- 건물로 돈 버는 6가지 방법을 이해하고 나와 맞는 방법을 선택하자.

- 투자 목적(현금흐름 vs 시세차익)에 맞춰 전략을 세우고, 단기수익과 장기수익을 구분하라.

- 리스크와 비용(세금·운영비·대출금리)을 반영해 현실적인 수익구조를 계산하라.

한 줄 요약: 건물로 돈 버는 방법의 장단점과 비용을 고려해, 내 목표에 맞는 전략으로 안정적이고 수익성 있는 건물 투자를 설계해야 한다.

아마도 이 책을 읽는 분들은 건물 투자로 돈을 벌고 싶다는 생각을 갖고 계실 것이다. 하지만 단순히 '돈 벌고 싶다'는 막연한 바람보다는, 내가 처한 환경과 투자 목적을 고려해 "어떻게 돈을 벌 것인가?"를 먼저 이해해야 한다. 우선, 꼬마빌딩에 투자하려는 사람들은 크게 세 가지 유형으로 나눌 수 있다.

꼬마빌딩에 투자하려는 사람의 유형

① 유형1 임대수익형

"매달 따박따박 월세 받으면서 생활해야지"

주로 50~60대 은퇴를 앞둔 분들이 대표적이다. 평생 모은 종잣돈으로 건물에 투자해, 안정적인 월세수입으로 노후를 편하게 살고자 하는 유형이다. 하지만 최근에는 대출금리가 높고, 자영업자 폐업률이 증가하고 있어, 생각만큼 '따박따박 월세 받기'가 쉽지 않을 수 있다.

② 유형2 시세차익형

"투자해놓고 몇 년 뒤 되팔아 시세차익을 얻어야지"

주로 근로소득은 있으면서 미래 준비를 하려 하는 나와 같은 30~40대 직장인들이 주로 해당될 것이다. 즉, 본업은 유지하면서 종잣돈으로 건물에 투자하고, 몇 년 후 중장기적으로 시세차익을 얻고자 하는 유형이다. 단기수익보다는 안정적인 시세차익과 자산가치 상승에 초점을 맞춘다.

③ 유형3 직접운영형

"월세 낼 바에는 내 건물에서 직접 장사해야지"

주로 자영업자나 전문직 종사자들이 해당될 것이다. 본인의 사업 아이템을 건물에서 직접 운영하며, 남는 층은 월세를 받아 수익을 올린다. 또한, 건물가치를 올려 시세차익까지 노릴 수 있다. 즉,

공실인 저평가 건물을 매입해 직접 운영하면서, 월세 절약과 건물 가치 상승 두 가지를 동시에 노리는 전략이다.

솔직히 말하면, 이 세 가지 유형을 동시에 만족하는 투자가 가장 이상적일 것이다. 즉, 한 층은 직접 운영하면서, 다른 층에서 꾸준히 월세수익을 얻고 몇 년 뒤 되팔아 시세차익도 얻는 것이 가장 이상적이다. 하지만 각자 처한 환경이 다르기에 현실적으로 이 모든 것을 한 번에 완벽히 구현하기는 어렵다. 평범한 투자자라면 어떤 유형이 적합할까?

다만, 최근의 경기불황, 대출금리 불안정과 자영업자 폐업률 증가를 고려하면, '유형1 임대수익형'의 경우처럼 단순히 임대수익만 바라보기는 쉽지 않기에, '유형2 시세차익형'이나 '유형3 직접운영형'에 초점을 맞추는 것이 현명하다.

즉, 공실 건물을 매입해 일부를 직접 운영하며 가치를 높이고, 나머지 층에서 월세를 받거나, 몇 년 뒤 되팔아 시세차익을 얻는 전략이 안정적이다. 나 역시 현재 회사에 다니면서 근로소득으로 모은 종잣돈을 투자하고, 몇 년 뒤 시세차익을 기대하고 있기에, '유형2 시세차익형' 투자에 가깝다.

결론적으로 막연히 "건물주가 되어서 돈을 많이 벌고 싶다"는 생각보다는, 내 투자 환경과 자금 규모, 투자 목표와 기간을 고민 후에, 내가 속한 투자 유형(임대수익형, 시세차익형, 직접운영형)이 무엇인지를 알기 위해 이 세 가지 유형을 먼저 명확히 파악하는 것이 중요하다. 이제 각자의 투자 유형을 이해했다면, 본격적으로 건물 투자로 돈을 벌 수 있는 6가지 방법에 대해 상세히 알아보자.

건물 투자 6가지 방법

	방법	요약
1	밸류업	낡은 주택을 매입 후 신축(리모델링)하여 임차 구성하여 재판매
2	대출 레버리지	낮은 금리로 대출을 극대화하여 월세수익률 상승
3	호재 지역 투자	미래 호재지역에(예, 재개발, GTX 등) 투자하여 지가상승 기대
4	임차인 재구성	주변 상권과 어울리는 신규 업종을 유치하여 월세상승
5	싸게 매입	부동산 불황기에 원가보다 낮은 가격에 매입
6	직접(위탁) 운영	직접 운영을 통해 건물 가치 상승시켜 재판매

건물 투자로 돈을 벌 수 있는 6가지 방법

① 밸류업Value-Up 투자

밸류업 투자는 간단히 말해 오래된 건물을 사서 신축이나 리모델링을 통해 새롭게 가치를 올린 뒤 되파는 투자다.

예시 테크트리

- 오래된 주택을 5억 원에 매입
- 5억 원 들여 신축 또는 리모델링
- 세입자를 맞춘 후 20억 원에 매각 시 시세차익은 10억 원

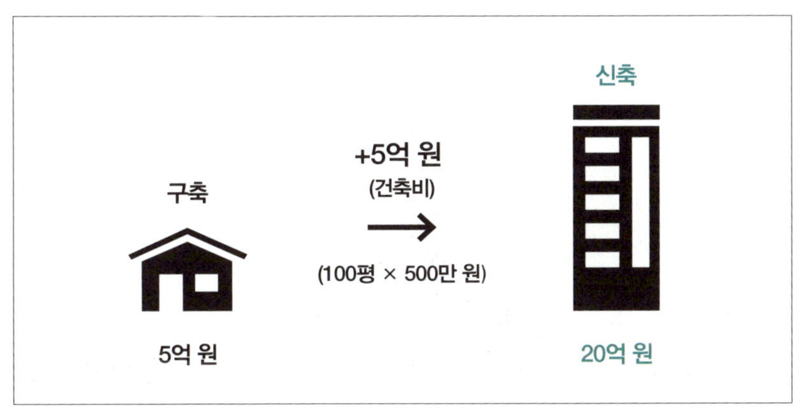

실제 사례 서울 지역의 꼬마빌딩

건물 위치 4층 건물, 토지 14평, 건물 면적 28평

현재 매물가 13억 원~14억 원

기존 건물 상태 지붕 위 폐타이어가 올려진 오래된 건물

신축 전
 신축 후

이 카페가 들어서기 전에 어떤 모습이었을까? 사진처럼 지붕 위에 폐타이어가 올려 있는 소위 오래된 건물이었다.

이 건물주는 2021년, 총 6억 200만 원(매입가 + 세금 + 중개료)으로 이 건물을 매입하고, 곧바로 평당 700만 원 × 28평으로 2억 원 정도를 들여 신축공사를 진행했다. 총 투자비는 약 8억 3,000만 원으로 만약 건물주가 목표한 대로 일년 안에 13억 원에 매각을 한다면, 시세차익이 세전 약 4억 7,000만 원(13억 원 - 8억 3,000만 원)이 될 수 있다.

항목		금액	비고
매입가		6억 200만 원	2021년 2월
	(+) 신축비	+1억 9,600만 원	28평 X 700만 원(추정)
	(+) 취득세	+2,800만 원	4.60%
	(+) 중개료	+540만 원	0.90%
합계		약 8억 3,000만 원	-

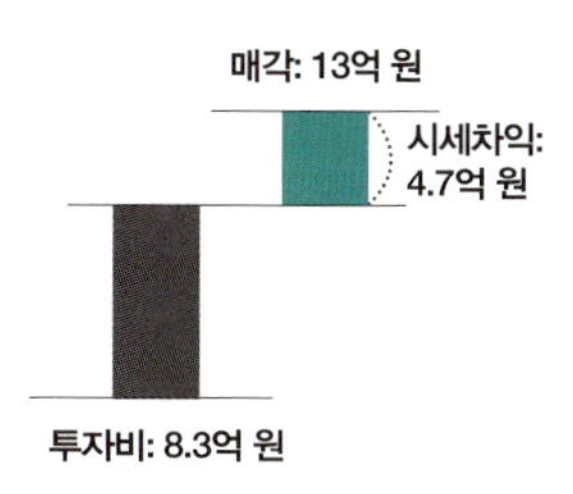

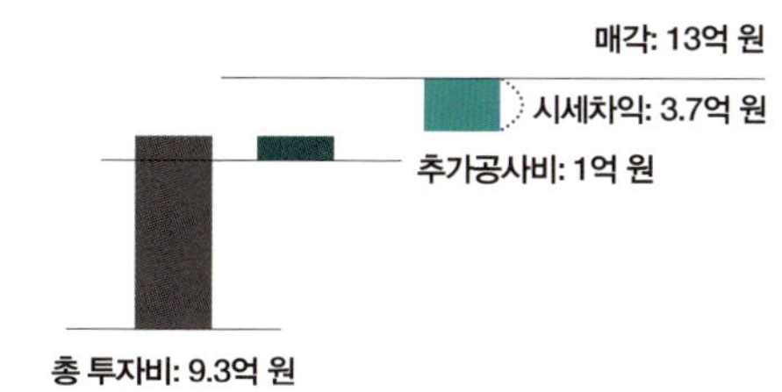

하지만 최근 상황은 달라졌다. 코로나 팬데믹 등으로 인해 철강, 시멘트 등 원자재 가격 급등, 인플레이션 및 공사 인건비 상승, 신축 규제 강화 및 건축 기간 증가 등의 문제가 생긴 것이다. 이에 과거 평당 600~700만 원 정도였던 건축비는 최근 1,000만 원 이상으로 뛰었다.

따라서 이 건물을 오늘 기준으로 신축한다고 가정하면 공사비 1억 원이 증가하여 총 투자비 9억 3,000만 원으로 13억 원에 매각한다면 시세차익은 3억 7,000만 원이다.

여기에 양도소득세 등 각종 세금에, 밸류업 투자기간에 대출받은 기회비용까지 고려하면, 밸류업 투자의 매력은 예전만 못한 것도 사실이다. 또한, 밸류업 이후 높은 월세를 낼 수 있는 임차인을 유치해야 높은 시세차익을 기대할 수 있는데, 최근 자영업 불황으로 높은 월세를 받는 것도 쉽지 않다는 점도 부담이다.

② 대출 레버리지

대출 레버리지는 은행 대출을 활용해 투자금 대비 수익을 극대화하는 전략이다. 즉, 적은 자기 자금으로 큰 건물에 투자해 수익률을 높이는 방식이다.

예시 테크트리

- 월세 400만 원 나오는 10억 원 건물(수익률 4.8%)
- 대출 70% 활용 → 약 3억 원만 자기자금 투입
- 월세 400만 원에서 은행 이자 175만 원 제외 후 월 225만 원 수익 발생(수익률 9.2%)

2019년에서 2021년과 같은 저금리 시기에는 대출을 많이 활용할수록 월세수익률은 증가한다. 하지만 은행금리에 따라서 상황은 언제든지 변할 수 있다. 예를 들어, 2022년부터 금리상승이 시작되었고, 2023년에는 금리 5% 초반까지 오르며, 한 달 이자가 215만 원에서 474만 원으로 증가되었다. 즉, 이러한 고금리 시기에는 대출 비중을 낮춰야만 안전하게 투자하는 것이 가능하다.

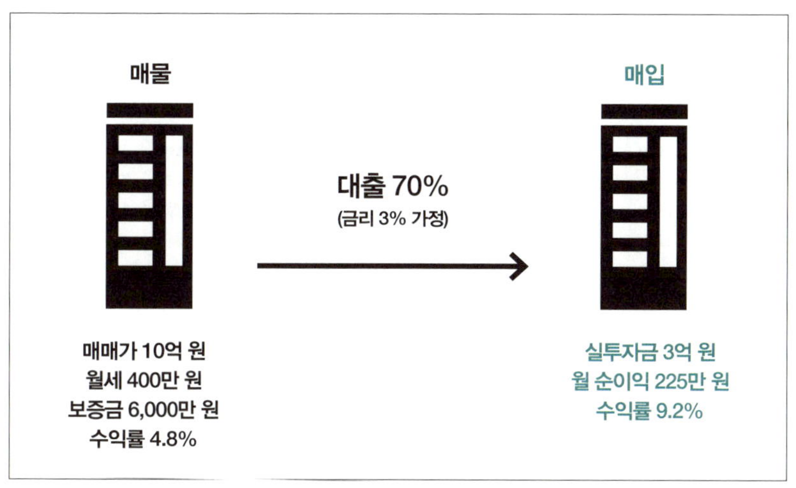

즉, 평범한 개인투자자가 건물주가 되려면 대출 레버리지가 필수다. 저금리 시기에는 최대한 대출 활용하여 수익률 극대화하고, 고금리 시기에는 대출 비중을 낮춰 위험을 최소화해야 한다.

> **TIP** 대출은 양날의 검이다. 잘 활용하면 지렛대 역할을 하지만, 잘못 사용하면 투자에 실패할 수 있다. 묻지마 식 영끌은 피해야 한다. 대출은 각자 처한 환경에서, 즉 투자환경과 금리상황에 맞춰 대출 전략을 유연하게 조정하는 것이 중요하다.

③ 호재 지역 투자

호재 지역 투자는 건물 주변의 개발·교통 호재를 활용해 장기적 시세차익과 임대수익을 동시에 노리는 전략이다.

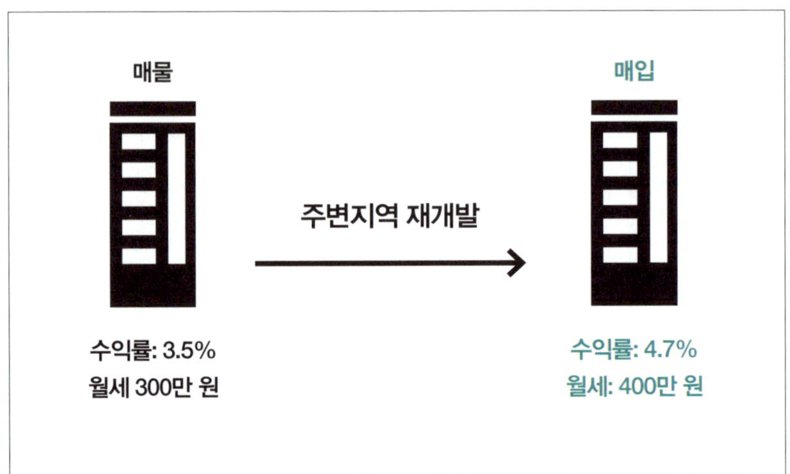

예시 테크트리

- 월세 300만 원 나오는 10억 건물 매입(수익률 3.5%)
- 건물 주변에 재개발·교통 호재 발생하여 월세 400만 원으로 상승(수익률 4.7%)

즉, 호재 지역에 투자하여 중장기 보유하면서 땅과 건물 가치 상승으로 수익을 늘리는 전략이다. 특히 건물 투자는 주식, 코인처럼 단타로 수익을 보는 투자법이 아니며, 최소 3~5년 이상 중장기 보유가 필수다. 그렇다면 구체적인 호재와 악재가 되는 요인을 살펴보자.

구분	구체적 사유
호재	- 지하철 / GTX 노선 신설 / 도로 확충 - 재개발 / 재건축 - 상권 활성화 (쇼핑몰, 백화점, 문화/의료시설)
악재	- 젊은 층 인구 감소 - 상권 침체로 인한 유동인구 감소 - 기존 공공시설 이전

호재 지역 투자는 건물 주변의 개발 계획이나 교통망 개선 등으로 장기적인 가치상승을 기대하며 투자하는 전략이다. 예를 들어, 월세 300만 원 나오는 10억 원짜리 건물을 매입했는데, 주변에 재개발이 진행되거나 지하철·GTX 노선 신설과 같은 교통 호재가 발생하면, 월세가 400만 원으로 오르고 수익률도 3.5%에서 4.7%로 상승할 수 있다. 즉, 단기적인 시세차익보다는 최소 3~5년 이상 장기 보유하면서 땅과 건물의 가치가 오르는 것을 기다리는 전략이다.

호재 요인은 다양하다. 우선 교통 호재가 대표적이다. 지하철이나 GTX 노선 신설, 도로 확장 등 기존 교통망이 개선되면 해당 지역 접근성이 높아지고 건물가치도 함께 상승한다. 또한 재개발이나 재건축으로 노후주거 환경이 개선되면, 상권 활성화와 함께 부동산 가치가 올라간다. 아울러 쇼핑몰, 백화점, 문화시설, 교육 시설 등이 새로 들어오거나 이전되는 경우도 상권 활성화와 임대수익 증대에 큰 영향을 준다.

반대로 악재 요인도 반드시 고려해야 한다. 젊은 층 인구가 줄어드는 지역은 상권이 침체될 가능성이 높다. 특히 지방의 경우 고령화가 빠르게 진행되면서, 상권 활성화가 어렵고 건물가치가 하락할 수 있다. 또한 기존 상권의 경쟁력이 약화되거나, 기존 공공시설이 이전하여 유동인구가 감소하는 경우도 건물가치에 악영향을 준다. 최근 코로나 이후 일부 대학가와 상권에서 나타난 유동인구 감소 사례가 대표적이다.

> **TIP** 결론적으로, 호재 지역 투자를 할 때는 단순히 '좋은 지역'이라는 이유만으로 투자하지 말고, 건물 주변의 개발 계획과 교통망 변화, 상권 활성화 가능성 등 다양한 요인을 꼼꼼히 분석해야 한다. 장기 보유를 전제로, 호재가 실제로 건물가치와 임대수익에 긍정적인 영향을 줄 수 있는 지역에 투자해야 안정적인 수익을 기대할 수 있다.

④ 임차인 재구성

임차인 재구성 투자는 기존 건물의 임차인을 새롭게 구성하여 건물가치를 올리는 전략이다.

예시 테크트리

- 기존 월세 300만 원 건물을 매입
- 임차업종 변경 및 재배치
- 월세 400만 원으로 상승시켜, 건물가치 상승 후 매각

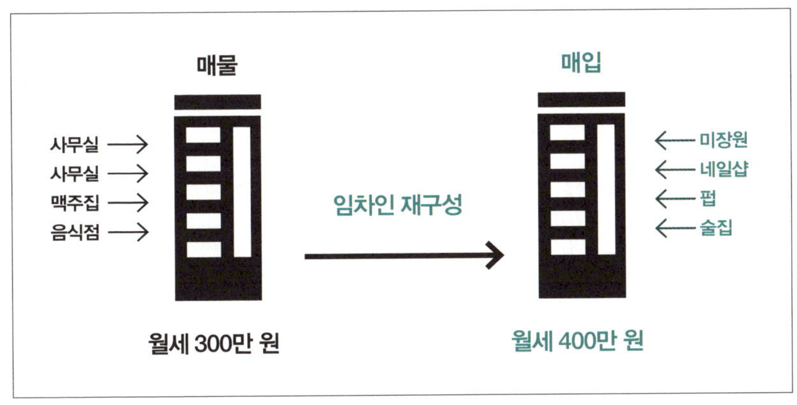

임차인 재구성 투자는 매입한 건물의 임차인을 전략적으로 바꿔 건물가치를 올리는 방법이다. 단순히 월세를 받는 것이 아니라, 어떤 업종을 입점시키느냐에 따라 월세수익과 건물시세가 달라진다. 대표 사례로, 한 연예인이 2011년에 성신여대 근처 스타벅스 꼬마빌딩을 29억 원에 매입하고 스타벅스를 입점시킨 후, 약 3년 뒤 46억 6,000만 원에 매각해 큰 시세차익을 얻었다는 사실은 잘 알려져 있다.

또 다른 사례로 상층부 일반 사무실을 독서실로 바꾸어 건물 가치를 높인 꼬마빌딩도 있다. 결국 임차인 재구성은 단순히 건물 매입이 아니라, 매입 후 어떤 임차업종을 배치할지 전략을 세워 수익성과 건물 가치를 극대화하도록 노력해야 한다.

TIP 최근 경기 자영업 불황으로 공실리스크가 크다. 그에 따라 임차를 너무 긍정적으로만 생각할 것이 아니라, 공실에 대한 리스크도 충분히 고려하여 투자해야 한다.

⑤ 싸게 매입

싸게 매입은 말 그대로, 다른 사람보다 낮은 가격에 건물을 매입하여 투자수익을 높이는 전략이다.

예시 테크트리

- 10억 원에 나온 건물이 있다면,
- 건물주 사정이나 건물 상태를 잘 파악하여,
- 네고를 잘하여 8억 원에 싸게 매입하는 것이다.

단순히 운 좋게 싸게 사는 것이 아니라, 매각 사유를 분석하고 이를 활용해 가격을 협상하는 과정이 핵심이다. 건물을 매각한다는 것은 매각하려는 이유가 있을 것이다. 따라서 매각하려는 사유를 파악하고 이를 이용하여, 가격 네고를 통해 가격을 낮춰 싸게

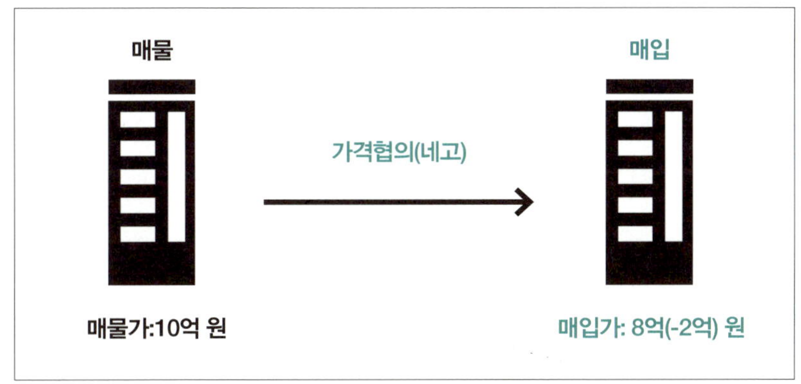

매입을 하는 것이다. 특히, 건물은 아파트·주택과 달리 시세가 없기에, 충분히 가격 협의를 한다면 싸게 매입을 할 수 있다.

부동산 투자 침체기에는 매수자가 우위인 시장이기에, 충분히 가격을 협의하여 싸게 매입해야 한다. 싸게 매입을 하기 위해서는 건물주가 '건물을 왜 팔려는지?' 그 이유를 알아야 한다. 그렇다면 건물주는 왜 건물을 팔려고 하는지 내가 소개받은 건물에 경험하여 크게 세 가지 사례를 설명하려 한다. 크게 건물주 상황과 건물의 상황일 것이다.

건물을 매각하는 데는 반드시 이유가 있다. 이 이유를 파악하고 역으로 활용하면 가격협상에서 유리하다. 내가 경험한 대표적인 사례는 크게 세 가지다.

원인	상세 사유
건물주	• 나이가 많아 고령화로 인해 매각 • 급한 자금 마련 필요하여 매각
건물	건물 수익성 급감

• 건물주 개인 사정

건물주가 나이가 많거나 건강이 좋지 않아 관리가 힘든 경우 자녀에게 증여하기 위해 급하게 매각하는 경우 → 이런 경우는 가격협상 여지가 크고, 싸게 매입할 수 있는 좋은 기회가 된다.

• 건물주 급한 자금 필요

대출이자 부담, 세금 납부, 사업자금 마련 등 개인적 금전 사정 때문에 매각 → 급하게 팔려는 동기가 명확하기 때문에 가격협상이 가능하다.

• 건물 자체 문제

상권침체, 공실증가 등으로 수익성이 떨어지는 경우 → 건물주 사정이 아니라 건물 자체 문제로 매각할 때는 반드시 신중하게 검토해야 한다.

이 외에도 가족 간 재산 분쟁, 불법 건축물 벌금 문제 등 다양한 사유로 건물이 시장에 나올 수 있다.

> **TIP** 싸게 매입은 단순히 값싼 건물을 사는 것이 아니라, 건물을 왜 팔려는지, 어떤 상황인지 정확히 분석하고 전략적으로 협상해야 한다. 또한 건물은 개별성이 강해 매수자 스스로 이 건물이 싼 것인지 비싼 것인지를 판단할 수 있는 능력을 가져야 한다. 이렇게 하면 투자금액 대비 높은 수익을 실현할 가능성이 커진다.

⑥ 직접 운영

직접 운영은 말 그대로, 만약 내가 자영업자라면 세입자가 되어 월세를 내는 대신 건물주가 되어 내 사업장을 운영하며, 건물가치를 상승시키는 전략이다.

예시 테크트리

- 장사를 하려고 월세를 내고 300만 원을 벌다가,
- 내가 직접 건물을 매입하여 건물주가 되는 것이다.

월세가 아닌 은행이자를 내고 400만 원이라는 수익을 발생시킬 수 있다. 단순히 월세를 절약하는 것뿐 아니라, 장기적으로 건물가치 상승과 시세차익까지 얻을 수 있다. 내가 만약 자영업을 한다면 반드시 고민해보아야 할 문제다.

만약 내가 카페를 운영하는 자영업자라고 가정해보자. 가게를 운영하려는 매장의 보증금은 5,000만 원에 월세가 450만 원이다. 이 건물의 매매가는 12억 8,000만 원이다.

보증금: 5,000만 원

월세: 450만 원

만약 내가 카페를 운영하는 자영업자라면 세입자가 되는 방법(월세 450만 원 내는 방법)과 건물주가 되는 방법(12억 8,000만 원에 건물 매입)이 있을 것이다. 내가 카페를 운영하여 순이익 800만 원 번다고 가

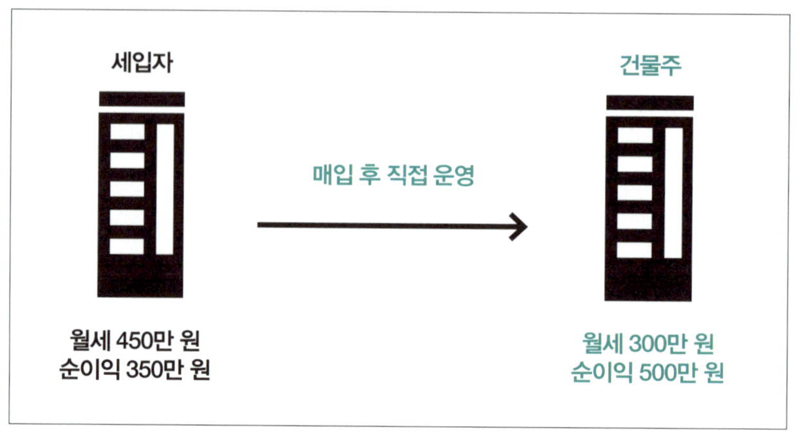

정하고 두 가지 경우를 비교해보자.

첫째, 세입자가 되는 경우

매달 순이익 800만 원 중 월세 450만 원을 제외하면 실제 내 손에 남는 순이익은 350만 원, 2년 동안 내는 월세 총액은 1억 800만 원이다(월세 450만 원 × 24개월).

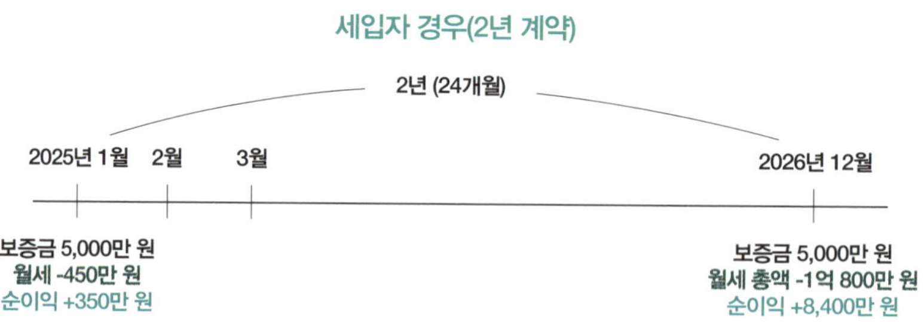

둘째, 건물주가 되는 경우

12억 8,000만 원 건물을 9억 원 대출, 약 4억 원 현금으로 매입했다고 가정해보자. 월 은행 이자 약 300만 원(금리 4% 가정), 매달 순이익 800만 원에서 이자 300만 원을 제외하면 실제 내 손에 남는 순이익은 500만 원이다. 2년 동안 납부하는 이자 총액 7,200만 원을 감안하더라도 투자할 만하다. 더불어 2년 뒤 건물을 15억 원에 매각한다면 약 2억 2,000만 원의 시세차익도 기대할 수 있다. 표로 비교를 해보자.

건물주 경우(2년 계약)

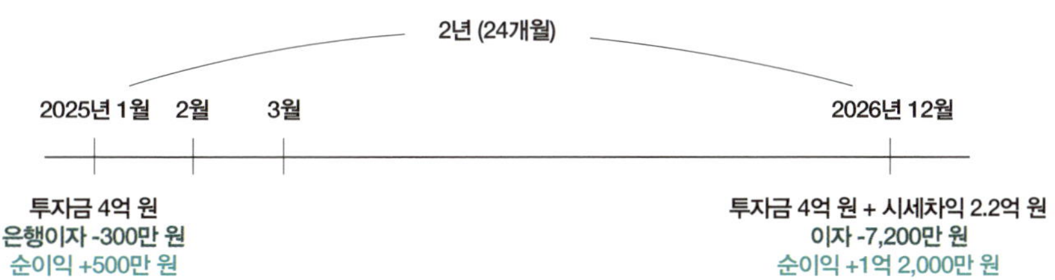

세입자와 건물주의 손익 비교

명목	세입자	건물주
투자비	5,000만 원	4억 원
카페 매출(①)	+1억 9,200만 원(800만 원 X 24개월)	
월세(②)	-1억 800만 원 (450만 원 X 24개월)	0원
은행이자(③)	0원	-7,200만 원 (9억 원 대출×4%×2년) (300만 원 × 24개월)
매출 순이익(①+②+③)	+8,400만 원	+1억 2,000만 원
시세차익④	0원	+2억 2,000만 원
순이익(①+②+③+④)	+8,400만 원	+3억 4,000만 원

즉, 두 가지 경우 매출과 운영 실적은 동일하지만, 세입자가 되어 월세를 내는 것보다 건물주가 되어 은행 이자를 내는 편이 비용 부담이 낮고, 장기적으로 시세차익까지 얻을 수 있다. 즉, 자영업자라면 직접 운영 전략은 월세 절약은 물론 건물가치 상승에 따른 시세차익을 동시에 노릴 수 있는 유리한 투자 방법이다. 그렇다면 이러한 건물 투자로 돈 벌수 있는 방법 6가지 리스크는 무엇일까?

건물 투자 6가지 방법과 리스크

건물 투자로 돈을 벌 수 있는 방법은 이렇게 6가지가 있지만, 각각 장점만 있는 것이 아니라 리스크도 존재한다. 따라서 투자 전 반드시 고려해야 한다.

① **밸류업** 노후건물을 매입해 신축·리모델링 후 되파는 방법 (리스크: 원자재·인건비 상승, 규제 강화, 대출 부담)

② **대출 레버리지**: 적은 자본으로 대출을 활용해 투자수익률을 높이는 방법(리스크: 금리상승 시 이자부담 급증, 레버리지 과다 시 위험)

③ **호재 지역 투자**: 교통, 재개발 등 향후 발전 가능성이 있는 지역에 투자(리스크: 호재가 계획대로 실현되지 않을 경우, 투자가치 하락 가능)

④ **임차인 재구성**: 임차인을 변경하거나 업종을 재배치해 월세를 올리는 방법(리스크: 임차인 관리 필요, 업종 실패 시 수익하락)

⑤ **싸게 매입**: 매각 사유를 파악하고 가격협상으로 저가 매입(리스크: 건물상태/매각사유에 따라 투자실패 가능)

⑥ **직접 운영**: 세입자가 아닌 직접 건물을 운영하며 수익 창출(리

건물 투자 6가지 방법

투자방법	핵심전략	장점	리스크	추천대상
① 밸류업	노후건물 매입→ 신축·리모델링→ 시세차익	높은 시세차익 가능	원자재·인건비 상승, 규제, 대출 부담	시세차익 중심, 여유자금 있는 30~50대
② 대출 레버리지	건물가격의 일부만 현금, 나머지 대출→ 임대 수익	적은 자본으로 건물주 가능, 레버리지 효과	금리 상승 시 부담 증가	자기자본 적지만 레버리지 활용 가능한 30~40대
③ 호재 지역 투자	중장기적으로 교통·재개발 등 호재 있는 지역 투자	장기적 안정 +시세차익	호재 실현 안 될 경우 위험	중장기 투자+안정적 월세·시세차익 기대 30~50대
④ 임차인 재구성	기존 임차인 변경, 업종 전환→월세 상승	건물가치 상승, 월세 증가	임차인 관리 필요, 업종 실패 시 위험	건물운영 및 자영업 경험 있는 30~50대
⑤ 싸게 매입	건물 매각사유 파악→ 가격협상 → 저가 매입	초기 투자금 낮음, 수익률 상승	건물상태· 사유 확인 필수	협상 능력 있는 투자자, 초기 자금 적은 30~50대
⑥ 직접운영	세입자 대신 직접 운영→ 임대료 절약+a	순이익 증가, 건물가치 상승	운영 부담, 경영 실패 위험	자영업자, 운영 능력 있는 30~50대

스크: 운영부담, 경영 실패 위험)

이러한 리스크를 고려하여 검토할 필요가 있다. 그렇다면 내가 투자한 두 채는 이러한 6가지 투자방법 중 어느 방법에 집중하여 매입했을까?

월건주 투자 사례

1호기는 '호재 지역 투자(③) + 싸게 매입(⑤)'으로 투자한 사례

명목	1호기	2호기
① 밸류업		
② 대출 레버리지		✓
③ 호재 지역 투자	✓	✓
④ 임차 재구성		✓
⑤ 싸게 매입	✓	✓
⑥ 직접(위탁) 운영		

다. 재개발이 본격화되는 지역이었고, 건물주는 갑작스러운 상속으로 급하게 매각해야 했기에 가격 네고로 저렴하게 매입이 가능했던 것이다.

2호기는 '대출 레버리지(②) + 호재 지역 투자(③) + 임차인 재구성(④) + 싸게 매입(⑤)'으로 투자한 사례다. 투자금 부족으로 대출을 최대한 활용했고, GTX 신설 예정 등 향후 호재를 믿고 매입했다. 코로나 이후 적합한 임차인 배치를 통해 건물가치 상승을 기대할 수 있었다. 이전 건물주가 급히 매각하면서 저가 매입이 가능했다.

결론적으로, 건물 투자에는 정답이 없으며 각 방법마다 장단점과 리스크가 존재한다. 따라서 자신의 투자금, 투자 성향, 목표 수익에 맞춰 전략을 조합해야 하며, 달콤한 유혹에 휩쓸려 '묻지마식 투자'를 한다면 100% 실패할 수 있다.

5단계 부동산 연락하기
: 중개법인 vs 동네 부동산,
어디를 가야 할까?

• 중개사 선택이 곧 투자 성패를 좌우한다. 법인과 동네 부동산 각각 장단점을 이해하라.

• 매물 접근성, 협상력, 신뢰도, 수수료 구조 등 실제 거래 효율을 고려하라.

• 투자 전략과 맞는 파트너를 선택해 리스크를 줄이고, 원하는 매물을 확보하라.

한 줄 요약: "내 투자 전략과 목표에 맞는 신뢰할 수 있는 중개 파트너를 선택해야 안전하고 효율적인 건물 투자 여정을 시작할 수 있다."

다음 사례를 살펴보자.

회사 동료 박 부장은 사회 초년생 시절부터 부동산 투자에 깊은 관심이 있었다. 그는 경매학원에도 다니고, 각종 모임에도 참석하며, 수많은 부동산 관련 서적을 섭렵했다. 회식 자리에서도 늘 부동산 이야기를 이어갔지만, 정작 그의 입에서 직접적인 투자 성과에 대한 이야기는 들을 수 없었다.

박 부장은 왜 그랬을까? 그 이유는 단순했다. 그는 '부동산 고시생'에 머물러 있었던 것이다. 공부와 정보 습득에는 열심이었지만, 가장 중요한 '실행'을 하지 못했다. 부동산 투자의 첫걸음은 책을 읽는 것도, 강의를 듣는 것도 아니다. 바로 부동산에 직접 가보는 것이다.

나 역시 초창기에는 부동산 문을 열기 전부터 걱정이 앞섰다. "돈 없다고 무시당하면 어떡하지? 이 지역은 잘 알지도 못하는데 괜히 창피만 당하는 거 아닐까?" 하지만 무식하면 용감하다고, 일단 부딪쳐 봤다.

실제로 나이가 어리다는 이유로, 혹은 자금이 부족하다는 이유로 무시당한 적도 많았다. 그러나 그 순간을 넘지 못했다면, 지금의 나는 아마 박 부장처럼 '부동산 고시생'으로 남아 있었을 것이다.

그렇다면 용기를 내어 부동산에 가기로 마음먹었다면, 또 다른 고민이 생긴다. 건물전문중개 법인으로 갈 것인가? 동네 부동산으로 갈 것인가? 결론부터 말하면, 두 곳 모두 가야 한다. 평생 모은 전 재산을 투자하는데 단 한두 군데만 방문하고 결정을 내린다면, 그야말로 위험천만한 일이다.

건물중개법인과 동네 부동산의 장단점

그렇다면 건물중개법인과 동네 부동산의 장단점을 알아보자. 다음 표는 내가 직접 경험하면서 느낀 것이니 참고만 하기 바란다.

	건물중개법인	동네 부동산
장점	- 신뢰도·전문성(매물분석) 풍부 - 매물 다량 보유	- 지역에 대한 이해 풍부 - 독점 매물 보유 가능성 있음
단점	- 지역별 세부 이해 부족	- 전문적 건물 투자 이해 부족 - 동네 외 매물 미보유

① 건물중개법인

대표적인 건물중개법인으로는 빌딩온, 원빌딩, BSN, 알파카, 구해줘건물, 리얼티코리아, 빌딩로드 등이 있을 것이다. 이들의 장점은 전문성과 방대한 매물을 보유했다는 것이다. 실제 법인에서 제공하는 브리핑 자료를 보면, 매물주변의 매매·임대사례, 예상 수익률, 상권분석까지 매우 체계적으로 정리되어 있다. 각 법인마다 자체 데이터베이스를 구축해 운영하기 때문에, 비교분석 자료를 얻기에도 좋다.

출처: 빌딩온 중개법인

그러나 단점도 있다. 법인의 주요 활동 무대는 강남, 성수, 압구정과 같은 이른바 '상급지'에 집중되어 있다. 상대적으로 경기도와 같은 외곽 지역 매물에 대한 이해도는 부족하다.

② 동네 부동산

반대로 동네 부동산의 강점은 지역 이해도에 있다. 특정 지역의 과거와 현재 상권흐름, 유동인구, 개발계획, 심지어 건물주의 개인적 사정까지 꿰뚫고 있는 경우가 많다. 특히 아직 공개되지 않은 '알짜 매물'을 보유한 경우도 있어, 말 그대로 진흙 속 진주를 발견할 가능성이 있다. 하지만 단점도 분명하다. 건물 투자 자체에 대한 전문성은 부족할 수 있다. 따라서 투자 구조나 리스크 관리 측면에서는 허술할 수 있으며, 보유 매물이 제한적이기 때문에 다양한 비교가 어렵다.

그렇다면 나는 어디서 계약했을까? 내 첫 번째 건물(1호기)과 두 번째 건물(2호기) 모두 동네 부동산을 통해 매입했다. 특히 내가 경기도 지역을 중심으로 매물을 알아봤기 때문에 동네 부동산과의 접점이 더 많았다. 그렇다고 해서 동네 부동산만 가라는 이야기는 절대 아니다. 어디까지나 두 곳 모두 방문하여 비교·검토하는 과정이 반드시 필요하다.

좋은 매물을 얻는 세 가지 방법

그렇다면 중개사에게 남들보다 좋은 매물을 먼저 받으려면 어떻게 해야 할까? 내가 직접 경험한 관점에서 세 가지를 제안하고 싶다.

① 적극적인 태도를 가져라

중개사: "언제쯤 매입 검토하세요?"
부린이: "음... 음.. 아직 투자금이 많이 없어서, 한 2년 뒤요."

중개사가 "언제쯤 매입 검토하세요?"라고 물었을 때, "2년 뒤쯤이요"라고 대답하면 당연히 우선순위에서 밀린다. 단기간에 구체적인 계획이 없더라도, 좋은 매물이 나오면 바로 검토하겠다는 적극적인 태도를 보여야 한다. 좋은 매물이 있으면 어떻게든 돈은 구해진다.

② 좋은 관계를 형성하고 유지하라

월건주: (카톡 선물하기) "중개사 님 더운데, 시원한 거 한 잔 드세요."
중개사: "대표님, 잘 마시겠습니다. 오늘 나온 이 매물 어떠세요?"

부동산은 결국 '사람과 사람의 관계'로 이루어진다. 작은 선물이나 따뜻한 인사 한마디가 좋은 인상을 남기고, 이는 곧 좋은 매물을 먼저 받을 확률로 이어진다. 관계는 하루아침에 만들어지지 않는다. 꾸준한 노력이 필요하다.

③ 소개받은 매물에 지속적인 피드백을 하라

중개사가 매물을 보내줬는데 아무런 답변을 하지 않는다면, 그 즉시 '관심 없는 고객'으로 분류된다. 매물을 받았다면 최소 한두 곳은 직접 가보고, "역세권과 거리가 멀다"거나 "옥상 방수 상태가 좋지 않다"처럼 작은 피드백이라도 반드시 전해야 한다. 이런 과정을 통해 중개사에게도 도움이 되고, 신뢰관계가 쌓인다.

나 또한 투자강의를 진행 중이기에 값비싼 강의나 책이 도움이 되지 않는다는 말이 아니다. 그러나 진짜 시작은 '실행'이다. 직접 부동산에 가서, 사람을 만나고, 매물을 보고, 대화하는 과정에서 성장한다. 때로는 무시도 당할 것이고, 좌절도 경험할 것이다. 하지만 그 과정을 겪지 않고는 단 한 걸음도 나아갈 수 없다.

부동산 투자는 결국 사람으로 시작해서 사람으로 끝나는 투자다. 실행력, 관계, 피드백. 이 세 가지를 기억한다면, 당신도 좋은 기회를 누구보다 먼저 잡을 수 있을 것이다.

건물중개법인 vs 동네 부동산 비교표

구분	건물중개법인 (대형 법인, 전문 중개사무소)	동네 부동산 (소규모, 지역 밀착형)
전문성	꼬마빌딩 /세무·법률 네트워크 보유	주택·근생 등 생활밀착형 매물 강점/ 해당 지역 임대 시세, 공실 상황에 민감
매물 접근성	매도자 위주 매물 확보 → 지역별 금액대별 다양한 매물 보유	세입자·임대인 관계로 자연스러운 매물 정보 확보 → 숨은 알짜매물 가능
네트워크	대형 자산가, 법인 고객 많음/ 딜 성사 속도 빠름	소규모 임대인, 개인 매도자 네트워크 강함/ 관계 중심 정보 획득
협상력	매도자와의 직거래 경험 많음 → 매수자 조건 반영이 제한적일 수 있음	매도자와 오랜 관계 → 가격 조정 여지 많음
수수료	일반적으로 법정 상한선에 맞춰 명확하게 책정	지역관행 따라 협의 가능 / 유연한 경우 많음
장점	신뢰도, 전문성, 대규모 매물 접근	지역 정보· 실시간 시세 파악 / 소규모 투자자 친화적
단점	지역별 세부 이해력 부족	대형매물 취급 어려움 / 전문 세무·법률 상담 부족

6단계 임장 가기
: 임장 전 임장 후 챙겨야 할 체크포인트

• 무작정 발품만 팔면 시간과 비용만 낭비된다. 10가지 체크포인트를 이해하라.

• 상권 분석, 불법 건축물 확인, 임차인 상황 등 임장 4원칙을 기억해라.

• 방문 시간, 동행 인원, 관찰 포인트를 사전에 계획해 효율적으로 답사하라.

한 줄 요약: "현장을 체계적으로 관찰하고 분석할 준비를 해야, 발품을 효율적으로 팔면서, 안전하고 유리하게 건물을 평가할 수 있다."

겉보기에는 뻔한 이야기 같지만, 현장답사는 건물 투자에서 가장 중요한 기본 중의 기본이다. 나 역시 처음 건물 투자를 시작할 때, 친형과 함께 수개월 동안 100개가 넘는 건물을 직접 임장 다녔다. 낮에는 발품을 팔고, 밤에는 돌아와 토론을 반복했다. 그 과정에서 쌓인 경험이 결국 투자 안목으로 이어졌다.

그렇다고 무작정 발품만 팔아서는 안 된다. 최근에는 AI기술을 접목한 프롭테크_{PropTech} 서비스들이 빠르게 발전하면서, 건물 투자 관련 애플리케이션도 다양하게 등장하고 있다.

프롭테크란 부동산Property과 기술Technology의 합성어로, 빅데이터, 인공지능, 지도기반 분석 등 IT 기술을 활용해 부동산 정보를 효율적으로 분석하고 의사결정을 돕는 기술을 말한다. 따라서 이제는 '발품' 못지않게 '손품'도 중요하다.

네이버 부동산, 카카오맵 같은 기본 앱은 물론이고, AI 기반 상권 분석, 실거래가 예측, 공실률 분석, 수익률 시뮬레이션을 지원하는 전문 앱(디스코, 밸류맵, 랜드북, 부동산 플래닛 등)들도 적극 활용해야 한다.

사전에 충분히 조사하고 준비한 뒤 임장을 나가야 효율적이다. 즉, 손품으로 후보를 압축하고, 발품으로 최종 확인하는 '하이브리드 전략'이 필수다. 그렇다면 이제, 발품 팔기 전에 반드시 확인해야 할 10가지 포인트를 정리해보자.

발품 팔기 전에 반드시 알아야 할 10가지 체크포인트

체크포인트1 _ 역세권 확인

핵심 질문 건물이 지하철역에서 도보 5~10분 내에 위치해 있는가?

중요성 건물의 가치는 입지가 좌우하며, 그중에서도 가장 중요한 요소는 교통 편의성이다. 역세권은 공실 리스크를 줄이고 임대수요를 높이는 핵심 조건이다.

실무 팁 네이버 지도 '거리 측정' 기능을 활용해 실제 도보거리를 확인하자. 예를 들어, 특정 건물이 역에서 도보 2분 거리에 위치해 있음을 손쉽게 확인할 수 있다.

체크포인트2 _ 도로폭

핵심 질문 건물이 접한 도로 폭이 6~12m 이상인가?

출처: 네이버 지도

중요성 건물의 가시성과 접근성은 주변 도로 폭에 크게 좌우된다. 도로 폭이 넓을수록 차량 통행과 접근이 용이하고, 상권 활성화에도 유리하다. 최소 두 대 차량이 교차할 수 있는 폭(6~12m)이 바람직하다.

실무 팁 네이버 지도 '거리 측정' 기능을 활용해 실제 도로 폭을 확인하자. 코너 건물이나 넓은 도로에 위치한 건물은 가시성이 뛰어나 투자 매력도가 높다.

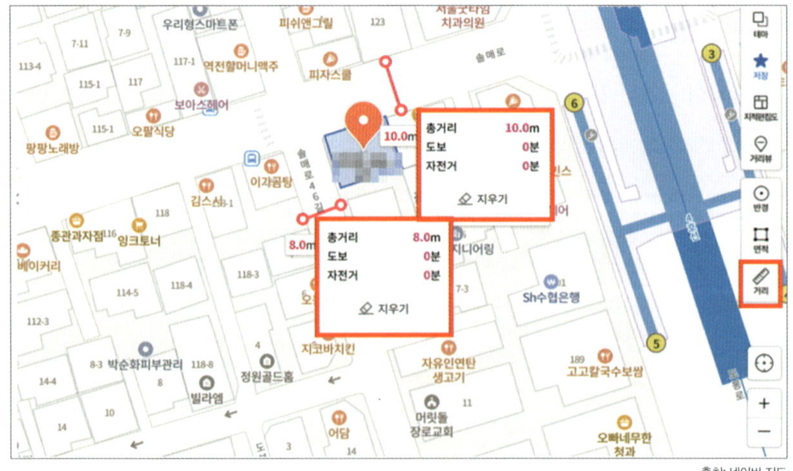

출처: 네이버 지도

체크포인트3 _ 용도지역

핵심 질문 건물이 상업지역, 준주거지역, 또는 일반주거지역에 위치해 있는가?

중요성 용도지역은 토지와 건물의 사용가능 범위를 결정한다. 상업지역은 상업과 업무기능을 중심으로 발전하기 때문에 투자수요가 가장 높고, 따라서 임차인 확보나 향후 자산가치 상승에서도 유리하다.

실무 팁 네이버 지도 '지적편집도'를 통해 구분 가능하다. 빨간색 영역은 상업지역으로, 상업·업무 기능이 주된 목적이므로 투자가치가 높다.

출처: 네이버 지도

체크포인트4 _유동인구 확인

핵심 질문 건물 주변에 사람들이 많이 이동하는가?

중요성 유동인구는 상권발전과 매출 잠재력을 결정하는 핵심지표다. 주변을 오가는 사람이 많을수록 상권의 활성화 가능성이 높다.

실무 팁 '나이스비즈맵' 같은 애플리케이션을 통해 유동인구를 확인할 수 있다. 지도 상 숫자가 낮을수록 유동인구가 많다는 의미이므로, 낮은 숫자를 가진 지역일수록 투자 매력도가 높다.

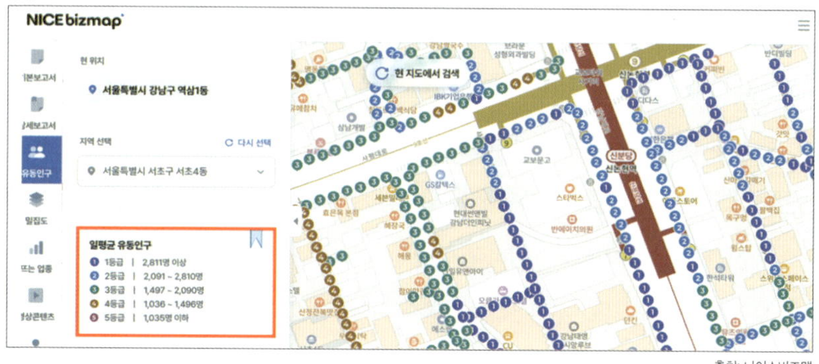

출처: 나이스비즈맵

체크포인트5 _ 임차구성 확인

핵심 질문 과거 건물에 공실이 있었는가?

중요성 과거 공실 여부는 향후 공실 리스크를 예측하는 중요한 지표다. 현재는 임차가 되어 있어도, 과거 공실이 많았다면 안정적인 수익을 기대하기 어렵다.

실무 팁 과거 어떤 업종이 입주했는지 확인하여 향후 세입자 유치 전략을 세운다. 네이버·카카오맵의 연도별 지도·사진을 통해 과거 임차현황을 확인할 수 있다. 예를 들

어, 2021년 1층과 2층이 공실이었는지, 과거(2011년, 2009년) 사진을 통해 주변 상권 변화는 어땠는지 등을 체크한다.

체크포인트6 _ 건물 매매 이력

핵심 질문 건물이 투자할 만한 가치가 있는가?

중요성 과거 매매 이력과 대출 여부를 확인하면, 건물가격 적정성과 투자 리스크를 판단할 수 있다.

실무 팁 등기부등본을 통해 매물 개요, 과거거래 내역, 근저당권 여부 등을 확인한다. 최근에는 '밸류맵', '디스코' 등 건물 투자 앱으로 손쉽게 매물 정보를 확인할 수 있다.

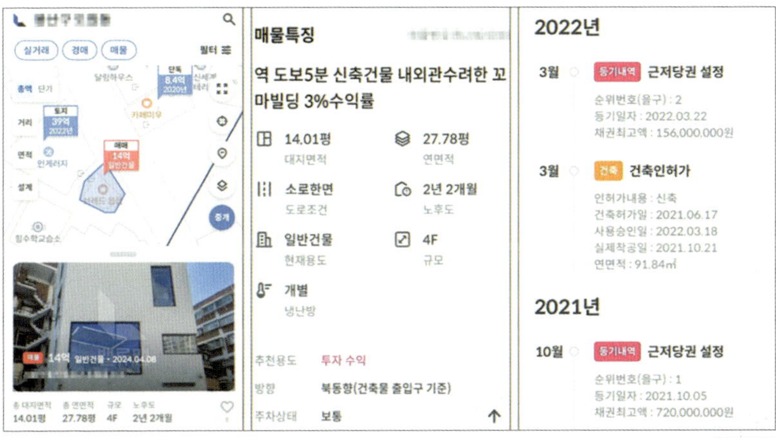

출처: 밸류맵

체크포인트7 _ 개발 호재

핵심 질문 매물 주변에 부동산 가치 상승을 유발할 개발 호재가 있는가?

중요성 재개발, 신설 교통망(GTX 등) 등 개발 계획은 부동산 시세 상승의 중요한 요인이다.

 실무 팁 '네이버 부동산' 앱에서 개발 탭을 활용하면, 매물 주변의 재개발, 교통 호재 등을 한눈에 확인 가능하다. 예를 들어, 노량진 근처의 경우 재정비 촉진 지구 지정과 예정 지하철 노선 등 개발 계획을 쉽게 확인할 수 있다

출처: 네이버부동산

체크포인트8 _ 인근 임대료

핵심 질문 매물 주변 건물 임대료와 비교했을 때 월세가 높은가? 낮은가?

중요성 건물 임대료는 주변 시세와의 비교를 통해 향후 가치 상승 여력을 판단할 수 있다. 주변보다 임대료가 지나치게 높다면 추가 상승 여지가 제한적일 수 있지만, 반대로 낮다면 향후 임대료 인상을 통해 건물가치가 올라갈 가능성이 크다. 따라서 인

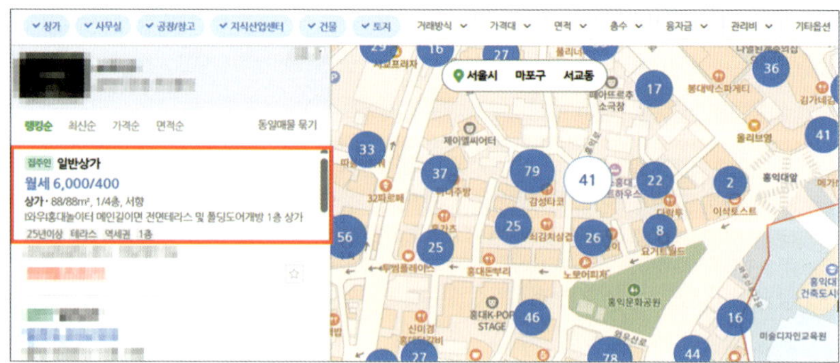

출처: 네이버부동산

근 임대료 수준은 매입 적정성과 투자 안정성을 평가하는 핵심기준이 된다.

실무 팁 네이버 부동산에서 주변상가 매물을 확인해 임대료 시세를 쉽게 비교할 수 있다. 주변 임대료를 기준으로 매입 적정성을 판단하면 투자 안정성을 높일 수 있다.

체크포인트9 _ 엘리베이터 유무

핵심 질문 건물에 엘리베이터가 있는가?

중요성 꼬마빌딩 투자 시 가장 우려되는 리스크는 공실이다. 엘리베이터가 없는 건물은 특히 3층 이상에서 임차인과 방문객의 불편으로 공실 위험이 높아질 수 있으므로, 안정적인 임대수익을 위해 엘리베이터 유무는 중요한 판단 기준이 된다.

실무 팁 중장기 보유를 계획하고 안정적인 월세수익을 원한다면, 엘리베이터가 있는 건물이 유리하다. 따라서 동일한 가격·규모의 건물이라면, 엘리베이터 유무로 투자 안정성을 비교할 수 있다. 예를 들어보자. A건물의 내부를 살펴보면, 다소 오래된 느낌이 있지만 1층 입구에 엘리베이터가 설치되어 있다.

A건물

B건물

반면 B건물은 엘리베이터가 전혀 없다. 이렇게 엘리베이터 유무에 따라 상층부 접근성이 달라지고, 결과적으로 건물의 임대가치와 투자매력도 크게 달라질 수 있다.

체크포인트10 _ 건물 상태

핵심 질문 건물의 관리상태가 우수한가?

중요성 건물이 신축이거나 리모델링 계획이 없는 경우, 내외부 상태가 양호해야 향후 불필요한 수리비용이나 유지보수 부담을 줄일 수 있다. 특히 노후건물일수록 화장실, 옥상 방수, 불법 건축물 여부 등을 꼼꼼히 확인하는 것이 투자 안정성을 높이는 핵심 요소다.

실무 팁 외관이나 입지만 보고 계약하면, 수리비용이 예상보다 커 배보다 배꼽이 클 수 있다. 낡은 건물이라도 향후 유지보수 비용을 가격에 반영해 매입하면 투자 효율성을 높일 수 있다. 예를 들어보자. 건물 상태를 확인할 때 가장 대표적인 체크포인트는 건물의 옥상 방수상태일 것이다.

A건물

B건물

A건물의 옥상 방수상태는 나름 괜찮다. 이에 반해, B건물의 옥상 방수상태는 좋지 못하다. 따라서 분명 B건물을 매입한다면, 방수작업 등 유지보수 비용이 발생해 배보다 배꼽이 클 수 있다.

A건물

B건물

또한 화장실이 있다. A와 같이 깔끔한 화장실도 있지만, B와 같이 낡은 화장실도 있는 법이다. 이왕이면 깨끗하고 컨디션이 좋은 건물이 좋겠지만, 낡았다고 무조건 나쁜 것은 아니다. 만약 이러한 오래된 건물 매입 계획이 있다면, 향후 발생할 유지보수 비용을 가격에 녹여서 싸게 매입해야 하는 것이다.

임장 가서 반드시 명심해야 할 4가지

첫째, 최소 6번 이상 임장을 가라

건물 임장은 아파트나 주택과 달리 요일과 시간대에 따라 상권이 달라진다. 따라서 평일과 주말, 그리고 오전·낮·저녁 시간을 나눠 최소 6번 이상 방문하는 것이 이상적이다.

오전(7~9시) 출근 시간대 유동인구와 교통흐름을 확인해야 한다. 특히 오피스 밀집 상권이나 역세권 건물은 확인이 필수적이다.

낮(11~13시) 실제 상권의 핵심 유동인구 확인. 카페, 식당, 학원, 병원 등 세입자 장사 상황을 체크한다.

저녁(17~20시) 퇴근 시간대 유동인구와 야간 상권을 확인해야 한다. 술집, 유흥업종이 있는 건물은 반드시 저녁 방문이 필요하다.

특히 젊은 층이 모이는 번화가 상권은 주말 유동인구가 평일보다 많으므로, 평일과 주말 모두 확인해야 안전한 판단이 가능하다.

둘째, 반드시 걸어서 임장하라

임장은 직접 걸어가면서 체감해야 한다. 걸어보면서 유동인구, 상권흐름, 점포 분위기, 건물 가시성, 소음, 경사로 등 세부요소를 확인할 수 있다.

시간이 부족해 차량으로 확인할 수밖에 없는 경우에는 주변 도로 구조, 진입로, 주차 가능 여부 등을 빠르게 체크한 후, 최종적으로 걸어가면서 현장감을 느껴야 한다.

셋째, 실제 임차 매장을 방문하라

임장을 할 때 건물 내 매장을 잠깐 둘러보며, 손님 수와 장사 상황을 체크한다. 건물 내부 시설, 화장실 상태, 불법 건축물 여부도 확인한다. 가능하면 세입자에게 자연스럽게 "여기서 장사 오래 하셨나요?" 정도로 공실 여부와 분위기를 파악한다. 주의할 점으로는 "건물을 사러 왔다"는 사실은 절대 말하지 않는다. 세입자가 불안해할 수 있기 때문이다.

넷째, 동네 부동산을 방문하라

법인중개를 통해 매물을 확인했더라도, 반드시 동네 부동산에 들러야 한다. 동네 부동산은 해당 지역 토박이 정보와 뒷이야기, 공실상황, 임대료, 신규매물 등을 잘 알고 있다. 여러 부동산을 방문할 경우, 동일 매물을 본다는 인상을 주지 않도록 자연스럽게 문의한다. 지역 시장과 상권을 깊이 이해하는 데 큰 도움이 된다.

10가지 매물 체크포인트

체크항목	핵심 질문	확인 포인트/팁	확인 방법
① 역세권	역과 도보 5~10분 내 위치해 있는가?	교통 편의성 확인, 네이버 지도 '거리 측정' 활용	네이버 지도 '거리 측정'
② 도로폭	도로 폭이 6~12m 이상 되는가?	차량 2대 교차 가능 여부, 가시성과 접근성 확인	네이버 지도 '거리 측정'
③ 용도지역	상업지역, 준주거지역, 주거지역 중 어디에 있는가?	상업지역＞준주거＞일반주거 순 선호, 네이버 지도 지적편집도 확인	네이버 지도 '지적편집도'
④ 유동인구	건물 주변에 사람이 많이 이동하는가?	상권발전 가능성 판단, '나이스비즈맵' 등으로 유동인구 확인	나이스비즈맵 앱
⑤ 임차구성	과거 공실이나 업종 변화는 어땠는가?	과거 임차현황 확인, 향후 공실 리스크 예측, 연도별 지도 사진 참고	네이버·카카오맵 과거사진
⑥ 건물 매매 이력	건물가치가 괜찮은가?	등기부등본, '밸류맵', '디스코' 앱 활용, 근저당권·대출 여부 확인	등기부등본, 밸류맵·디스코 앱
⑦ 개발 호재	주변 개발 계획이나 호재가 있는가?	재개발, GTX 등 개발 호재 확인, 네이버 부동산 '개발' 탭 활용	네이버 부동산 '개발' 탭
⑧ 인근 임대료	주변 건물 대비 임대료가 적정한가?	인근 상가 임대료 비교, 임대료 상승 가능성 판단	네이버 부동산 주변 상가 매물
⑨ 엘리베이터	엘리베이터가 있는가?	상부층 공실 방지, 장기 월세 안정성 확보, 3층 이상 건물 필수 고려	현장 확인
⑩ 건물 상태	건물관리 상태가 우수한가?	화장실·옥상 방수·불법 건축물 확인, 유지보수 비용 반영, 노후 건물 주의	현장 확인 및 구청 문의

건물 임장 시 필수 체크포인트

체크 항목	구체적 내용
임장 횟수	최소 6회, 평일/주말, 오전/낮/저녁 시간대별 확인
직접 걸어서 확인	유동인구, 상권흐름, 건물 가시성, 소음, 경사로 등 체감
매장 방문	손님 수, 장사상황, 내부 시설/화장실 상태, 공실 리스크 확인
동네 부동산 방문	주변 공실, 임대료, 신규매물 확인, 지역토박이 정보 확보

대출 잘 받는 비법

- 대출은 자산가를 만들어주는 지렛대다. 결코 두려워하지 마라.

- 담보대출을 받는 6단계를 기억하고 단계별 전략을 짜야 한다.

- 대출 규모와 월세 수익, 운영비를 계산해 무리 없는 상환 계획을 세워라.

한 줄 요약: "대출 전략과 준비를 철저히 해야, 적은 투자금으로 안전하게 건물 투자 성공 가능성을 높일 수 있다."

대출은 나 같은 평범한 월급쟁이를 건물주로 만들어주는 가장 강력한 친구다. 그런데 많은 사람들이 대출을 두려워하거나 무조건 나쁜 것으로 여긴다. 하지만 자본주의 사회에서 대출은 '나쁜 대출'과 '착한 대출'로 나뉜다.

나쁜 대출 고급 승용차, 명품, 사치 소비를 위한 것 → 반드시 피해야 한다.

착한 대출 건물 같은 생산적 자산을 사서 내 자산을 불려주는 것 → 적극적으로 활용해야 한다.

대출은 무조건 피해야 할 게 아니라, 똑똑하게 쓰면 나를 자산가로 만들어주는 지렛대다. 따라서 건물 투자에서 반드시 명심해야 할 4가지 대출 원칙을 정리해보자.

건물 투자 핵심은 '레버리지'다

대출의 가장 큰 장점은 적은 돈으로 큰 자산을 확보할 수 있다는 점이다. 내 손에 가진 돈만으로는 3억 원짜리 빌라밖에 못 사지만, 대출을 끌어오면 10억 원짜리 건물도 살 수 있다. 그만큼 성장 속도가 완전히 달라진다. 다만, 주의해야 한다. 지렛대(레버리지)는 잘 쓰면 큰 힘을 발휘하지만, 무리해서 쓰면 부러진다. 금리가 오르거나 공실이 발생하면 대출이자가 내 발목을 잡을 수 있기 때문이다.

대출은 수익을 '극대화'시킨다

예를 들어보자. 김 부장과 최 부장이 똑같이 1억 원을 들고 건물에 투자했다. 김 부장은 대출 없이 1억 원만 투자했다. 최 부장

	김 부장	최 부장
투자금	1억 원	1억 원
대출	0원	4억 원
총투자금	1억 원	5억 원
수익률	120%	120%
수익	2,000만 원(1억 원 × 20%)	1억 원(5억 원 원 × 20%)

은 1억 원에 4억 원을 더 빌려 총 5억 원을 투자했다. 1년 뒤 수익률이 +120%라고 가정하면, 다음과 같다.

김 부장 (1억 × 20%) = 2,000만 원

최 부장 (5억 × 20%) = 1억 원

같은 수익률인데도 무려 5배 차이가 난다. 물론 반대로 수익률이 –20%라면 손실도 5배 커진다. 그래서 대출은 항상 양날의 검임을 잊지 말아야 한다.

대출은 '연초'에 받아야 잘 나온다.

은행도 회사처럼 연간 대출목표를 세운다.

연초 목표 달성을 위해 적극적으로 대출을 내줌 → 금리나 한도에서 유리

연말 이미 목표 달성했다면 보수적으로 대출 → 불리

나도 1호기 건물은 2월에 잔금을 치러서 수월하게 대출을 받았다. 하지만 2호기는 8월에 잔금을 치르다 보니, 한도 맞추기가 쉽지 않았다. 따라서 계약할 때 잔금일을 최대한 연초로 잡는 것이 대출 성공의 핵심이다

대출 원금은 '굳이' 갚을 필요 없다

처음 건물을 매입할 때는 받을 수 있는 대출을 최대한 끌어오는 것이 유리하다. 왜냐하면 인플레이션이 빚을 갚아준다. 물가가 오르면 돈의 가치는 떨어진다. 10년 뒤 1억 원의 가치는 지금 7,000만 원 수준밖에 안 된다. 즉, 시간이 지나면 돈의 가치는 떨어져서 '실질적으로 더 싼 돈'을 가지고 자동적으로 빚을 갚는 셈이다.

추가대출이 어렵다. 건물을 담보로 이미 대출을 받으면, 나중에 더 빌리기가 쉽지 않다. 따라서 기회비용을 생각하면 굳이 원금을 갚아 자금을 묶을 필요가 없다. 원금을 갚아버리면 다시 투자 기회를 잡기 어렵기 때문이다.

정리하자면, 대출은 두려워할 대상이 아니라 잘 쓰면 부자가 되는 가장 강력한 무기다. "레버리지를 잘 쓰는 자가 결국 건물주가 된다." 그렇다면 담보대출을 받는 6단계 프로세스를 살펴보면 다음과 같다.

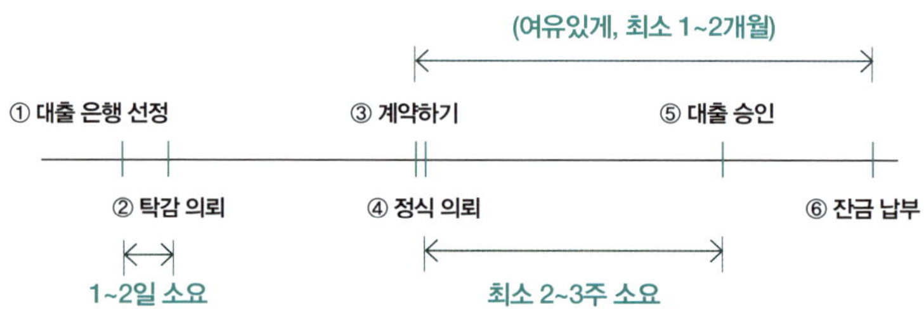

① 1단계: 대출 은행 선정

대출을 받기 위해서는 먼저 은행을 선정해야 한다. 주거래 은행이라고 해서 담보대출이 항상 잘 나오는 것은 아니므로, 최소 2~3곳의 1금융권 은행을 직접 방문하여 조건을 비교해야 한다.

예를 들어, 나는 1호기와 2호기 모두 주거래 은행이 아닌 은행에서 대출을 받았다. 결과적으로 조건이 훨씬 유리했다. 또한, 부동산 중개사에게 대출에 강한 은행과 담당자를 소개받아 상담하는 것도 추천된다. 대출도 발품을 팔아 직접 확인하는 것이 성공의 첫걸음이다.

② 2단계: 탁상감정(탁감) 의뢰

은행을 선정했다면, 반드시 탁상감정을 의뢰해야 한다. 탁상감정은 '탁상에서 간단히 매물을 평가하는 것'이라는 뜻으로, 은행에서 정식감정 전 대출가능 여부와 금액을 간단히 확인하는 단계다.

은행 대출 담당자에게 별도의 서류 없이 매물 주소와 월세 내역만 알려주면 1~2일 내로 대출가능 금액을 대략 안내받을 수 있다. 예를 들어, 내가 처음 1호기를 매입할 때 탁감을 통해 예상 대출 금액을 확인하고, 부족하면 추가 자금을 준비할 수 있었다. 이 단계에서 신중히 금액을 체크해야 이후 과정이 원활하다.

③ 3단계: 계약하기

탁상감정으로 대출가능 금액을 확인했다면, 계약 전 반드시 가장 적극적으로 대출해주는 은행 한 곳을 선택해야 한다. 계약 전에 다시 연락하여, 계약 후 대출에 문제가 없는지 확인해야 한다.

나의 경험상 계약 직전 은행 담당자에게 '내일 계약 예정'을 알리고 확인을 받는 것만으로도, 잔금일 문제발생 가능성을 크게 줄일 수 있었다. 또한 탁감 금액을 보수적으로 계산한 뒤 계약을 진행해야 안전하다.

④ 4단계: 정식감정 의뢰

계약이 체결되면 곧바로 정식감정을 의뢰해야 한다. 은행에서 의뢰한 감정평가사가 현장에 나가 부동산 상태, 주변시세, 자료 등을 종합적으로 평가하여 최종감정서를 작성한다.

정식감정을 위해 필요한 개인신용 관련 서류는 미리 준비해 빠르게 제출해야 한다. 나의 경험에 비추어봤을 때, 은행에서 요청한 서류를 미리 준비해두면 정식감정 기간이 단축되어 잔금 준비에 여유가 생긴다.

⑤ 5단계: 대출 승인

정식감정과 서류제출이 완료되면 대출은 3~4주 내에 승인된다. 탁상감정 대비 대출금이 적게 나올 수 있으므로, 부족분은 잔금일까지 추가로 준비해야 한다.

예를 들어, 필자가 2호기 대출로 여유자금을 준비해두어 무사히 잔금을 낼 수 있었다. 목표 금액대로 대출이 승인되면 한숨을 돌릴 수 있다.

⑥ 6단계: 잔금 납부

대출이 승인되면 잔금일에 은행 대리인이 현장에 방문하여 대출금을 집행한다. 계약이 정상적으로 완료되었는지 확인 후, 대출금은 은행에서 곧장 이전 건물주에게 전달한다. 만약 건물주에게 근저당이 있다면, 은행이 직접 상환하게 된다. 나는 잔금일에 현장을 직접 가서, 이전 건물주와 은행이 안전하게 처리되는 것을 확인했다.

핵심 포인트를 생각해보자. 각 단계마다 작은 실수라도 발생하면 잔금 납부가 어려워질 수 있으므로, 반드시 주의해야 한다. 특히 탁상감정 금액 대비 정식감정에서 대출금이 부족할 수 있으므로, 탁감 금액은 보수적으로 계산하고, 투자금은 여유 있게 준비해야 한다. 나의 경험상 이러한 대출준비와 확인과정이 바로 평범한 월급쟁이를 안정적인 건물주로 만들어준 핵심비법이었다.

연예인들은
왜 가족법인으로 투자할까?

• 법인과 개인 투자 구조의 장단점을 이해하고, 각자 맞는 전략을 세워라.

• 법인을 활용하면 대출 한도, 세금 혜택, 상속 계획 등 장기적 투자 효율을 높일 수 있다.

• 가족 구성원과 역할을 분담해 법인 명의 투자를 설계하면 안정성을 확보할 수 있다.

한 줄 요약: "법인과 개인 구조의 장단점을 이해하고, 내 투자 목표에 맞춰 최적의 투자 방식을 선택해야 안전하고 효율적인 건물 투자 여정을 시작할 수 있다."

2021년 꼬마빌딩 투자 광풍이 불면서 MBC 〈PD수첩〉에서는 '연예인 갓물주'라는 제목으로 연예인들의 건물 투자를 조명한 바 있다. 방송의 주된 내용은 이러했다. 대한민국 사회의 부동산에 대한 열망 속에서, '조물주' 위에 '갓God물주'라는 신조어가 등장했고, 그 중심에 연예인들이 있다는 것이다. 방송은 다소 씁쓸한 어조로 이 현상을 비판했다. 시청자들의 댓글 반응도 날카로웠다.

"아니, 열심히 일해서 돈 벌 생각을 해야지!"

"쯧쯧, 투기꾼들 말세다 말세야."

"연예인 걱정할 건 아니라던데. 맞네, 맞네."

솔직히 말하면, 연예인들의 투자를 무조건 옹호하거나 '좋다'고 말하려는 것은 아니다. 하지만 비난하기에 앞서, 그들이 실제로 어떻게 투자하고 있는지 살펴보는 것은 의미가 있다.

연예인들이 투자한 건물에는 공통점이 있었다. 바로 건물의 소유자가 본인이 아닌 가족법인이라는 점이다. 특히, 이러한 법인은 본인이나 가족이 임원으로 등재된, 흔히 말하는 '가족법인'이었다. 예를 들어 보면, 배우 한효주의 은평구 건물은 한효주의 아버지가 대표로 있는 가족법인이 매입했다. 배우 권상우는 강남의 건물을 법인으로 매입하여 약 3억 원 이상의 세금을 절감했다. 배우 이병헌의 건물 역시 어머니가 대표인 법인이 소유했다. 배우 김태희의 강남 건물은 언니가 이사로 있는 가족법인이 소유했다.

이렇듯 연예인들은 개인 명의가 아닌 법인을 활용해 건물을 매입했다. 그렇다면 "법인으로 투자하는 게 무조건 좋다"라고 단순히 생각할 수 있을까? 결론부터 말하면, 꼭 그렇지 않다.

투자 목적과 환경은 사람마다 다르며, 시간에 따라 바뀌기 때문이다. 법인이 유리한 경우가 있는 반면, 개인투자자가 더 효율적인 경우도 존재한다. 실제 부동산을 방문해보면, 중개사분들의 첫 질문은 거의 항상 이렇다

"개인이세요, 아니면 법인이세요?"

그런데 만약 법인과 개인의 장단점을 모른다면, 투자경험이 부

족한 하수로 취급될 수 있다. 연예인만 법인으로 건물을 사야 하는 것은 아니며, 법인과 개인 투자방식의 차이를 이해하는 것이 중요하다.

이번 장에서는 법인과 개인 투자 각각의 장단점을 살펴보고, 어떤 경우에 어느 방식이 적합한지 알아보자. 우선 투자과정을 '매입 - 보유 - 양도' 세 단계로 나누어 비교하는 것이 좋다.

1단계 매입

매입 단계에서 가장 중요한 요소는 대출과 세금이다. 즉, "대출은 개인과 법인 중 어디가 더 잘 나올까?"와 "취득세는 개인과 법인 중 어느 쪽이 낮을까?"를 고민해야 한다.

① 대출

대출 가능 금액		
법인 (70~80%)	>	개인 (60~70%)

법인이 개인보다 유리하다. 일반적으로 건물 담보대출은 법인이 70~80% 정도다. 따라서 중개사들은 법인이 있을 경우, 대출이 잘 나와서 투자금 대비 더 비싼 매물을 소개하는 경향이 있다. 단, 신규 법인의 경우 대출이 개인보다 유리하지 않을 수도 있으니

주의가 필요하다. 예를 들어 10억 원짜리 건물을 매입한다고 하자.

법인 80% 대출 → 실투자금 2억 원

개인 70% 대출 → 실투자금 3억 원

② 취득세

취득세율은 법인과 개인 모두 기본 4.6%다.

취득세		
법인 (4.6%)	=	개인 (4.6%)

단, 신규 법인 설립 시 아래 조건 중 하나라도 해당되면 중과세 9.4%가 적용된다. 따라서 다음 세 가지 중 한 가지라도 피해야 취득세가 중과되지 않는다.

1. 법인 설립 후 5년 미만
2. 본점 위치가 수도권 과밀억제권역
3. 부동산 취득 위치가 수도권

참고로, 나의 경우 법인 본점 위치가 수도권 과밀 억제권역 외에 있기에, 건물 매입 시 취득세는 중과되지 않았다.

2단계 보유

건물을 보유할 때 가장 신경 써야 할 것은 세금과 자금 관리다.

① 재산세

재산세		
법인	**=**	개인

재산세는 개인과 법인 모두 동일하다. 매년 7월과 9월에 동일한 금액을 납부하면 된다.

② 종합소득세

종합소득세		
법인 2억 원 이하 10% 2억 원 이상 20%	**>**	개인 (6~45%, 고소득자의 경우 35~45%)

종합소득세는 법인이 유리하다. 예를 들어, 월급 외에 월세 수익이 생긴다면, 개인은 소득 합산에 따라 고액연봉자의 경우는 아마도 35~45% 구간에서 세금을 납부해야 할 것이다. 반면 법인은 1년 월세소득 2억 원 이하라면 10%만 납부하면 된다.

개인소득 구간에 따라 다르겠지만, 건물을 매입하고자 하는 분들의 소득은 아마도 대략 35~45% 구간에 속할 것이다. 즉, 개인은 많이 벌면 많이 세금을 내야 하는 구조다. 이러니 '월세 받아도

과세표준	세율	누진 공제액
1,400만 원 이하	6%	-
5,000만 원 이하	15%	126만 원
8,800만 원 이하	24%	576만 원
1억 5,000만 원 이하	35%	1,544만 원
3억 원 이하	38%	1,944만 원
5억 원 이하	40%	2,594만 원
10억 원 이하	42%	3,594만 원
10억 원 초과	45%	6,594만 원

남는 거 하나 없다'는 옛날 건물주 분들의 푸념이 완전 틀린 말도 아니다. 예를 들어, 연봉 1억 원인 K부장이 연 2,400만 원 월세 수익을 얻었다고 가정해보자.

법인 2,400만 원 × 10% = 240만 원

개인 2,400만 원 × 35% = 840만 원

결과적으로 소득이 동일해도 개인이 법인보다 약 3~4배의 세금을 더 납부해야 한다.

③ 자금 운영

개인은 필요할 때 월세를 자유롭게 인출할 수 있어 유리하다. 그러나 법인은 임의 인출 시 횡령이 될 수 있다. 따라서 부자나 연

예인은 가족법인에서 벌어들인 돈을 인출하지 않고, 건물 재투자를 통해 자산을 증식시킨다. 배우 황정음 님이 100% 지분을 소유하고 있는 가족법인을 활용하여, 42억 원가량을 가상화폐에 투자해서 문제가 되었다는 뉴스를 떠올려보자.

④ 회계 처리 비용

법인의 경우 개인 기장료 대비 비싸다.

3단계 양도

① 양도세

우선, 양도란 말은 사전적 의미 그대로 '재산을 남에게 넘겨주는 것'을 뜻한다. 부동산의 권리를 양도할 경우, 양도차익에 대한 세금을 납부해야 한다. 쉽게 말해, 10억 원짜리 건물을 사서 20억 원에 되팔았다면, 이때 발생한 10억 원의 차익에 대해 부과되는 세금이 바로 양도세다. 따라서 핵심은 양도세를 어떻게 하면 합법적으로 줄일 수 있을까에 있다. 단, 절세와 탈세는 완전히 다른 개념이므로 반드시 구분해야 한다.

양도세		
법인 20%	>	개인 6~42% (15년 장특공의 경우 30%)

양도세는 법인이 개인보다 유리하다. 종합소득세처럼, 양도세도 법인과 개인의 세율체계가 다르기 때문이다. 예를 들어보자. K 부장이 10억 원짜리 건물을 15년 동안 보유하다가 20억 원에 매각하여 10억 원의 양도차익을 얻었다고 가정하자.

양도세는 법인이 유리하다. 예를 들어, 10억 원에 매입한 건물을 20억 원에 매각했을 때, 양도차익 10억 원에 대한 세금을 납부해야 한다.

법인 10억 원 × 20% = 2억 원

개인 10억 원 × 40% × 70%(장기보유특별공제) = 2억 8,000만 원

결과적으로 같은 10억 원의 양도차익이라도, 법인은 2억 원, 개인은 2억 8,000만 원의 세금을 내야 하므로, 개인이 약 40% 더 많은 세금을 부담하게 된다. 이 또한 부자나 연예인들이 법인을 통해 건물을 매입하는 중요한 이유 중 하나다.

② 청산 절차

건물을 매각 후 청산할 때는 개인이 훨씬 간단하다. 세무서 또는 홈택스에 폐업신고만 하면 되지만, 법인은 해산, 청산종결등기, 법인 파산 등 복잡한 절차를 거쳐야 한다. 그렇다면 현재까지 비교한 내용을 다음 표와 같이 요약해보자.

단계	법인	개인
매입	대출 유리	대출 불리
보유	종합소득세, 양도세 유리	자금 운용, 회계, 정산 유리
양도	양도세 유리	정산 편리

즉, 법인으로 매입하면 대출과 세금(종소세, 양도세) 측면에서 유리하고, 개인은 자금 운용과 회계, 청산에서 유리하다. 그렇다면 다음 두 가지 경우는 법인이 좋을까, 아니면 개인이 좋을까? 첫 번째 경우는 은퇴를 앞둔 50대 후반 A씨의 사례다.

그는 몇 달 뒤 퇴직을 앞두고, 퇴직금과 근로소득으로 모은 종잣돈으로 건물을 딱 한 채 매입하고자 한다. 그는 매달 받는 월세를 생활비로 충당하며 생활하다가, 나중에는 건물을 자녀에게 증여할 계획이다.

이 경우 결론은 개인이 유리하다. 은퇴를 앞두고 추가 건물 매입 계획이 없고, 노후 생활비로 월세를 활용할 계획이라면, 자금 운영과 회계 측면에서 개인이 훨씬 편리하다. 법인으로 운영하면 월세 인출이나 회계 처리 과정이 복잡해지지만, 개인은 비교적 자유롭게 자금을 사용할 수 있기 때문이다. 두 번째 경우는 40대 초반 B씨의 사례다.

그는 회사를 다니면서, 사회초년생 시절부터 투자해온 주식과 아파트 처분 금액으로 건물을 매입하고자 한다. 앞으로도 꾸준히 월급과 투자수익금으로 상가와 꼬마빌딩을 갈아타며 자산을 늘려 나갈 계획이다.

이 경우 결론은 법인이 유리하다. 40대라는 나이와 지속적인 투자계획을 고려하면, 월세 수익을 인출하지 않고 법인 안에 쌓아두며 재투자를 통해 자산을 증식시키는 것이 훨씬 효율적이다. 이러한 이유 때문에 연예인이나 부자들이 가족법인을 통해 건물을 매입하는 것이다.

그렇다면 이러한 법인 설립은 부자나 연예인만 가능한 것일까? 아니다. 평범한 월급쟁이도 가족법인을 설립할 수 있으며, 실제로 나 또한 가족법인을 통해 투자 중이다. 다만, 세법은 수시로 개정되며, 법인 설립 조건과 혜택도 변화하기 때문에, 각자의 상황과 목표에 맞춰 개인과 법인 중 어느 쪽이 적합한지 신중히 결정해야 한다.

소개받은 건물은
얼마짜리일까?

• 소개받은 건물을 복성식 평가법과 수익률 환원법을 적용해서 가치를 평가해라

• 개별성 있는 꼬마빌딩은 감정가, 주변시세, 임대수익 등 종합해 객관적으로 평가해라.

• 가격 대비 수익성과 리스크를 꼼꼼히 분석해 과도하게 비싼 매입을 피하라.

한 줄 요약: "대지와 건물 가치를 정량적으로 평가하고 목표수익률을 고려해 적정매입가를 계산해야, 안전하고 합리적인 건물 투자 결정을 내릴 수 있다."

아파트 투자와 건물 투자의 가장 큰 차이점은 무엇일까? 아마도 '시세가 일정하지 않다'는 점일 것이다. 아파트는 동일 평수라면, 5층이든 10층이든 매매가격이 거의 비슷하다. 하지만 건물은 전혀 다르다. 바로 옆 건물이라 하더라도 건물면적, 층수, 월세, 땅값 등에 따라 가격이 제각각이다. 즉, 건물 투자는 아파트와 달리 개별성이 매우 큰 투자인 것이다.

이러한 이유 때문에, 중개사에게 소개받은 건물이 정말 싼 건지, 비싼 건지 판단하기가 쉽지 않다. 싸다고 소개받아 샀더니 막상 비싸게 팔지 못하고 손해를 보는 경우도 많다. 그렇다면 생각을 바꿔보자. 만약 내가 소개받은 건물가격을 직접 계산할 줄 안다면 어떻게 될까? 상황이 완전히 달라진다. 내가 직접 계산해서 싸면 사고, 비싸면 사지 않으면 되는 것이다.

최근에는 건물가격을 추정할 수 있는 앱(예, 랜드북, 부동산 플래닛 등)도 등장하고 있다. 하지만 이러한 앱은 정확한 월세수익이나 공실률이 반영되지 않기에, 참고용으로만 사용해야 한다. 그렇다면 이제부터 건물가격을 직접 계산하는 방법을 배워보자. 건물가격을 계산하는 방법에는 크게 복성식 평가법과 수익률 환원법, 두 가지가 있다.

용어는 다소 어려워 보이지만, 막상 계산방법은 아주 쉽다. 이 장에서는 차근차근 따라하면서 내가 소개받은 건물이 싸고 비싼지 판단하는 방법을 알려주겠다.

복성식 평가법

복성식 평가법은 오늘 기준으로 건물의 원가를 계산하는 방법

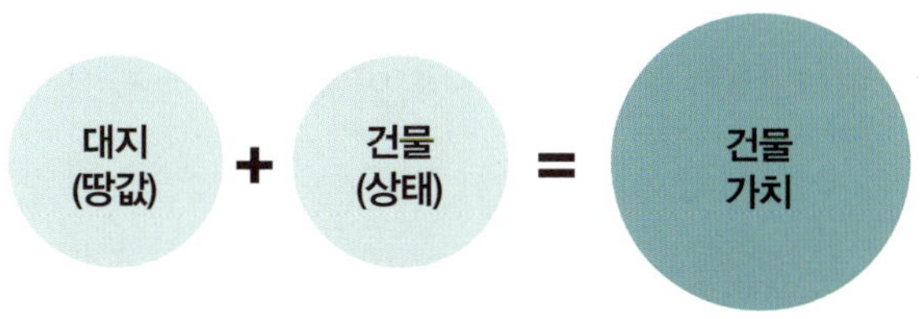

이다. 건물은 크게 땅과 건물로 나눌 수 있으며, 각각의 가격을 계산한 후 합치면 된다. 예를 들어, 과거 내가 23억 원에 소개받았던 경기도 한 지역의 건물을 살펴보자.

매매가 23억 원

보증금 2억 9,000만 원

월세 825만 원

대지면적 101평

건물연면적 425평

신축년도 1995년

그렇다면 이 건물은 23억 원이 싼 걸까? 비싼 걸까? 땅값 계산 공식은 다음과 같다.

$$\text{땅값} = \text{면적(평)} \times \text{공시지가(평당)} \times 1.4{\sim}1.6\text{배}$$

여기서 공시지가는 정부가 책정한 가격으로, 실제 시세보다 낮게 설정되어 있다. 따라서 땅값 계산 시 1.4~1.6배 정도 시세 반영률을 추가해야 한다. 이 건물은 보수적으로 1.4배 반영하여 계산하기로 하자.

101평의 땅에 대한 공시지가를 확인해보자. 부동산 앱 '디스코 DISCO' 2025년 1월 기준 기준, 평당 약 783만 원으로 확인된다. 즉, 이 건물의 기준 땅값은 약 10억 9,000만 원으로 추정할 수 있다.

101평 × 783만 원 × 1.4배 = 약 11억 원

둘째, 건물값을 계산해보자. 건물의 가격을 계산하려면 전체 건물 수명을 알아야 한다. 일반적으로 건물의 수명은 약 40년으로 본다. 건물을 신축하면 가치가 가장 높지만, 시간이 흐를수록 건물은 낡아지고 가치가 점차 하락한다. 40년이 지나면 건물가치는 사실상 0원이 된다.

이 과정을 회계 용어로는 감가상각이라고 부른다. 즉, 시간이 지나면서 가치가 감소하는 것을 비용으로 계산하는 것이다. 건물 가격 계산공식은 다음과 같다.

건물값 = 전체 면적(평) × 평당 건축비 × 남은 수명(년)

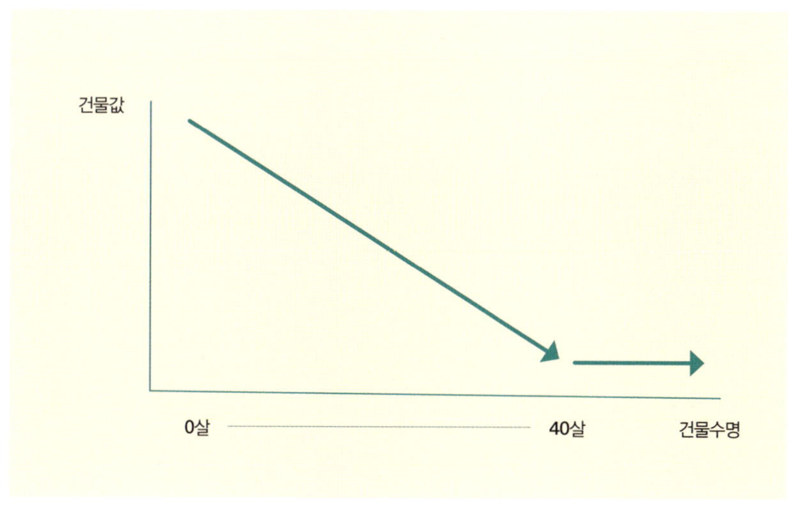

즉, 건물을 새로 지었다고 가정하고 건물 전체 면적 × 평당 건축비를 계산한 후, 남은 수명(잔존 연수)을 반영하여 건물가격을 산정하면 된다.

건물이 언제 지어졌는지에 따라 적정 평당 건축비를 적용해야 한다. 이 건물은 1995년에 지어졌고, 건물수명 40년 중 남은 수명은 10년(40년-(2025년-1995년))이다.

건물 값 = 전체 건물 면적 425평 × 당시 평당 건축비 500만 원

× 10년 / 40년 = 약 5억 3,000만 원

즉, 평택 건물의 이날 기준 건물가치는 약 5억 3,000만 원으로 추정할 수 있다. 이제 땅값과 건물가치를 합쳐 총 건물가치를 계산해보자.

땅값 11억 원

건물값 5억 3,000만 원

총 건물가치 11억 원 + 5억 3,000만 원 = 16억 3,000만 원

만약 내가 이 건물을 23억 원에 산다면, 23억 원 − 16억 3,000만 원=6억 7,000만 원, 즉 6억 7,000만 원 더 비싸게 주고 사는 셈이다. 여기서 중요한 투자가치 판단 포인트는 다음과 같다. 추후 매각 시 23억 원보다 높은 가격으로 팔 수 있다면 투자할 만하다. 그렇지 않다면 매수는 보류하는 것이 안전하다. 가치 계산은 추정치

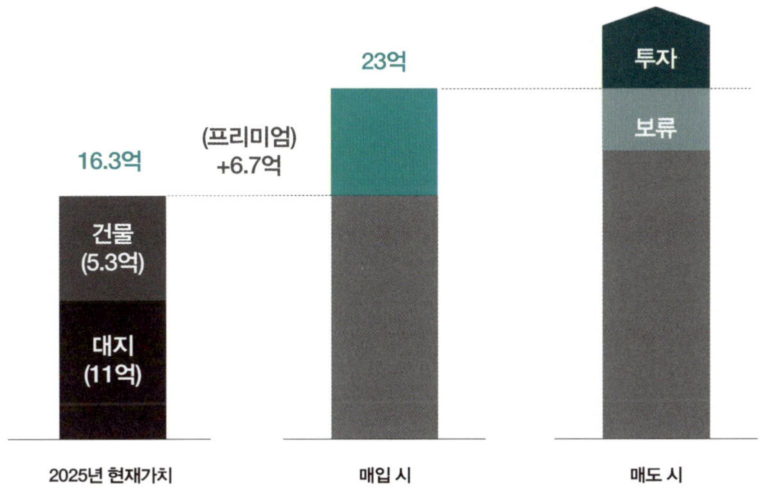

에 불과한 것이다. 복성식 평가법으로 계산한 금액은 절대적인 값이 아니다. 여러 매물에 대해 직접 계산하고 비교하며 상대적 판단을 해야 한다.

또한, 땅과 건물 중 어느 쪽에 중점을 둘지 고민해야 한다. 건물 투자에서는 땅값 비중이 큰지, 건물 자체의 가치가 중요한지에 따라 매수전략이 달라질 수 있다. 결론적으로, 복성식 평가법을 이해하고 활용하면, 내가 소개받은 건물이 싼지, 비싼지, 매수할 만한지를 스스로 판단할 수 있다.

수익환원법

수익환원법은 건물의 월세수익을 기준으로 역산해 건물가격을 추정하는 방법이다.

① 임대수익률 파악

먼저, 상업용 건물의 전국 평균 임대수익률을 알아야 한다. 결론적으로, 전국 상업용 부동산 평균 임대수익률은 연 3.0~3.5% 정도이며, 이는 은행 예금금리와 비슷한 수준이다. 여기서는 계산 편의를 위해 3%를 기준으로 가정한다.

② 건물가격 공식

수익환원법에서 건물가격은 다음 공식으로 계산한다.

$$\frac{\text{연간 임대수입}}{(\text{매매가} - \text{보증금})} \times 100 = \text{수익률}$$

이러한 공식에서, 우리가 알고 싶은 것은 건물가격, 즉 매매가이기에, 좌변과 우변을 바꾸면 공식은 이렇게 바뀐다.

$$\text{매매가} = \frac{\text{연간 임대수입}}{\text{수익률}} + \text{보증금}$$

즉, 월세와 보증금에서 계산한 연간 임대수입을 전국 평균 임대수익률로 나누고 세입자 보증금을 합하면 적정 건물가격이 나온다. 예를 들어보자. 서울 지역의 한 상가주택 건물이다.

이 건물의 가격은 28억 원이다. 세입자 보증금은 5억 4,000만 원이고, 월세는 425만 원(연 5,100만 원)이다. 실제 임대수익률을 2.26% 수준이다. 기대수익률을 3%로 가정한다면 이 건물의 적정

가격은 얼마일까?

$$\frac{(425만\ 원 \times 12개월)}{(28억\ 원 - 5억\ 4{,}000만\ 원)} \times 100 = 2.26\%$$

$$\frac{(425만\ 원 \times 12개월)}{3\%} + 5억\ 4{,}000만\ 원 = 22억\ 4{,}000만\ 원$$

평균 임대수익률 관점에서 이 건물의 가치는 22억 4,000만 원이기 때문에 결론적으로 소개받은 28억 원이라는 가격은 높다는 판단이 가능하다. 이를 통해 얻을 수 있는 시사점은 크게 세 가지다.

① 평균 임대수익률 기준 적정 가격

평균 상업용 부동산 임대수익률 3% 기준으로 적정 건물가격은 22억 400만 원이다. 따라서 제안받은 28억 원에 매입한다면, 약 6억 원을 더 비싸게 사는 것이다.

28억 원(매매가) > 22억 400만 원 (적정가) = 약 6억 원 차이

② 목표 임대수익률에 따른 매입가 조정

만약 내가 목표로 하는 임대수익률이 3%보다 높은 4%, 5%의 경우라면, 더 싸게 매입해야 한다.

목표 수익률	적정 매입가
3%	22억 4,000만 원
4%	18억 1,500만 원
5%	15억 6,000만 원

③ 임대료 상승에 따른 건물 가치 변화

만약 이 건물의 월세가 425만 원에서 추후 500만 원까지 올릴 수 있다면, 건물가치는 25억 4,000만 원까지 증가할 수 있다.

월세 425만 원 건물가치 22억 4,000만 원 (현재)

월세 500만 원 건물가치 25억 4,000만 원

이처럼 소개받은 건물의 가치를 직접 계산하는 것은 매우 중요하다. 복성식 평가법과 수익환원법을 함께 고려해 건물가치를 계산해야, 내가 소개받은 건물을 비싸게 산 것인지, 싸게 산 것인지 명확히 판단할 수 있다. 단순히 중개사 말만 믿고 '급매라 싸다'는 달콤한 유혹에 넘어가 묻지마 투자한다면 100% 실패할 수 있다.

눈탱이 맞지 않고 계약하기

> - 계약 전 반드시 명심해야 할 두 가지는 기억하라.
>
> - 건물 계약도 전략이다. 4단계 프로세스를 이해하고 도전하라.
>
> - 계약서의 모든 항목(가격, 잔금, 특약 등)을 꼼꼼히 확인하고 이해하라.
>
> **한 줄 요약: "계약서와 협상전략을 철저히 준비해야, 불리한 조건 없이 싸고 안전하게 건물 매입할 수 있다."**

건물은 아파트와 달리 시세가 명확하지 않고, 임대수익이 함께 얽혀 있기 때문에 계약과정이 단순하지 않다. 게다가 계약 당일에는 건물하자나 임대차 내역이 달라 문제가 생길 수도 있으며, 이 경우 추가가격 협상(네고)도 가능하다. 따라서, 건물계약 시 반드시 기억해야 할 두 가지 원칙을 알아보자.

건물계약 시 꼭 명심해야 할 두 가지

첫째, 계약날에는 반드시 두 명이 함께 가야 한다. 건물계약은 아파트나 상가 계약보다 훨씬 복잡하다. 등기부등본, 임대차 내역, 건물하자 여부 등 꼼꼼히 확인해야 할 서류가 많다. 또한 당일 현장에서 가격협상이 이루어지는 경우도 흔하다. 특히, 동네 부동산에서는 공동중개가 많아 여러 명의 중개사가 함께 나오는 경우가 많다. 이런 분위기 속에서 혼자 계약을 진행하면 꼼꼼히 확인하지 못한 채 분위기에 휩쓸릴 위험이 있다. 따라서 반드시 두 명이 함께 가야 한다. 이왕이면 세무·법률 지식이 있거나 건물 거래 경험이 있는 가족이나 지인이라면 더 좋다. 나 역시 늘 공동투자자인 친형과 함께 계약 자리에 간다.

둘째, 계약 당일에도 가격협상은 가능하다. 건물 매매가는 계약 당일에도 충분히 조정할 수 있다. 다만 무턱대고 깎으려 들면 신뢰를 잃기 쉽다. 반드시 합리적인 근거를 제시해야 한다. 합리적인 근거로는 두 가지 경우를 예로 들 수 있다.

하나는 건물에 하자가 발견된 때다. 누수, 균열, 불법 건축물 등 문제를 확인하면 가격협상 근거가 된다. 다른 하나는 임대차 내역 불일치다. 건물 소개 당시 안내받은 임대료·관리비와 실제 계약서상 금액이 다를 경우 가격 조정이 가능하다.

나 역시 2호기 계약 당시, 건물주가 세입자의 월세를 임의로 낮춰주어 소개받은 임대료와 실제계약서 금액이 달랐다. 이 차이를 근거로 가격협상을 진행할 수 있었다. 따라서 계약 당일에는 반드시 문제점에 대한 증거를 확보하고, 이를 바탕으로 "이 부분 때문에 가격조정이 필요하다"는 논리로 설득해야 한다. 만약 협상 결과가 목표가와 맞지 않는다면, 과감하게 계약을 거절하고 무산시키는 용기도 필요하다. 내가 건물 두 채를 계약하면서, 알게 된 노하우로 명심하고 있으면 도움이 될 것이다.

건물계약 4단계 프로세스

건물계약은 단순히 도장 몇 개 찍고 끝나는 아파트 계약과 다르다. 계약 당일 하루 종일 이어지기도 하며, 여러 서류와 임대차 내역을 꼼꼼히 확인해야 한다. 따라서 다음 4단계를 반드시 숙지하고 준비해야 '눈탱이 맞지 않는' 안전한 계약이 가능하다.

꼬마빌딩 계약 4단계

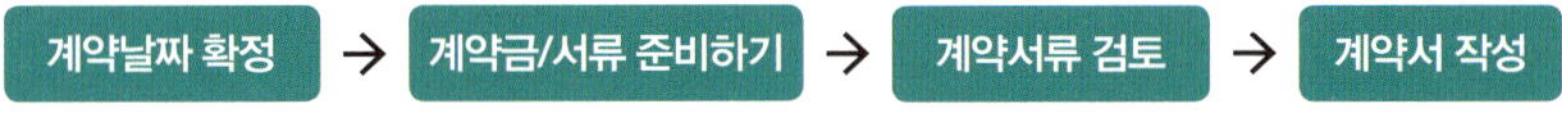

1단계: 계약날짜 확정

건물 매수를 결정했다면, 우선 계약 날짜와 시간을 중개인과 확정해야 한다. 이때 가장 좋은 시간은 개인적인 생각으로는 화요일~목요일로 특히 평일 화요일 11시가 좋다. 주말·공휴일은 은행 업무가 불가능하다. 월요일과 금요일은 은행 및 법무 관련 업무가 몰린다.

건물계약 과정은 짧게 끝나지 않고 하루 종일 걸릴 수 있다(예를 들면 내 2호기 계약은 오전 10시에 시작해 오후 5시에 끝났다). 따라서 체력과 집중력이 좋은 오전 시간대가 적합하며, 오후 일정은 비워 두는 것이 좋다. 그래야 여유 있게 협상과 검토를 마칠 수 있다.

2단계: 계약금, 서류 준비

계약금은 매매가의 10%를 준비해야 한다. 예를 들어, 10억 원짜리 건물이라면 계약금은 1억 원이다. 따라서 계약날에는 인터넷 뱅킹 이체한도를 사전에 여유 있게 늘려둬야 한다. 한도제한에 걸리면 은행에 직접 가야 하는 불편이 생긴다. 다만 계약금 10%가 부족하더라도, 매도인과 합의하면 계약 자체는 가능하다. 매수자가 챙겨야 할 기본 준비물은 신분증, 도장, 계약금(계좌 이체 또는 현금)이다.

3단계: 계약서류 검토

가장 중요한 단계다. 건물관련 서류를 직접 확인해야 한다.

등기부등본 확인 등기부등본상 소유자와 계약당일 나온 매도인이 동일한지, 반드시 신분증으로 대조한다. 근저당, 가처분, 가압류 등 권리문제 여부를 꼼꼼히 확인한다.

임대차 내역 검토 건물주가 제시한 임대차 계약서와 실제 통장 월세 입금내역을 비교한다. 보증금, 월세, 관리비가 계약서와 실제 입금내역이 다를 수 있으므로 반드시 눈으로 확인해야 한다.

운영비 확인 건물 운영에 드는 비용(엘리베이터 유지비, 공용 전기비, 청소비, 도로점용료 등)의 납부내역서를 확인한다. 실제로 관리비 지출 규모를 확인해야 수익 계산이 가능하다.

4단계: 계약서 작성

모든 확인과 협상이 끝나면 최종계약서를 작성한다. 잔금날짜가 가장 중요하다. 대출승인이 통상 계약 후 3~4주 걸릴 수 있다. 따라서 예기치 못한 대출 지연도 고려해 최소 60일 이후로 잡는 것이 안전하다.

잔금일을 6월 1일 이후로 잡으면 해당연도 재산세는 이전 건물주가 부담한다는 것도 재산세 절세 포인트로 알아두면 좋다. 이 모든 절차를 마치고 계약서에 도장을 찍는 순간, 비로소 새로운 건물주가 된다.

회사 다니며
쉽게 건물 관리하기

- 회사 다니면서도 효율적으로 건물을 관리할 수 있는 시스템과 프로세스를 미리미리 마련하라.

- 공실, 유지보수, 세금, 관리비 등 예측 가능한 리스크를 미리 계획해 스트레스 없이 운영하라

- 임차인이 잘되어야 건물주도 잘 된다. 임차인에게 감사하라.

한 줄 요약: "효율적인 관리 시스템과 리스크 대응 계획을 세워야, 회사에 다니면서도 스트레스 없이 안정적으로 건물을 운영하며 수익을 지킬 수 있다."

건물을 매입하는 것만큼이나, 매입 후 건물을 효율적으로 관리하는 것도 매우 중요하다. 건물을 잘 관리해야 유지비용을 최소화할 수 있고, 공실 없는 안정적인 월세수익을 통해 시세차익까지 극대화할 수 있기 때문이다.

일반적인 꼬마빌딩의 경우 별도 관리인 없이 건물주가 직접 관리해야 한다. 물론 최근에는 전문 FM_{Facility Management} 업체를 통해 위

탁 관리도 가능하지만, 매달 발생하는 운영비 부담이 만만치 않다.

특히 최근 경기 불황과 자영업 폐업 증가로 인해 '공실' 리스크가 점점 커지고 있어 건물관리의 난이도는 더 높아지고 있다. 여기에 나처럼 본업이 있는 사람이라면, 건물관리에 많은 시간과 에너지를 쏟는 것도 사실상 불가능하다. 그렇다면 '건물을 잘 관리한다'는 것은 어떤 의미일까? 크게 두 가지로 나눌 수 있다.

임차인관리 세입자와 불필요한 갈등 없이 원활하게 소통하고, 월세를 안정적으로 받는 것

시설관리 누수, 화재, 설비 고장 같은 문제가 최소화되어 유지보수 비용과 관리 노력이 크게 들지 않는 것

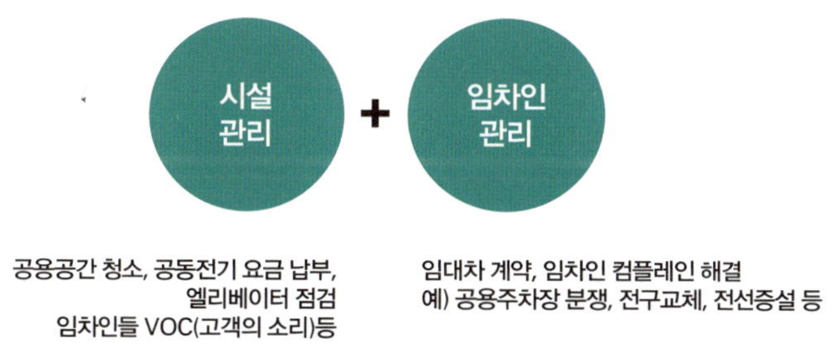

내가 건물관리에서 가장 중요하게 생각하는 점은 바로, 직접 모든 것을 해결하려 하지 말고 위탁(아웃소싱)하거나 시스템을 만들어야 한다는 것이다. 그래야 회사 다니면서도 무리 없이 건물을 관리할 수 있다. 실제로 많은 초보건물주들이 궁금해하는 건물관리 Q&A를 중심으로 하나씩 짚어보자.

Q1. 건물 월세는 어떻게 올려야 하나요?

월세를 올릴 때는 단순히 금액만 통보하는 것이 아니라, 시장 상황과 건물주의 부담 요소를 근거로 합리적으로 설명해야 한다. 특히 최근처럼 인플레이션으로 전기세, 관리비, 청소비, 세금 등이 많이 오른 상황을 구체적으로 언급해야 한다. 또한 계약만료 1~2개월 전에 충분히 시간을 두고 미리 안내해야 한다. 갑작스럽게 전화로 통보하기보다는 먼저 간단히 문자를 보내고, 이후 직접 대화하는 방식이 바람직하다. 실제로 내가 보낸 문구 예시는 다음과 같다.

○○○ 대표님, 안녕하세요.
다름이 아니라, 계약이 ○월 만료입니다만,
월세 조정을 드리고 싶어 연락 드렸습니다.

최근 전기세, 관리비, 청소비 등이 크게 올라
저희도 관리에 어려움이 있습니다.

이에 어쩔 수 없이 기존 월세에서 5%인 ○만 원
정도만 올리려고 합니다.
한번 고민 부탁드리고,
궁금하신 사항 있으시면 언제든 연락 부탁드립니다.
감사합니다.

실제 경험상 무리하지 않는 범위에서 최근 물가상승률을 감안해서 인상폭이 5% 내외라면 대부분의 세입자들은 충분히 수용했다.

Q2. 건물 월세가 밀리면 어떻게 하나요?

최근처럼 자영업 불황이 길어지면서, 세입자가 월세를 제때 내지 못하는 경우가 종종 발생한다. 나 역시 코로나 시절 제 2호기 건물에서 가끔 월세 연체가 일어나곤 했다.

세입자도 분명 사정이 있기 때문에, 처음 한두 달은 기다려주는 것이 원칙이다. 하지만 연체가 장기화되어 보증금까지 초과하게 되면 건물주 입장에서는 반드시 조치를 취해야 한다.

이때 가장 중요한 것은 직접 전화를 걸어 감정적으로 대응하지 않는 것이다. 먼저 정중하고 배려 있는 톤으로 문자로 알리는 것이 좋다. 실제로 내가 보낸 문구는 다음과 같다.

○○○ 대표님, 건물주입니다.
지난 ○달 동안 월세가 입금되지 않아서 연락드립니다.
최근 경기가 좋지 않아 힘드시겠지만,
저희도 대출 이자를 납입해야 하는 상황이라,
가능하다면 일부라도 송금 부탁드립니다.
감사합니다.

만약 문자에도 아무런 반응이 없다면, 그때 직접 통화하여 상황을 확인해야 한다. 그래도 연체가 계속되고, 밀린 월세가 보증금까지 넘어가는 상황이라면 내용증명을 보내야 한다(내용증명이란 세입자에게 미납 사실을 공식적으로 고지하는 문서로, 법적 효력이 있다).

작성 양식은 특별히 정해진 것은 없으며, 세입자의 인적사항과 미납 월세내역을 정리해 우체국을 통해 접수하면 된다. 나는 실제로 우체국에 보내기 전에, 내용증명 문서를 미리 세입자에게 전달한 적이 있다. 그랬더니 세입자가 공문처럼 받아들이고 즉시 월세를 납부했다.

Q3. 건물 공실 없이 관리를 어떻게 하나요?

건물주가 된 지 5년이 지났지만, 아직까지 두 채 모두 공실이 발생하지 않았다. 공실 없이 건물을 운영하기 위해 가장 중요한 것은 동네 부동산 사장님들과의 관계다.

직접 얼굴을 보이며 인사하기

건물에 갈 때마다, 특별한 일이 없더라도 자주 동네 부동산을 방문해 사장님들에게 인사를 하고 얼굴을 알려야 한다. 소소하게 음료를 사 들고 먼저 웃으며 다가가는 등 작은 배려를 보여주면, '좋은 건물주'라는 평판이 생긴다. 이렇게 하면 임차인이 나가더라도 곧장 신규 임차인을 찾아준다.

궁합이 맞는 중개사를 찾기

임대가 바뀔 때마다 여러 부동산에 부탁을 하지만, 유독 내 건물과 잘 맞는 중개사가 생긴다. 이러한 중개사는 내 건물과 궁합이 잘 맞는 곳이므로, 세입자가 나가서 임대차 계약이 필요할 때 먼저 연락하고 단골로 만들어두는 것이 좋다.

계약 조건을 유연하게 맞춰주기

신규 세입자가 월세나 보증금 조정을 요청할 때, 무조건 거절하기보다는 가능한 범위 내에서 조정해주는 것이 중요하다. 월세를 너무 많이 깎아주면 건물가치가 떨어질 수 있으므로, 렌트 프리_{Rent Free}를 활용하는 방법이 있다. 예를 들어, 새 가게 인테리어 기간을 고려해 한 달간 월세를 면제해주는 것이다. 이처럼 중개사가 거래를 성사하도록 작은 배려를 하면서 신뢰를 쌓으면, 장기적으로 공실을 막는 데 큰 도움이 된다.

Q4. 건물 시설에 문제가 생기면 어떻게 관리할까?

건물을 운영하다 보면 엘리베이터, 청소, 누수 등 다양한 시설 문제가 발생할 수 있다. 이를 어떻게 효율적으로 관리할 것인가는 건물 유지비와 임대 안정성에 큰 영향을 준다.

① 엘리베이터 관리

엘리베이터는 매년 정기 점검이 필수이며, 관리업체에 위탁하는 것이 일반적이다. 엘리베이터 유지보수 방식은 크게 두 가지로 나뉜다.

단순 유지보수 기본 점검과 간단한 유지만 포함된다.

책임 유지보수 부품교체와 수리비용까지 전액 업체가 책임진다.

엘리베이터 부품교체 비용이 비싸므로, 비용부담을 최소화하고 싶다면 책임 유지보수 계약을 추천한다.

②청소 관리
건물 청소는 크게 두 가지 방법이 있다.

전문 청소업체 활용 주 1회 8~10만 원 정도 비용으로 입구, 공동 복도, 엘리베이터 등을 청소한다. 주 1회 청소로 자주 방문하지 않으므로, 청소가 일시적이라는 단점이 있다.

근처 거주민 고용 비용은 다소 높지만, 자주 방문해 청결 상태를 유지할 수 있다.

건물 위치가 가까워 자주 방문 가능하고, 업종이 깨끗한 병원 등이라면 전문업체도 충분하다. 반대로 술집, 음식점 등 청소가 잦은 업종이라면 근처 거주민을 고용하는 편이 효율적이다.

③누수 및 기타 수리
누수, 전기, 배관 등 기타 수리는 상황에 따라 그때그때 외부 업체를 고용하는 것이 효율적이다. 요즘은 숨고, 당근마켓 등과 같은 앱을 통해 신속하게 전문인력을 구할 수 있다.

결론적으로, 건물관리에서 중요한 것은 사람과 시설을 효율적으로 관리하는 시스템이다. 중개사, 세입자와 좋은 관계를 유지하고, 시설관리는 외주 업체를 적극 활용하며 관리비용과 시간을 최소화하는 전략 등의 노력이 있어야, 건물을 사는 것만큼이나 중요한 안정적인 수익을 창출하면서 잘 유지할 수 있다.

건물주 되기 위한
10단계 테크트리

앞서 공부한 내용을 정리하면, 건물주가 되기 위해 반드시 거쳐야 할 단계는 총 10단계가 있다. 건물 투자는 시세가 명확한 아파트·주택과는 완전히 다른 세계다. 그래서 이 10단계 각각에 대해 스스로 질문하고 답을 찾으려는 노력이 필요하다. 그럼 본격적으로 건물주가 되기 위한 10단계를 정리해보자.

1단계 방향 정하기

"은퇴 후 따박따박 월세를 받을까? 아니면 몇 년 뒤 시세차익을 얻을까?"

꼬마빌딩 투자 10단계

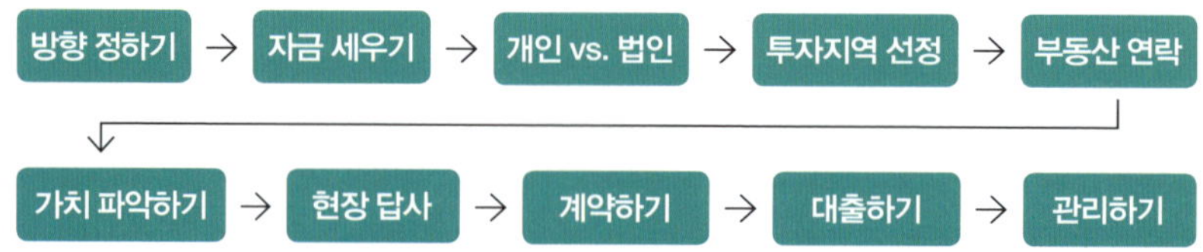

"경매로 살까, 공인중개사무소를 통해 살까?"

"아파트 상가를 살까, 단독 건물을 살까?"

"주택이 포함된 상가주택을 살까? 주택 없는 근린생활시설 건물을 살까?"

투자의 첫 단추는 '방향 설정'이다. 내가 투자하려는 부동산의 종류별 장단점을 명확히 고민해야 한다. 그래야 불필요한 시행착오와 고생을 줄일 수 있다.

2단계 자금 세우기

"과연 내가 가진 돈으로 어떤 건물을 살 수 있을까(금액대별 투자 방향)?"

"현금이 얼마 있어야, 건물 살 수 있을까?"

"대출은 얼마나 받아야 할까?"

"투자 수익률은 어떻게 계산해야 하나?"

"세금은 얼마일까?"

개개인마다 투자금이 다르다. 이에 각자 내가 가진 현금으로, 어떻게 자금 계획을 세울 수 있는지? 자금 세우는 방법을 알아야 한다.

3단계 법인 vs. 개인

"왜? 부자나 연예인들은, 건물을 살 때, 가족법인 명의로 사는 걸까?"

"개인으로 투자할까? 법인으로 투자할까?"

"법인은 어떻게 설립할까?"

"법인과 개인의 세금의 차이는 무엇일까?"

부동산 중개사들의 첫 질문은 "법인 있으세요?"다. 이에 개인 투자와 법인 투자의 장단점이 무엇인지 이해하고, 어떤 투자가 내게 맞는지 고민해야 한다.

4단계 투자지역 정하기

"어느 지역에 투자를 해야 할까? 서울 외곽에 투자할까?"

"강남 아니어도 좋은 건물 투자처는 어디일까?"

"향후 유망해지는 지역은 어디일까?"

"절대 사지 말아야 하는 지역은 어디일까?"

누구나 꿈꾸는 것은 강남 건물주이지만 강남 지역은 투자금이 많이 필요한 소위 넘사벽 지역이다. 따라서 내가 가진 자금으로 투자에 유망한 지역을 잘 찾아야 한다.

5단계 부동산 정하기

"건물 매물은 어떻게 소개받을까?"

"부동산 들어가기가 두렵다. 무엇을 알고 가야 할까?"

"동네 로컬 부동산으로 가야 할까? 강남 건물중개법인으로 가야 할까?

"부동산 사장님에게 눈탱이 안 맞는 방법은 없을까?"

쉽게 넘기 힘든 부동산 문턱이다. 어떤 부동산에 어떻게 가야 하는지, 또, 중개인분들께 어떻게 해야 되는지? 좋은 매물을 받기 위한 노하우를 알아야 한다.

6단계 가치평가하기

"이 건물이 비싼 걸까? 싼 걸까??"

"비싸게 사는 거 아닐까?"

"도대체 이 건물 원가는 얼마일까?"

"내가 원하는 수익률이 5%라면 얼마에 사는 게 맞는 것일까?"

꼬마빌딩은 아파트와 달리 '시세'가 없기에 건물의 가치를 분석할 줄 알아야 한다. 정확히 대지(땅)와 건물가치를 각각 정량적으로 계산할 줄 알아야 한다.

7단계 현장답사하기

"현장 가면 무엇을 체크해야 할까? 상권은 어떻게 파악해야 하는 걸까?"

"불법 건축물은 어떻게 확인해야 할까? 좋은 건물은 어떻게 찾을까?"

"좋은 입지는 무엇을 말할까? 임장가기 전 무엇을 해야 할까?"

"임장은 몇 시에 누구랑 가는 게 좋을까?"

무작정 현장에 따라가서, 남들이 만들어놓은 건물을 구경하는 것으로는 결코 투자를 이해할 수 없다. 임장 가기 전 손품 파는 방법과 임장 가서 발품 파는 방법을 이해해야 한다.

8단계 계약하기

"계약 시 무엇을 주의해야 할까?"

"잔금 날짜는 언제로 정해야 할까?"

"계약날 가격을 깎을 수 있을까?"

"계약서 특약사항에는 무엇을 적어야 할까?"

계약서 한 줄 잘못 쓰면 평생 후회한다. 계약날 당일 어떻게 해야 하는지를 미리 점검해보고, 계약날 현장에서 몇 억이 왔다 갔다 하기 때문에 현명한 계약 노하우를 숙지해야 한다.

9단계 대출받기

"금리가 오르는데 대출을 얼마 받아야 될까?"

"대출은 얼마나 받을 수 있을까?"

"어느 은행에 가야 대출을 잘 받을까?

"대출금이 부족하면 어떻게 해야 할까?"

지독한 고금리, 어려워진 대출, 어떻게 하면 쉽게 대출을 받고, 어떻게 하면 대출금리를 낮출 수 있는지, 대출의 모든 것을 이해해야 한다.

10단계 관리하기

"월세가 밀리면 어떡하지?"

"월세는 어떻게 올리자?

"회사 다니면서 건물관리할 수 있을까?"

"건물을 어떻게 효율적으로 관리할 수 있을까?

스트레스 없는 쉬운 건물관리, 즉 회사 다니며, 꼬마빌딩 2채를 효율적으로 어려움 없이 관리하는 노하우를 이해해야 한다. 돈만 있다고 건물주가 되는 시대는 지났다. 이러한 질문에 대한 확실한 답을 갖고 있고, 나만의 투자철학을 가져야만 성공적인 건물주가 될 수 있다.

chapter 04

건물주 되는
실전 노하우

오조

결국은 강남 건물주가
되어야 하는 이유

모두가 강남 건물주를 꿈꾼다. 하지만 강남 건물의 수익률은 고작 2% 내외다 (구축 1~2% , 신축 2.5%내외) 강남 외 서울은 3%가 넘어가며 경기도나 지방으로 갈수록 5~6%가 된다. 그럼에도 불구하고 왜 사람들은 강남 건물을 사고 싶은 것일까?

해답은 바로 자산상승률에 있다 위에서 말하는 수익률은 반쪽짜리 수익률이다. 건물의 총 수익률에는 두 가지 수익률이 있는데, 바로 임대료로 벌어들이는 임대소득수익률과 매년 자산의 가치가 상승하는 자본수익률을 합해야지만 진정한 빌딩의 총수익률이 나온다. 공식으로 정리하면 다음과 같다.

총 투자수익률 = 소득수익률 + 자본수익률

- 소득수익률 = 연간임대료 / 실투자금
- 자본수익률 = 자산상승분 / 실투자금

예) 소득수익률 5% + 자본수익률 7% = 총 12% 연간 투자수익률

건물 투자수익률의 2가지 구성요소에 대해 다시 알아보자.

① 소득(임대)수익률 Income Return

매달 받는 임대료 기반의 현금흐름 수익률

→ 연간임대료 − 고정운영비 / 실투자금

② 자본(시세차익)수익률 Capital Gain

건물이나 토지 가격이 오르면서 생기는 시세차익(예측 포함) 수익률

구 분	금 액	비 고
매입가	10억 원	
실투자금(자기자본)	5억 원	나머지 대출
연간 임대수익	3,000만 원	소득수익률 6%
3년 후 시세	12억 원	자산상승분 2억 원(매입가 대비)

→ 자산상승분 / 실투자금

→ 자본수익률 = 2억 원 / 5억 원(자기자본) = 40%(3년간)

→ 연 환산 시 13.3%

연간 총 수익률 = 6% + 13.3% = 19.3%

다음 표에서 20억 원의 동일금액인 두 건물을 비교해보자. 강남과 강남 외 지역에서 각각 20억 원 건물을 매입한다면 수익률이

구분	강남 건물		서울외곽 건물	
가격	20억 원		20억 원	
실투자금 (나머지 대출)	10억 원		10억 원	
수익률 구분	소득	자본	소득	자본
	3%	10%	5%	3%
연간 소득	3,000만 원	1억 원	5,000만 원	3,000만 원
연간 총수익	1억 3,000만 원		8,000만 원	
5년 보유	1억 5,000만 원	5억 원	2억 5,000만 원	1억 5,000만 원
5년 보유 합계	6억 5,000만 원		4억 원	
5년 총수익률	65%		40%	

낮은 강남은 고작 3%로 매년 3,000만 원의 소득이 발생한다. 타 지역 건물의 경우 5,000만 원으로 후자가 더 매력적으로 보인다.

그러나 매년 건물가격의 상승력을 보면 강남은 1억 원씩 오르지만 타 건물은 3,000만 원으로 상승력이 저조한 편이다. 5년 보유 후 매각 시 총수익률을 비교하면 강남은 임대수익 1억 5,000만 원과 자본수익 5억 원을 더해 6억 5,000만 원으로 총 수익률이 65%인 반면 타 지역의 경우 임대수익 2억 5,000만 원과 자본수익 1억 5,000만 원을 더해 4억 원으로 총수익률이 40%이다.

강남은 임대수익률은 2~3%로 낮지만 자산수익률은 타 지역에 비해 월등히 높기 때문에 많은 사람들이 강남에 모이는 것이다. 다음 부동산 통계 포털인 R-ONE을 보면 지역별 수익률이 있으니 참고하자.

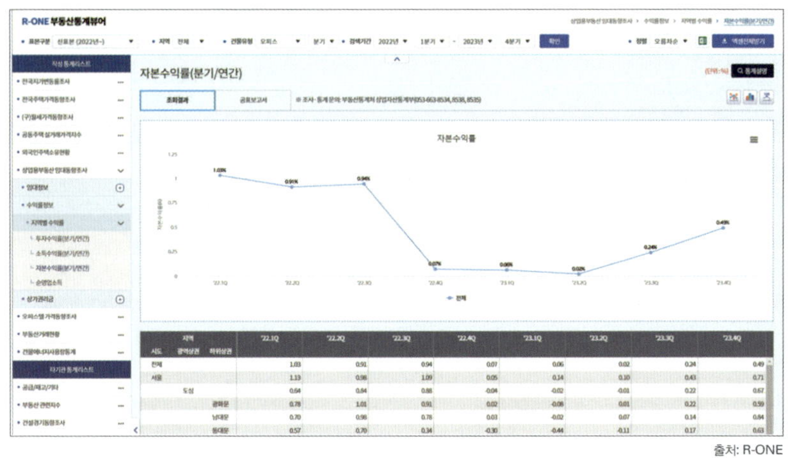

출처: R-ONE

그렇다면 여기서 궁금하다. 아파트와 건물을 포함한 부동산 가격은 왜 자꾸 오르는 것일까? 그 이유는 바로 통화량에 있다. 한국은행에 따르면 통화총량은 10년 단위로 두 배가 된다. 아파트값이 10년간 두 배가 된다는 말은 괜히 나온 것이 아니다. 풀린 통화량은 결국 자산시장으로 흘러들어오게 된다. 하지만 통화량이 일정 규모 풀렸다고 해서 모든 아파트값이 두 배가 되는 것은 아니다. 지역별 편차가 날 수밖에 없다. 즉, 돈은 수요를 따라 이동한다는 것이다.

한국의 M2 통화량 추이

연도	M2 통화량
2005년 1월	약 958조 원
2015년 1월	약 2,092조 원
2025년 1월	약 4,203조 원

그렇다면 대한민국에서 묻고 따지지도 않고 가장 수요가 몰리는 지역은 어디인가? 일자리, 교통, 주거생활, 문화, 학군… 이 모든 것이 갖춰진 대한민국 유일한 곳이 바로 강남일 것이다. 돈은 수요를 따라 이동한다.

재미있는 통계가 있다. 서울의 핵심요지인 강남구 압구정동에 있는 현대아파트의 등기를 떼보면 지방 유지들의 소유권이 엄청나게 많다고 한다. 부산에 사는 A씨는 부산의 부동산을 사지만 서울의 부동산도 산다. 또한 대전에 사는 B씨는 대전의 부동산을 사지만 서울의 부동산도 산다. 하지만 A, B 모두 본인의 거주지 아니면 서울이지 타 지역의 부동산은 거의 고려하지 않는다.

이처럼 서울거주자 포함 타 지역 사람들까지도 수요가 몰리는 곳은 서울이며 그중에 가장 으뜸인 곳이 강남이다. 강남이 들썩이면 나라 전체가 들썩인다. 강남은 더 이상 지역 이름이 아닌 브랜드이며, 부동산 매입에 있어서도 니즈Needs(필요)의 영역이 아닌 원츠Wants(욕망)의 영역이다. 이런 강남이니 사실 가격표도 필요 없다는 것이다. 아이유의 '200억 에테르노 청담'은 필요에 의한 가격이 아니다.

자산가들의 돈은 지폐로 존재하지 않는다. 가장 안전하면서도 돈이 가장 열심히 일할 수 있는 형태로 바꾸어 소유한다. 그 형태는 서울의 부동산 또는 지방의 부동산으로 또는 주식이나 채권 등 다양한 형태로 존재한다. 돈 주인의 성향과 상황에 따라 돈은 형태를 바꾸어 주인 곁에 머물러 있다. 그러한 각각의 형태에서 가장 매력적인 돈 그릇이 강남 부동산이며 그중에서도 강남 건물이 으뜸인 것이다.

이렇게 강남 건물의 매력이 많지만 처음부터 강남 건물주가 될 수는 없다. 나 역시 한 단계를 거쳐 강남 건물주가 될 수 있었다. 그렇다면 나처럼 부린이 경단녀도 강남 건물주가 될 수 있는 건물 투자의 매력이 무엇인지 차근차근 알아보자.

20억 아파트는 못 사도
20억 건물은 산다

인기 있는 핵심지 아파트 경우 국민평형 84m²가 웬만한 지역 모두 20억 원 이상일 것이다. 이러한 아파트를 매수하기 위해서는 일반적으로 규제지역에서는 최대 50%까지 대출이 가능하다. 따라서 나의 투자금은 10억 원이 들어간다. 그런데 만약 아파트 대신 20억 원짜리 건물을 사게 된다면 내 돈 10억 원으로 최대 50억 원의 건물을 매입할 수 있다. 꼬마빌딩은 대출이 70~80%까지 되기 때문이다.

앞서 언급한 대로 시중에 풀리는 통화량은 10년 단위로 두 배가 된다. 10년 후 20억 원이던 아파트가 40억 원이 된다면 50억 원이었던 건물은 100억 원이 된다. 같은 돈 10억 원으로 아파트에 투자했을 때는 40억 원의 자산가가 되지만, 건물에 투자한다면 100억 원 자산가가 된다.

종합부동산세 대상이 아니다

강남 포함 고가 아파트 소유 시 보유 중에 나오는 종합부동산세가 꼬마빌딩에서는 고민의 대상이 아니다. 건물이 종합부동산세 대상이 되려면 공시지가 80억 원을 초과해야 되는데 이 정도 규모에 해당하려면 적어도 시세 300억 원 건물 이상이어야 한다. 현재 1단계 꼬마빌딩을 고민하는 독자라면 종합부동산세를 고민할 필요가 없다.

부동산 정책 및 외부요인에 의한 변동성 영향이 낮다

부동산 정권 교체 시기마다 아파트는 정체기를 겪는 반면 꼬마빌딩은 특별히 정체기가 없다. 오히려 주택규제 시기에는 상업용 부동산으로 수요가 몰리며 꼬마빌딩 시장이 더 활황을 이룬다. 또한 글로벌 경기침체 등 외부요인에 의한 부동산 침체기가 오면 강남 부동산은 안전자산으로서의 매입수요가 늘어나며 경기가 회복됨에 따른 회복탄력성 역시 타 부동산에 대비 가장 빠르다.

단독개발권이 가능하다

아파트의 경우 재건축 재개발에 이르기까지 수많은 의견조율과 심의통과가 필요하다. 하지만 강남을 포함한 모든 꼬마빌딩의 장점은 건물주 단독으로 개발이 가능하다는 것이다. 의사결정권이 단독으로 있기 때문에 개발속도도 빠르고 단기간 내에 시세차익도 가능하다.

시세차익과 현금흐름 두 마리 토끼를 잡을 수 있다

아파트는 시세차익은 볼 수 있지만 큰 현금흐름을 기대하기는 어렵다. 그러나 건물 투자의 장점은 보유기간 중 임대료라는 안정적인 수입과 매각 시 시세차익이라는 큰 목돈까지 기대할 수 있다는 것이다. 상가주택 건물에 투자한다면 거주까지 해결하면서 현금흐름과 시세차익이라는 두 마리 토끼를 잡을 수 있다. 이와 같이 건물주가 되어야 하는 이유는 명확하지만, 잘 몰라서 혹은 두려워서 건물주의 길을 가지 못하고 있었다면 이 책이 소개하는 로드맵을 차근차근 따라가보자. 그렇게 한걸음씩 나아가다 보면 언젠가 자산가가 되어 있을 것이다.

강남 건물주로 가는
3단계 로드맵

다음 그림은 100억 원 건물 자산가가 되는 로드맵이다. 처음부처 강남 건물주가 될 수는 없기 때문에 작은 시드머니로 꼬꼬마빌딩에서 꼬마빌딩 단계를 거쳐 강남 건물주로 가는 방법을 살펴보자. 강남 건물주로 가기 위한 시드머니를 불리는 데 1단계가 가장 중요하다.

1단계의 핵심

: "강남의 투자수익률을 이기는 건물을 사야 한다"

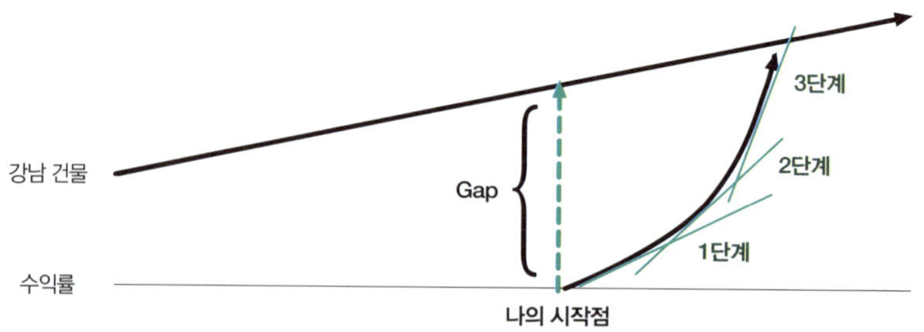

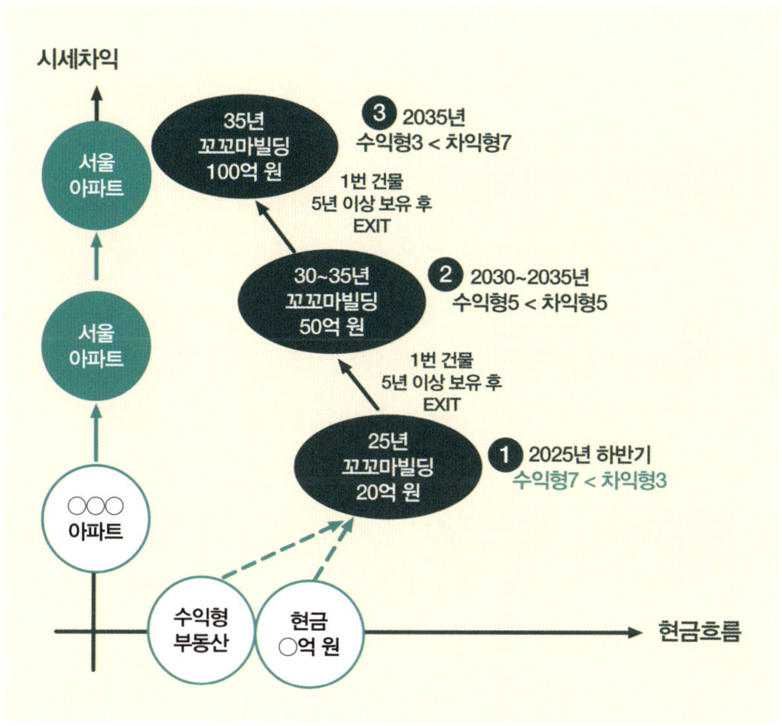

위 그래프를 보면 내가 건물 투자를 시작하는 시점은 남들보다 훨씬 뒤쳐져 있다. 한 번에 이 갭Gap을 메우기란 쉽지 않아 보인다. 예를 들어, 강남 건물의 투자수익률이 매년 5%로 상승하고 있다면 1단계에서 최소한 5%를 초과하는 수익이 날 수 있는 투자를 선택해야 하는 것이다. 그렇다면 방법은 무엇인가? 다음 그래프는 10년간 한두 번의 엑시트를 통해 100억 자산가로 성장하는 로드맵이다.

이 그래프에서 X축은 현금흐름이고, Y축은 시세차익이다. 아파트의 경우 매각 시 내가 살면서 시세차익은 볼 수 있으나 현금흐름을 만들어주지는 못하기 때문에 Y축에 붙어 있다. 반대로 수익형 부동산인 오피스텔이나 지식산업센터 등은 현금흐름은 있지만 시세차익은 거의 없기에 X축에 붙어 있다.

하지만 꼬마빌딩은 어떨까? 매달 안정적인 현금흐름도 만들어주면서 매각 시 시세차익도 보게 되는 부동산이다. 그래서 우리는 1사분면의 부동산을 모아야 한다. 꼬마빌딩은 '현금흐름 + 시세차익'이라는 더블인컴이 되는 셈이다.

그래프의 하얀색 원은 현 자산이다. 현 자산을 기반으로 어떻게 부동산 자산가가 되어야 하는지를 보여주는 로드맵이다. Y축에 가까운 똘똘한 아파트는 상급지로 비과세혜택을 목표로 올라가고, X축에 가까운 자산들은 꼬마빌딩 쪽으로 옮겨가야 하는 것이다. 마지막으로 꼬마빌딩으로 100억 자산가가 되기 위한 1단계, 2단계, 3단계까지 각 단계별 전략을 살펴보자.

1단계 강남보다 투자수익률이 상위인 지역에 진입하라

강남에 진입하고 싶지만 우리 같은 월급쟁이나 경단녀 주부가 처음부터 3~4% 이자의 풀대출을 받고 임대수익률 2%의 강남 건물을 살 수는 없다. 그렇다면 어떻게 강남 건물주가 되기 위해 첫 번째 단계를 밟아나갈까? 결론부터 말하면 다음과 같다.

지역별 투자수익률을 보고 강남보다 상위인 지역에 진입하라.

앞에서 건물의 총 투자수익률은 임대수익률과 자산수익률이 합해진 숫자라고 설명했다.

투자수익률 = 임대수익률 + 자산수익률

강남 등 핵심지로 갈수록 자산수익률이 높고, 그 외 지역으로 갈수록 임대수익률이 높다. 한국부동산원에서 공표한 자료 중 5년 치를 보자. 내가 건물 매입 후 5년간 보유한다고 했을 때 총 투자수익률은 다음 표와 같다.

상위 20위 안에는 서울과 경기도 있지만 충남, 광주, 부산, 대전, 그리고 강원도도 있다. 이번에는 많은 이들이 투자를 염두에 두고 있는 서울과 경기지역으로만 분류를 해보면 어떨까? 놀랍게도 상위권에 강남만 있지 않다. 오히려 경기도 병점과 모란에 5년 간 건물을 보유했다면 강남대로 테헤란로의 건물보다 더 큰 투자수익률을 올렸을 것이다.

이처럼 임대수익률 2%대인 강남에 무리해서 들어가기보다는 어느 정도 자산 규모를 키울 때까지 내 상황에 맞는 소득수익률이 받쳐주는 지역에서 1단계 건물 투자를 시작하는 것이 좋다. 그렇다면 구체적으로 어느 정도가 무리하지 않는 선일까? 내가 다년 간 컨설팅과 건물주를 배출하면서 찾아낸 최적의 숫자는 다음과 같다.

전국 기준 상위 20개 건물 투자수익률(2020~2025)

지역구분1	지역구분2	2020~2025년 수익률
서울	청담	39.7
서울	뚝섬	39.2
경기	병점역	33.1
경기	모란	32.2
충남	천안역	31
경기	수원역	30.9
경기	광명철산	30.9
서울	강남대로	30.4
경기	광주시가지	30.4
광주	금호지구	30.2
서울	혜화동	30.2
부산	해운대	30.1
대전	유성온천역	30.1
서울	논현역	30
서울	이태원	30
서울	신사역	29.5
강원	강릉교동	29.4
서울	테헤란로	29.4
서울	신림역	29.2
서울	망원역	28.9

출처: 한국부동산원

서울경기 지역 상위 20개 건물 투자수익률(2020~2025)

지역구분1	지역구분2	2020~2025년 수익률
서울	청담	39.7
서울	뚝섬	39.2
경기	병점역	33.1
경기	모란	32.2
경기	수원역	30.9
경기	광명철산	30.9
서울	강남대로	30.4
경기	광주시가지	30.4
서울	혜화동	30.2
서울	논현역	30
서울	이태원	30
서울	신사역	29.5
서울	테헤란로	29.4
서울	신림역	29.2
서울	망원역	28.9
경기	의정부역	28.6
서울	압구정	28.6
경기	부천역	28.4
경기	팔달문로터리	28.4
경기	구리역	27.9

출처: 한국부동산원

$$\text{BSI} = \left(\frac{\text{건물 연간 이자액}}{\text{총 소득(개인 순소득 + 건물 순임대수익)}} \right) \times 100$$

BSI < 30 : 매우 안정

30 ≤ BSI < 60 : 양호

60 ≤ BSI < 100 : 주의

BSI ≥ 100 : 고위험

나는 이것을 BSI_{Building Stress Index} 지수라고 부른다. 고금리와 공실에도 스트레스 없이 안정적으로 건물 투자를 이어나갈 수 있는 수치라고 보면 된다.

즉, 비용을 뺀 순소득(가계순소득 + 빌딩순소득)에서 빌딩 이자가 차지하는 부분이 60% 이하여야 한다는 사실이다. 가장 적절한 수치는 60이며 성향에 따라 더 공격적으로 갈 수 있지만 최대 100을 넘겨서는 안 되는 것이다. 그렇게 되면 장기간 안정적으로 유지하기가 어렵다.

예를 들어보자. 김 건물 씨의 가계순소득(총가계소득 - 총비용)은 6,000만 원이다. 그렇다면 김 건물 씨의 적절한 투자금액 및 수익률은 어느 정도인가? 각각 70%, 80%의 대출을 받았을 때 BSI지수를 살펴보자.

김건물 씨가 80%의 대출을 받았을 때

항목	%	A빌딩	B빌딩	C빌딩	D빌딩
(1) 김건물 님 연간 가계순소득		6,000만 원	6,000만 원	6,000만 원	6,000만 원
건물 매입가		50억 원	30억 원	20억 원	15억 원
건물대출	80%	40억 원	24억 원	16억 원	12억 원
투자금(세금별도)	20%	10억 원	6,000만 원	4,000만 원	3,000만 원
① 건물수익률	3.50%	1억 7,500만 원	1억 5,000만 원	7,000만 원	5,250만 원
② 부채이자	3.20%	1억 2,800만 원	7,680만 원	5,120만 원	3,840만 원
③ 예상 공실(10%)	10%	1,750만 원	1,050만 원	700만 원	525만 원
(2) 건물순소득(①-②-③)		2,950만 원	1,770만 원	1,180만 원	885만 원
총 순소득 (1)+(2)		8,950만 원	7,770만 원	7,180만 원	6,885만 원
BSI 지수		143.02	98.84	71.31	55.77

위 표에서 보면 대출을 80% 받았을 때 3.5% 수익률의 빌딩을 매입하면 D빌딩인 15억 원의 건물까지 매입이 가능하다. 그런데 만약 70% 대출을 받게 되면 부채 규모가 줄면서 건물순소득이 늘게 된다. 즉, 20억 원인 C빌딩까지 매입이 가능하다.

여기서 건물순소득에는 부채이자 외 지역별 예상공실률 10% 반영한 것이며 이 역시 건물순소득에서 차감해야 한다. 위 표는 본인의 자금 상황에 맞춰 수치를 변경하며 최대 얼마까지 매입이 가능한지에 대한 매입 전 체크가 될 수 있다.

건물수익률의 경우 지역의 편차가 있기 때문에 핵심지라면 2%대로, 서울외곽이나 경기도라면 4~5%, 그 외는 6% 정도로 잡고 BSI 수치를 계산해보면 된다.

항목	%	A빌딩	B빌딩	C빌딩	D빌딩
(1) 김건물 님 연간 가계순소득		6,000만 원	6,000만 원	6,000만 원	6,000만 원
건물 매입가		50억 원	30억 원	20억 원	15억 원
건물대출	70%	35억 원	21억 원	14억 원	10억 5,000만 원
투자금(세금별도)	30%	15억 원	9억 원	6억 원	4억 5,000만 원
① 건물수익률	3.50%	1억 7,500만 원	1억 5,000만 원	7,000만 원	5,250만 원
② 부채이자	3.20%	1억 1,200만 원	6,720만 원	4,480만 원	3,360만 원
③ 예상 공실(10%)	10%	1,750만 원	1,050만 원	700만 원	525만 원
(2) 건물순소득(①-②-③)		4,550만 원	2,730만 원	1,820만 원	1,365만 원
총 순소득 (1)+(2)		1억 550만 원	8,730만 원	7,820만 원	7,865만 원
BSI 지수		106.16	76.98	57.29	45.62

> **TIP** 오조의 BSI Building Stress Index 제안
>
> 직장과 육아로 바쁜 평범한 회사원이 스트레스 없이 건물 투자를 시작하는 BSI 계산을 해보자. BSI는 안정적인 건물주 되기 시스템으로 오조의 유료컨설팅 내용이다. 이 책의 출간기념 이벤트로 독자들에게 무료컨설팅을 제공하니 오조의마법사 블로그를 통해 신청해보자.

여기서 예상되는 질문이 있다. 그렇다면 굳이 낮은 수익률의 강남보다 투자수익률이 높은 타 지역에 투자하는 것이 오히려 더 쉽게 부자가 되는 방법이 아닐까? 대답을 하자면, 투자에는 정답이 없다. 본인의 상황과 성향에 맞춰 투자하는 것이 베스트다. 그러나 건물은 노후화될수록 임대수익률이 낮아질 수 있기 때문에

중장기적으로는 자본수익률이 높은 지역 위주로 진입하는 것이 좋다고 본다.

강남의 가장 큰 메리트는 환금성과 안정성이다. 전국적으로 수요가 몰리는 만큼 환금성이 좋고 일자리, 교통, 유동인구 등 기본 인프라가 받쳐준다. 또한 강남은 은행 등 금융권에서도 가장 선호하는 담보자산이기 때문에 1단계, 2단계에서 어느 정도 규모의 자산을 이루었다면, 최종적으로 강남에 입성하는 것을 목표로 삼자.

2단계 현금흐름 1,000만 원 세팅하라

보통 5억 원 내외의 시드머니로 1단계 진입을 많이 한다. 그렇다면 다음 정착지는 어디일까? 여기서부터는 자신의 현금흐름에 따라 두 개의 선택지로 나눌 수 있다. 저금리 시기에는 무리를 해서라도 2단계에 강남으로 진입하라고 했겠지만 지금은 그런 상황이 아니다.

나도 무리한 영끌로 강남 건물을 사고 고금리를 버텨낼 수 있었던 것은 그나마 급매빌딩을 잡을 수 있었기 때문이었다. 현금흐름이 높지 않은 평범한 사람이 위기가 와도 버틸 만한 자금 여력이 충분하지 않다면 고스란히 건물을 다시 뺏길 수 있다. 2~3%의 강남 건물의 수익률로 스스로 버틸 수 있는가 없는가는 본인의 상황에 따라 달라질 수밖에 없고, 그에 따라 방향을 정해야 한다.

현금흐름의 기준은 얼마로 잡아야 할까? 나는 순이익 1,000만 원을 달성하는 것을 기준으로 말하고 싶다. 본인의 급여와 임대료를 합한 것에서 비용(생활비 및 이자 등)을 모두 제하고도 약 1,000만 원 정도가 되어야 한다. 아직이라면 ②번보다는 ①번을 추천한다.

① 현금흐름이 아직도 부실하다 (순수입 1,000만 원 미만)

본인이 아직 고소득을 달성하지 못한다면 2단계에서 보다 탄탄한 시드머니와 순수입 1,000만 원 이상의 현금흐름을 만들어야 한다. 이때는 1단계에서 엑시트한 후 보다 커진 시드머니를 가지고 기존보다 탄탄한 입지를 살펴봐야 한다. 한 상권 내에서도 바로 대로변이거나 코너자리라면 같은 지역 내에도 임대료 차이가 크다. 이처럼 입지별 임대료나 지역별 임대료 수준이 높은 곳으로 옮겨 타기 위한 노력을 해야 한다. 그렇다면 지역별 임대료 수준을 먼저 알아야 한다. 서울 핵심지의 경우 평당 15만 원이 넘어간다.

그러나 서울외곽이나 지방으로 가면 과연 그렇게 받을 수 있을까? 각 지역별로 수용되는 임대료 수준이라는 것이 있다. 다음 자료는 한국부동산원 통계자료로 제곱미터당 지역별 임대료 수준이다. 우선 강남 지역의 임대료는 평으로 환산 시 15~20만 원 수준이며 현재 강남 내에서도 높은 몸값을 자랑하는 압구정 로데오나 강남역 대로변은 평당 30~40만 원 수준이다.

그런데 강남이 아닌 타 지역을 보자. 서울의 가장 금싸라기땅인 명동은 평당 60만 원이며 광화문을 포함 4대문 주요 핵심지는 20~30만 원 수준이다. 이 두 곳을 중심으로 주변으로 확장될수록 임대료가 낮아지는 추세라고 보면 된다.

지도를 보면 꼭 강남이 아니여도 서울권에서 강남 수준의 임대료를 받을 수 있는 지역들이 있다. 즉, 동일평수라면 임대료는 유

R-ONE 상업용 부동산 임대동향 통계지도

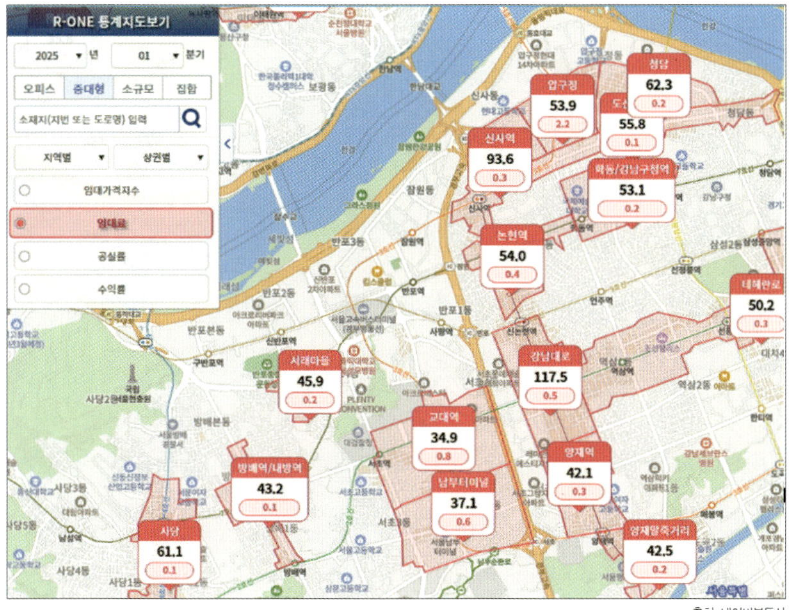

출처: 네이버부동산

서울권에서 강남 수준의 임대료를 받을 수 있는 지역

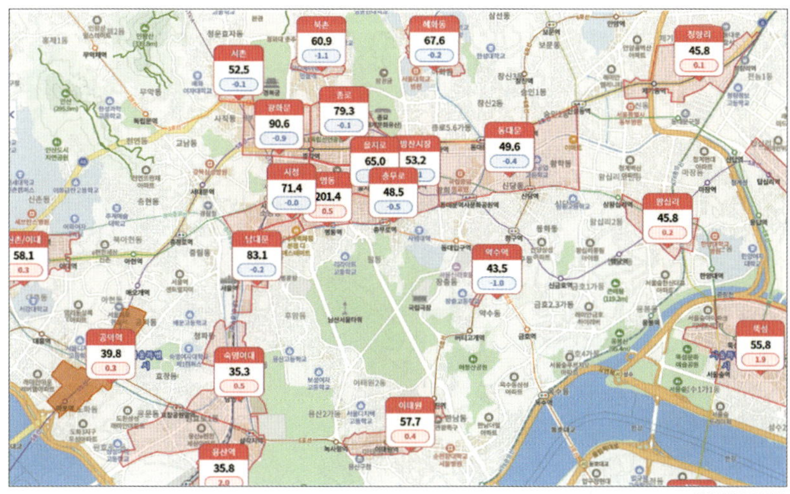

출처: 한국부동산원

사하게 들어오지만 강남보다 수익률은 좋다는 것이다. 이러한 지역을 2단계에서 공략하면 된다. 1단계보다 큰 규모의 시드머니를 가지고 보다 안정적인 입지를 선택하면서 높은 임대료 세팅을 할 수가 있다.

② 현금흐름이 탄탄하다(고소득자)

본인의 소위 고소득자이면서 1단계에서 차익을 실현했다면 놀랍지만 2단계에서 바로 강남으로 진입해야 한다. 금액으로 말하면 1단계 엑시트를 통해 약 10~15억 원 정도의 시드머니가 마련됐다면 풀대출로 최대 50억 원 정도의 건물을 매입할 수 있다. 그럼 이때 강남의 2, 3급 입지로 들어갈 수가 있다. 즉, 같은 시드머니로 타 지역은 45억 원 건물밖에 접근할 수 없으나 강남은 50억 원까지도 도전할 수가 있다.

그렇다면 강남의 급지에 대해 조금 더 알아보자. 강남구는 총 22개 동으로 구성되어 있다. 31,676필지의 압구정동의 필지 수를 기준으로 단순 추정하면, 전체 필지 수는 약 70만 필지 정도가 된다. 그런데 이 필지에도 각각의 개별공시지가가 모두 다르다.

다음 공시지가 지도를 보면 강남 중에서도 비싼 땅과 저렴한 땅이 한눈에 들어온다. 붉은색일수록 강남 내에서도 상급지이며 연해질수록 급지가 낮아진다고 볼 수 있다. 한 번에 붉은 색 지역에 들어가면 좋겠지만 노란색으로 진입하여 차차 최상급지로 올라가야 한다.

강남 지역의 공시지가에 의한 가격과 심리에 의한 급지를 나눠

강남지역 공시지가 지도(붉은색일수록 높은 공시지가)

출처: 부동산플래닛

보자. 심리에 의한 급지는 강남 내에서도 브랜드가 된 지역을 말한
다. 예를 들면, 대치동 학원가, 청담동 명품거리, 압구정 로데오 등
이 그 예다. 이런 곳은 공시지가와는 별개로 심리적인 가격선이 높

은 곳이며 꾸준한 수요로 가격이 상승된다. 수년 전만 해도 신사동 가로수길은 심리에 의한 급지 면에서 순위가 매우 높은 곳이었으나, 최근 젠트리피케이션 현상으로 인해 순위가 상당히 낮아졌다. 심리적 급지를 정리하면 다음과 같다.

- **강남 1급지: 지도에서 붉은색 부분이며 강남 내에서도 가장 수요가 높은 지역**
  - 신사~압구정~청담~삼성까지 한강변을 끼고 있는 곳과 도산대로 라인

강남의 1급지, 2급지, 3급지

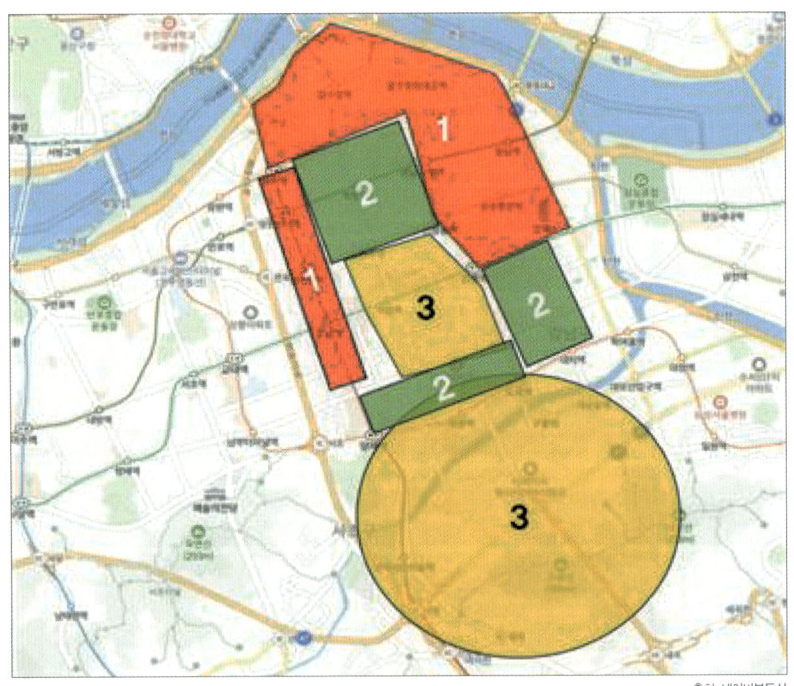

출처: 네이버부동산

– 강남역 대로변 / 테헤란로 라인과 테헤란로 북쪽 / 대치동 학
  원가

• 강남 2급지: 지도에서 초록색 부분

– 테헤란로 남쪽, 논현동, 도곡동

• 강남 3급지: 지도에서 노란색 부분이며, 양재역 남쪽

– 역삼동 빌라촌, 양재역 남쪽, 개포동, 일원동, 자곡동 일대

위 강남 급지에 대한 이해도를 높이고 2단계 투자 시에 50억 원 정도의 강남 2, 3급지로 입성하는 전략을 추천한다. 그러나 '강남에 50억 이하 빌딩이 있기나 해?'라고 의구심을 가질 수도 있다. 다음 네이버부동산 자료를 보면 2025년 12월 18일 기준으로, 상단 탭에 50억 원까지 가격설정을 했을 때의 건물 목록이다.

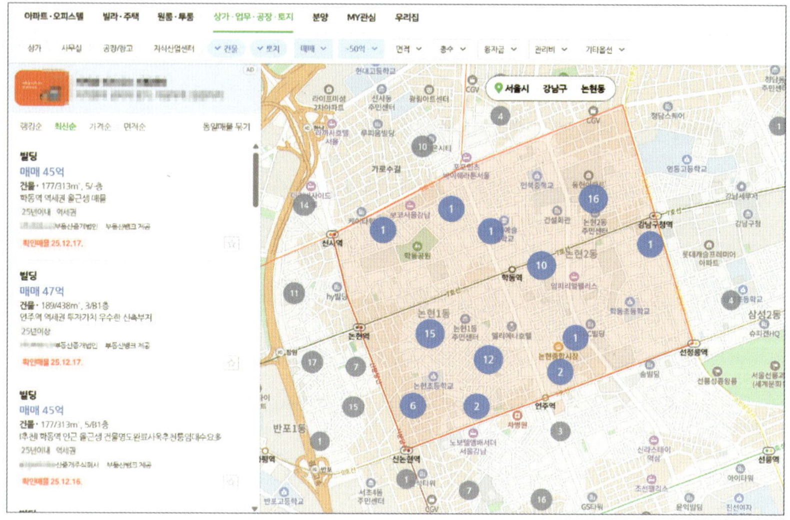

출처: 네이버 부동산

　　시드머니와 현금흐름이 좋음에도 불구하고 막연히 강남 건물주는 너무 먼 그대라고 생각했다면 바로 손품사이트를 들어가 나에게 맞는 빌딩이 있는지 찾아보자.

3단계 이젠 강남으로

　　이제는 강남 1급지 100억 건물 자산가의 길로 올라서는 단계다. 이 단계에서부터는 가속도가 붙어 부자가 된다. 처음 건물 매입은 어려웠으나 한 번 사고 나면 두 번째부터는 건물 사는 속도가 더욱 빨라진다. 이는 나와 건물이 맞벌이한 효과다. 나는 아프면 일도 못하지만 건물은 365일 24시간 나를 위해 일해준다. 단계가 갈수록 내 자산과 현금흐름이 불어나는 속도는 빨라지며 다음 건물 매수 기회 역시 더욱 빠르게 찾아온다.

　3단계부터는 건물 사는 속도가 1, 2단계보다 빨라진다. 이제부터는 쌓인 경험과 불린 자산을 기반으로 강남 1급지로 입성해야 한다. 1급지는 위 지도에서 봤듯이 공식적, 심리적 1급지다. 강남 건물주로 입성했다면 이후부터는 돈으로 건물을 사는 단계가 아닌 건물로 건물을 사는 단계가 된다. 상승된 자산에서 추가 대출을 일으키고 그동안 모은 돈을 합쳐 다음 건물을 매수할 수 있는 것이다. 이제부터는 건물의 엑시트가 핵심 목표가 아닌 장기 보유 및 강남 건물을 추가매수하는 것이 목표가 되어야 한다.

　예전부터 강남부자들은 부동산에 잘 투자해서 부자가 된 것이 아니라 안 팔아서 부자가 됐다는 말도 있듯이 대한민국 1급지 강남은 대대손손 물려주는 자산인 것이지 파는 자산이 아니다. 이제는 어엿한 강남 부동산 부자로서의 반열에 오른 당신이다. 여기서부터는 진정한 자산가의 삶을 살자. 이제부터는 건물을 늘리는 것에 집중하고 자녀에게 안전하게 증여하는 법과 부동산법인 운영 노하우에 대해 공부하자. 평생 안전한 미래와 노후가 보장될 것이다.

투자금이 없다고?
머니는 모으는 것이 아니라
만드는 것이다

앞에서 가족 간 공동투자라는 방법을 설명했다. 나 역시 강남 건물 매입 당시 시드머니가 현저히 부족했음에도 불구하고 다양한 방법을 강구해 돈을 만들어낼 수 있었다. 머니가 없다고 지레 포기하지 말자. 투자금을 만드는 다양한 방법이 있음을 소개하고자 한다. 다음 사례를 하나 살펴보자.

성수동 꼬마빌딩 사례

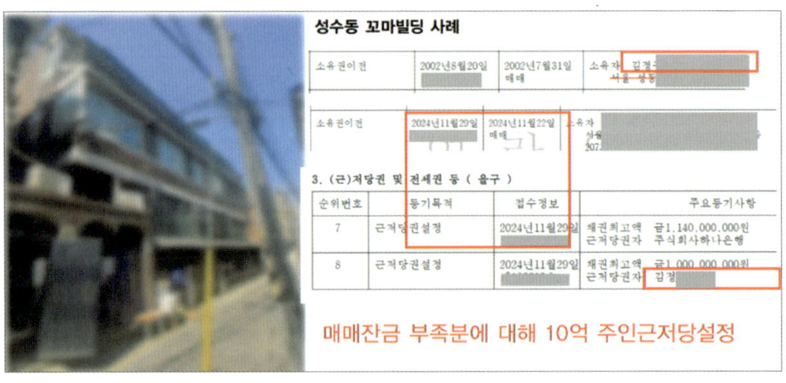

성수동 꼬마빌딩 사례

소유권이전	2002년8월20일	2002년7월31일 매매	소유자 김경○ 서울 성동○		
소유권이전	2024년11월29일	2024년11월22일 매매	소유자 상○ 207○		

3. (근)저당권 및 전세권 등 (을구)

순위번호	등기목적	접수정보	주요등기사항		
7	근저당권설정	2024년11월29일	채권최고액 금1,140,000,000원 근저당권자 주식회사하나은행		
8	근저당권설정	2024년11월29일	채권최고액 금1,000,000,000원 근저당권자 김경○		

이 사례는 매매잔금이 부족했던 사례다. 그러나 이 부족분에 대해 주인이 돈을 늦게 받는 방식으로 10억 원 주인 근저당을 설정했다. 매도자의 사정에 의해 또는 협의에 의해 종종 이런 식으로 거래되는 건들도 있다.

건물을 살 때 온전히 돈을 모아서 사는 사람은 없다. 다양한 방법으로 돈을 만들어 낼 수 있는 방법에 대해 살펴보자. 우선 자신의 시드머니부터 알아야 한다. 상담 오는 분들을 보면 자신의 시드머니가 정확히 얼마인지 모르는 이들이 생각보다 많다. 건물 투자를 하기 위해서는 우선 나의 시드머니가 얼마인지 제대로 알아야 한다.

내가 현금 1억 원과 대출 없는 자가 10억 원 아파트가 있다면 당신의 시드머니는 1억 원일까? 아니다. 당신은 최대 7억 원까지 시드머니를 만들 수 있는 사람이다. 건물을 매입할 때 현금 1억 원과 자가 아파트를 담보로 7억 원 정도를 만들 수 있기 때문이다. 아파트는 KB시세 60% 내외로 활용할 수 있다(기 대출 융자가 있다면 포함해서 60%). 즉, 시드머니를 만들기 위해서는 본인의 자산 중 담보 가능한 품목부터 체크해야 한다.

여기저기 흩어져 있는 돈부터 모아보고 내가 만들 수 있는 진짜 시드머니와 내 주변 그리고 금융권을 통해 융통 가능한 금액에 대해 크게 내 돈, 남의 돈, 공동의 돈으로 나누어 살펴보자.

① 내 돈: 흩어져 있는 내 돈 모으기

우선 통장에 있던 현금과 주식이나 코인으로 흩어져 있는 자산이 얼마인지 파악하자. 당신이 아파트 등 다른 부동산이 있다면 여기서 얼마까지 대출이 가능한지 확인하거나 또는 그 집을 전세를 놓고 더 작은 전세나 월세로 들어가 투자기간을 버텨낼 수 있다. 만약 투자한 꼬마빌딩의 월세가 높다면 충분히 거주하는 집 월세까지 낼 수 있다. 그래서 내 집을 전세 놓고 목돈을 만들어볼 수 있다.

② 남의 돈: 개인 간 대차계약

나도 부족한 시드머니를 가족과 지인을 통해서 조달했다. 이렇게 가족 또는 지인으로부터 돈을 빌릴 수 있는데, 이럴 때는 대차계약서를 필수로 작성해야 하고 이자도 별도로 지급해야 안전하다. 잘못하다가는 가족 간 증여로 증여세를 물 수도 있으니까 미리미리 방지를 위한 장치를 마련하자.

가족이 아닌 지인한테 돈을 빌리기 위해서는 신용이 가장 중요하다. 말이나 행동만이 아닌 서류상의 신용으로 보여줘야 한다는 것이다. 대차계약서를 철저히 작성하고 상환계획 및 이자지급을 미루지 않아야 하며, 소유한 부동산이 있다면 저당권 설정을 해주어야지만 더욱 믿음을 줄 수 있다(상대가 내게 돈을 빌리러 왔을 때도 같은 상황이다. 근저당 설정 시 "우리 사이에 무슨 근저당이야" 이런 사람이라면 절대로 돈을 빌려주지 말자. 갚을 생각이 없는 사람이다).

그리고 가족 돈이든 지인 돈이든 남의 돈을 빌릴 때는 조금 뻔뻔해지자. 우리는 확실한 자산에 투자하기 때문이다. 일단 꼬마빌딩 매입이라는 목적을 달성했다면 추후 갚는 방법은 다양하게 존재한다. 매달 받는 월세 중 나눠서 상환할 수도 있고, 수년 후 재감정을 받아 추가대출을 통해 상환할 수도 있다. 대기업도 처음에는 작은 가게에서 시작했다. 처음부터 돈이 많았던 사람이나 기업은 없다. 작은 꼬마빌딩부터 시작하는 것이 중요하다. 또한 만약 당신 주변에 가족이나 지인 간 찬스를 쓸 수 있다면 적극적으로 활용을 하되 다만 정확히 상환을 하자.

③ 공동의 돈: 공동투자

공동투자의 경우는 한 번에 선호지역에 들어갈 수가 있다는 장점이 있다. 예를 들어, 나의 시드머니가 1억 원밖에 안 된다면 당연히 서울외곽에만 투자가 가능하지만 4~5명이 모이면 서울 진입도 가능하다. 그래서 공투는 좀 더 좋은 입지로 들어오는 장점이 있다. 또한 여럿이 모였을 때는 인력 레버리지로 서로 부족한 부분을 금전으로든 지식으로든 채울 수 있다. 그러나 사람이 많아질수록 의견도 분분해지고 투자기간 중 각 상황이 달라지는 사람도 생길 수 있으니 공동투자는 5명 이하로 할 것을 권장한다. 또한 공투 계약서를 명확히 쓰고 시작해야 한다는 점을 기억하자.

꼬마빌딩 체크리스트

꼬마빌딩 과연 무엇을 보고 사야 할까? 내가 못 바꾸는 것을 먼저 보고, 바꿀 수 있는 것은 나중에 봐야 한다. 과연 부동산에서 인간이 물리적으로 바꿀 수 있는 것은 무엇이며, 못 바꾸는 것은 무엇일까? 바로 지역, 도로, 면적, 역과의 거리, 경사 등일 것이다. 이것은 부동산이 태생부터 가지고 있는 것으로, 인간의 노력으로는 바꾸기 힘든 부동산의 고유한 DNA, 즉 입지다.

그렇다면 바꿀 수 있는 것은 무엇인가? 바로 건물의 외관, 임차 구성, 임대료, 명도, 승강기 유무, 건물의 용도 등이다. 즉, 꼬마빌딩을 볼 때 다양하게 고려해야 하는 많은 요소 중에서 무엇부터 우선순위로 두어야 할지에 대한 기준이 있어야 한다.

부동산은 첫째도 둘째도 셋째도 입지다. 언제나 입지를 먼저 보아야 한다. 이는 부동산이 가진 두 가지 특성 때문이다. 바로 첫째, 부증성(더 이상 늘어날 수 없음), 둘째, 부동성(이동할 수 없음)이다. 옮길 수도 늘어날 수도 없는 부동산이기 때문에 입지 선택의 중요성은 아무리 강조해도 지나치지 않는다. 하지만 근생빌딩의 경우 입지만 보아서는 안 된다. 그 건물이 속해 있는 상권과 주변환경도 매우 중요한 요소다.

성공적인 투자를 위해 반드시 체크해야 할 입지와 관련된 사항들을 따져보면 다음과 같다. 마지막에 첨부한 체크리스트를 통해 현장 임장에서 점수표를 매겨보자.

① 지역

지역을 선정하는 것은 매우 중요하다. 자신의 시드머니가 정해졌으면 다음으로는 지역을 한정해서 빌딩을 찾아야 한다. 시드머니 규모에 따라 그리고 본인의 현금흐름에 따라 서울 핵심지, 서울 중급지, 서울 외곽 또는 경기도 상급지, 경기도 중급지 등으로 지역을 정해 두고 물건을 찾아야 한다. 당연히 서울 핵심지로 갈수록 거래가 활발하고 환금성도 높기 때문에 본인의 자금과 현금흐름에서 가능하다면 가장 상위의 입지로 들어가는 것이 중요하다. 지방에 거주하더라도 가급적 거래가 활발한 위치의 건물을 매입하는 것이 좋다.

② 교통

지하철과 버스정류장 등 대중교통의 근접성은 고객 유입에 필수다. 단순히 편리함을 넘어 유입 인구의 양과 질을 결정한다. 상업용 빌딩은 역으로부터 도보 7분이 넘어가면 선호도가 서서히 줄어들기 시작하며 15분이 넘어가면 유동인구가 눈에 띄게 줄어든다. 지하철역 도보권(통상 5~7분 이내)에 위치한 빌딩은 유동인구가 많아 공실 위험이 낮고 임대 수요가 안정적이다. 교통이 좋을수록 음식점, 카페, 병원, 학원, 사무실, 프랜차이즈 등 다양한 업종 유치 가능성이 높아져 공실 리스크가 낮아진다. 유동인구, 업종 구성, 공실 위험, 매각 차익까지 모두 교통과 직결되기 때문에 지하철 도보 5분 이내는 무조건 프리미엄 요소로 작용한다.

③ 도로조건

상업시설은 대로변이 가장 활성화되어 있고 이면도로로 서서히 확장된다. 주요 도로와의 연결성이 중요하며 주동선과 연결된 도로라인에서부터 건물가격이 오르기 시작한다. 건물과 접해 있는 도로의 폭은 6m 이상이 좋다. 차량 두 대는 여유롭게 지나가야 하기 때문이다. 아무리 좁은 도로라도 최소 4m 이상은 되어야 한다. 그 이하의 도로는 건물 신축 시 건축선(후퇴선)의 영향을 받아 건축할 수 있는 대지가 줄어든다. 또한 도로폭이 좁으면 공사 시 대형 차량 진입이 어려워 자재 반입이 수월하지 않아 그로 인한 공사기간 및 비용이 추가될 수 있다.

건물 앞뒤로 두 개의 도로를 접한 양도로빌딩이나 정면과 측면으로 두 개의 도로를 접한 코너빌딩 역시 편리성과 접근성이 높은 우수한 도로조건의 입지다. 같은 블록 내에서도 코너 입지는 10~20% 이상 시세가 높다. 추가적으로 일방도로보다는 양방향 도로가 좋고, 도로 중 자동차 흐름 중심 도로는 가시성은 좋지만, 보행객 유입은 낮으니 주의해야 한다.

④ 가시성

대로변이나 코너자리는 누구나 가시성이 뛰어나다는 것을 알고 있다. 그럼 다음 그림에서 가시성이 좋은 위치는 어디일까? 바로 A이다. 대로변으로부터 B가 접근성은 높지만 가시성은 A가 더 좋다. A, B 둘다 코너자리여도 가시성이 높은 A입지가 더 장사가 잘 되는 입지다.

꼬마빌딩의 입지는 영업이다. 꼬마빌딩은 가만히 서 있는 것 같지만 지나가는 이들에게 하루 종일 영업을 하고 있다. 좋은 입지는 입점된 브랜드가 잘 노출되게 하며, 많은 사람들이 유입될 수 있게 하기 때문에 매출과 직결된다. 꼬마빌딩의 가시성은 매우 중요하므로 잘 따져봐야 한다. 다음은 가시성이 좋은 꼬마빌딩 입지다.

가시성이 좋은 위치

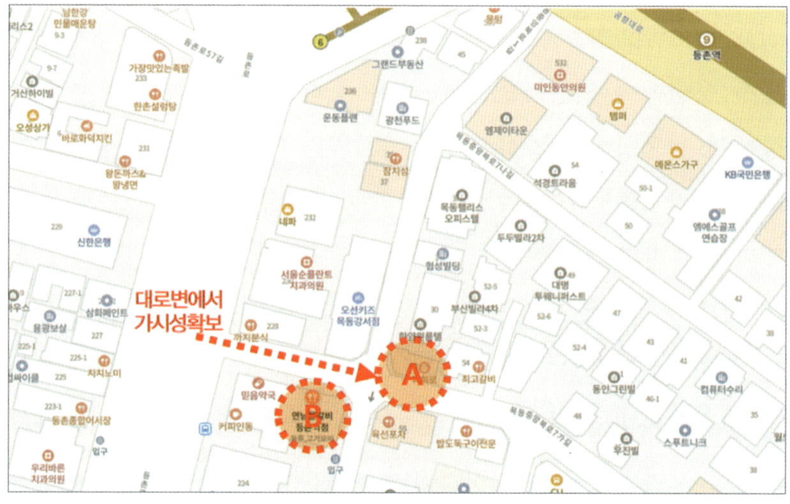

대로변: 버스, 차량, 보행자 모두의 시야에 가장 잘 띄는 위치다. 간판 설치 가능 공간이 넓고, 층별 광고 효과도 매우 크다(이면도로의 상층부 간판 노출도는 낮은 편이다).

지하철 출입구 인접: 사람들의 동선이 집중되는 장소다. 시선 주목도가 높고 브랜드 매장 입점 확률도 매우 높다.

코너(모퉁이) 위치: 2개 도로에 접해 있어 노출면이 많고 시야 확보가 좋음 특히 통행량 많은 골목과의 교차점이면 더 유리하다.

횡단보도 앞: 보행자 정체 구간이라 자연스럽게 시선이 머무른다.

버스정류장 앞: 대기 인구로 노출 시간 증가 광고 및 브랜드 인지 효과가 탁월하다.

⑤ 용도지역: 법적 요건 및 규제 사항

대한민국의 모든 토지에는 '용도지역'이라는 꼬리표가 붙어 있다. 상가나 사무실로 쓸 토지인지 집을 지을 토지인지 또는 농사를 짓거나 공장을 지을 토지인지 등을 모두 구분해놓았다는 것이다.

위 표와 같이 용도지역에 따라 '상업지 〉 공업지 〉 준주거 〉 주거3종 〉 주거2종 〉 주거1종' 순으로 가격이 높다. 당연히 상업지의 경우 상업시설 활성화를 위해 높은 용적률, 건폐율, 주차장 일조 등에서 건축법들이 완화 적용되어 있다. 주거지역은 주거 쾌적성을 높이기 위한 일조권이나 주차확보 등으로 건축규제가 강해 상업지와 대비된다.

그래서 상업용 빌딩은 높은 건폐율과 용적률을 적용받는 상업지나 준공업지 또는 준주거지역에 있을 때 가장 사업성이 좋다. 2020년 꼬마빌딩 개발 붐이 일며 상업지가 아닌 주택가 안쪽까지 상업용 꼬마빌딩이 많이 지어졌다. 이런 곳은 유동인구가 적고 가

	건폐율	용적률
1종 전용주거지역	50%	100%
2종 전용주거지역	40%	120%
1종 일반주거지역	60%	150%
2종 일반주거지역	60%	200%
3종 일반주거지역	50%	250%
준 주거지역	60%	400%
중심 상업지역	60%	1,000%(사대문 안 800%)
일반 상업지역	60%	800%(사대문 안 600%)
근린 상업지역	60%	600%(사대문 안 500%)
유통 상업지역	60%	600%(사대문 안 500%)
전용 공업지역	60%	200%
일반 공업지역	60%	200%
준 공업지역	60%	400%
보전 녹지지역	20%	50%
생산 녹지지역	20%	50%
자연 녹지지역	20%	50%

시성 확보가 어려워 상가로서의 매력이 낮다.

강남의 경우는 블록마다 지하철라인이 빼곡하게 자리잡고 있어 주택가에 지어진 상업용 건물에 대한 수요가 어느 정도 있지만 강남과 같은 특수지역이 아닌 일반적인 지역의 경우 주거지에 자리 잡고 있는 상업용 빌딩은 투자매력이 낮다. 현재 저층의 건물이

더라도 상업지 등의 용도지역이라면 추후 건물을 높게 올려 수익률을 높일 수 있다.

⑥ 지형지세

지형지세는 유동인구 흐름에 영향을 준다. 특히 오르막길은 사람들이 꺼리는 경로다. 사람들은 '경사' 하나로도 멀게 느끼는 심리적 거리감을 가진다. 100미터라도 오르막이 있으면 300미터처럼 느껴진다. 유사 조건일 경우 평지 쪽 상권으로 쏠림 현상이 발생한다. 특히 여름철, 겨울철에는 더 피하게 되며 같은 거리라도 오르막이 있는 쪽은 유동인구가 확연히 줄어든다. 예를 들어, 홍대·연남동에서 홍익여고 방향의 오르막길은 상가 매출이 저조한 편이며, 반대로 평지나 내리막길 라인은 유동인구와 체류율이 높다. 또한 오르막길은 가시성 문제가 있는데 오르막에서는 건물이 시야에서 사라지거나 왜곡되기 쉽다(예를 들어, 눈높이보다 아래에 위치한 상가는 눈에 잘 띄지 않음).

⑦ 대지형태

꼬마빌딩의 대지모양도 매우 중요하다. 장방형·정사각형 토지는 용적률 소진이 용이하고, 법적 건폐율·용적률을 최대로 활용할 수 있어 연면적 확보에 유리하다. 부정형 토지는 구석이나 뾰족한 부분이 생겨 층별 면적 효율이 떨어지고, 주차장, 계단실, 엘리베이터 공간 배치가 비효율적일 수밖에 없다. 또한 건축구조가 단순한 장방형에 비해 설계비 및 시공비 상승이 발생한다. 특히 꼬마빌딩에서 가장 선호하는 가로 장방형 토지는 보통 도로와 긴 변이 접하고 있어 가시성 및 출입편의성이 높다. 상가 간판노출 및 차량 진입, 주차 동선이 유리하다.

⑧ 북향 & 북도로

길을 가다보면 계단이나 사선 모양으로 건물이 깎여 있는 것을 종종 볼 수 있다. 이것은 주거지역에서 일조권사선제한을 적용받은 건물들이다. 용도지역이 상업지, 준공업지, 준주거 지역이라면 상대적으로 이를 덜 적용받아 건물이 깎이지 않고 곧게 올라간다. 이때 주거지역이더라도 북향 또는 북도로에 접해 있다면 일조권사선제한을 거의 적용받지 않아 깎이지 않고 면적에 이득을 볼 수 있다. 면적이 넓다는 것은 수익률이 좋다는 의미이기도 하다.

⑨ 공원, 천川 등 자연환경적 요인

쾌적한 자연환경이나 문화시설과의 접근성이 좋다면 역시 대체불가능한 입지로 각광받을 수 있다. 대형공원을 접한 서울숲길, 한강공원 인근 망리단길, 경의선 숲길 연트럴파크, 북악산과 고궁을 낀 안국동에서 삼청동 등이 그것이다.

자연환경적 요인, 즉 공원, 하천(천변), 산책로, 녹지와 같은 주변 자연 요소는 단순히 미관을 넘어서 임대 수요, 업종 경쟁력, 자산가치에 큰 영향을 미친다. 특히 서울과 같은 고밀도 도시에서 자연 친화적 입지는 희소성이 높아 프리미엄이 붙게 된다.

공원과 접한 곳은 이용자의 체류시간이 길고, 재방문율이 높다. 뷰View 프리미엄에 따라 동일 면적이라도 10~30% 이상 임대료 차이가 난다. 자연환경이 스트리트 상권과 결합될 때 시너지가 극대화되는데, 공원이나 하천 옆으로 산책 겸 소비를 유도하는 라이프스타일형 상권이 형성되기도 한다(예를 들어, 반려동물 카페, 플랜테리어plant + interior샵, 문화공방 등 콘셉트 상업시설 유치에 용이하다).

⑩ 개발호재 유무

꼬마빌딩 입지를 평가할 때 개발호재(교통망 확충, 재개발 계획, 비즈니스 중심지나 산업단지 개발 등) 유무는 매우 중요하다. 교통, 편의시설, 업무환경 등이 개선되면 당연히 유입인구와 유동인구가 증가하며 자연히 임차수요도 증가하기 때문이다. 꼬마빌딩에서 특히 주목해야 할 개발호재는 다음과 같다.

교통망 확충: 역신설, 지하철 연장, GTX 노선, 버스환승센터 등 → 유동인구 증가 및 접근성 향상

재개발·재건축 구역: 정비구역 지정, 조합설립 등 단계별 진행 → 생활환경 개선 및 인구 유입

업무지구 개발: 산업단지, 복합환승센터, 스마트밸리 등 → 고정 수요층 창출, 평일 상권 강화

도로 및 기반시설 개선: 진입도로 확장, 공원 조성, 공공기관 및 학교신설 → 환경 및 가치 상승

주의할 점은 수년째 보류 중인 철도 연장, 민간개발 무산 등

'가짜 호재'일 수도 있으니 계획만 있고 실현 가능성 낮은 호재에 속지 않아야 한다. 또한 이러한 호재성 투자의 경우 단기 매각이 아닌 5~10년 이상 장기보유 시 시세차익 실현이 가능하다.

호재 초반에 투자: 리스크는 있지만 가장 큰 시세차익 가능

호재 중반에 투자: 안정성이 높으나 이미 가격에 선반영된 호재라면 가파른 가격상승보다는 공사진행에 따라 꾸준히 상승함

호재 완공 직후 투자: 이미 상승한 시세와 임대료 때문에 매입 시 큰 차익실현이 어려움

따라서 내가 매입하려는 건물 주변에 재개발, GTX 신설 등 다양한 개발 호재가 있는지 확인해봐야 한다.

⑪ 주차

꼬마빌딩의 입지를 따져볼 때 주차시설의 중요성은 과거보다 훨씬 더 커졌다. 특히 강남, 성수, 마포, 영등포 등 상권 밀집지역이나 자가용 이용률이 높은 지역에서는 임차인 유치나 공실 리스크 관리에 있어서 주차는 핵심 요인 중 하나다.

특히 병원, 의원, 학원, 미용실, 사무실 등 고객 체류형 업종인 경우나 자차 이용률 높은 고소득층 대상 업종의 경우에도 주차가 불편하면 임대문의 자체가 줄어든다. 임차인 유치 경쟁력을 위해 많은 업종에서 주차는 필수 조건이다. 임대료 역시 동일 조건에서도 주차 가능 여부로 월세 5~15% 이상의 차이가 발생하며 특히

2대 주차자리가 확보된 경우, 고급 업종이나 브랜드 테넌트 유치에 더 유리하다. 또한 법정주차 기준 이상 확보 시 추후 리모델링, 증축 시에도 유리하다.

⑫ 주동선 내에 위치

유동인구는 상권 발전에 매우 중요한 지표다. 즉, 유동인구는 한 지역에 얼마나 많은 사람들이 이동하고 있는지를 나타내는 지표로 소비 잠재력을 반영한다. 이에 내가 투자하려는 건물 주변에 유동인구가 많을수록 상권의 발전 가능성이 높다. 앞에서 소개한 '나이스비즈맵' 또는 '서울시 상권분석시스템'을 통해 유동인구 수치 및 주동선, 부동선을 쉽게 확인할 수 있다. 서울시의 경우 '서울시 상권분석시스템'을 통해 주동선, 부동선뿐 아니라 주중, 주말, 연령별, 시간대별로 분류해서 확인이 가능하다.

다음 체크리스트는 출력해서 건물 임장 시 현장에서 체크하는 것이 좋다. 특히 1~8번은 개인의 노력으로 바꾸기 어려운 부분이니 우선적으로 따져야 한다. 건물을 찾아볼 때는 우선순위를 정해서 체크리스트로 확인하는 것이 기본이다.

그러나 모든 입지조건을 다 갖춘 건물을 만나는 것은 매우 어렵다. 이 때문에 몇 가지 장점을 최대한 살리고 무리한 단점이 없는 영리한 입지조건을 찾는 노력이 필요하다.

빌딩 입장 시 현장에서 확인해야 할 체크리스트

구분	점수(1~5)	비고
① 속한 지역(급지)		서울, 수도권
② 교통		지하철, 버스와의 거리
③ 도로폭		6m 이상(최소 4m 이상)
④ 가시성		대로변, 코너자리
⑤ 용도지역		상업지역, 준공업, 준주거, 주거3종, 2종, 1종 순
⑥ 지형지세		오르막은 배제
⑦ 대지형태		장방형, 20평 이하의 협소토지 배제
⑧ 향		북향 선호
⑨ 주차장		주차장 유무, 또는 주변 주차장 유무
⑩ 건물상태		누수, 결로, 옥상방수 상태
⑪ 승강기		승강기 유무
⑫ 조망		조망 or 영구조망 유무
⑬ 불법 건축물		불법 건축물 유무 확인
⑭ 유동인구		오가는 사람들이 많은가?
⑮ 동선		주동선 내에 위치했는가?
⑯ 공실률		매입 빌딩 및 빌딩 주변 공실률
⑰ 주변환경		공원, 한강 인접 여부, 뷰 프리미엄 유무
⑱ 개발호재		국가나 민간의 개발계획 유무
합계		

돌다리 7대 원칙,
꼬마빌딩 매입 전 반드시 확인하라!

빌딩은 개별성이 강하고 복잡한 문제도 많기 때문에 매입 전 반드시 주요사항들을 체크해야 한다. 다음에서 추천하는 7가지 항목만 잘 체크해도 전문가처럼 건물을 매입을 할 수 있다. 다음 순서대로 '매임등건토대건'을 체크한다면 큰 실수 없이 안전하게 건물주가 될 수 있다.

매: 매각사례 / 매도빈도 / 매각사례

매입하고자 하는 건물이 속한 곳의 매매관련 사례를 다음 세 가지로 나눠 살펴볼 필요가 있다.

① 매각사례(나의 빌딩과 주변빌딩)

소개받은 매물 개요 및 특징, 과거 매매 이력, 대출 여부 등을 꼼꼼히 살펴봐야 한다. 이를 위해서는 등기부등본을 발급받아 확인해야겠지만, 최근에 건물 투자 앱이 등장하면서 손쉽게 매물 정

출처: 밸류맵

보를 확인할 수 있다. 소개받은 건물의 가격이 적절한지도 역시 확인해야 하는데 밸류맵, 디스코 어플리케이션을 통해 평당 매매가격을 살펴봄으로써 시세대비 또는 입지대비 매입가의 적절성을 판단해볼 수 있다.

② 매도빈도

3~5년치 매도빈도가 활발해야 한다. 이것은 추후 환금성과도 연결되는 부분이다. 상급지나 핵심 상권일수록 매도빈도가 활발한 것을 확인할 수 있다.

③ 매각사유

매입하려는 꼬마빌딩이 속한 빌딩지역의 팔린 건물의 매각사례를 분석해야만 엑시트에 좀 더 유리해진다. 지역노후화로 신축 건물이 귀해서 팔렸는지, 수익률(현금흐름)이 높아서 팔렸는지, 리모델링을 위한 목적으로 팔렸는지 등 매각사례를 분석해서 매각 시 어떠한 전략으로 엑시트를 할지에 대해 매입 전에 미리 방향을 정해봐야 한다.

임: 임대사례

① 임대수익률

주변건물 임대료 수준 및 공실률 확인이 필요하다. 임대수익률은 곧 건물값을 결정하기 때문에 임대료 수준 및 내 건물을 포함해서 주변빌딩의 공실률이 많은지 등을 꼭 확인해야 한다. 신축이나 리모델링과 구축의 임대료 차이도 안다면 추후 리모델링을 할 때 얼마나 수익률을 올릴 수 있는지도 예상할 수 있다. 다음 두 가지 반드시 체크하자. 첫 번째, 주변 상권은 어떻게 바뀌었는지? 두 번째, 향후 공실 가능성이 있는지를 고민해야 한다. 현장답사를 통해 주변 공실률 역시 필수로 체크해야 한다. 공실이 많다는 것은 상권이 죽어 있다는 것이며, 이 경우 임차인에게 선택지가 많아 결국 임대가격을 낮출 수밖에 없다.

② 임대시세

매입하려는 건물 주변의 임대료 시세를 파악해야 한다. 이를 통해 매입하려는 건물의 월세가 주변 건물 임대료 시세 대비 높은

지 낮은지를 확인해야 한다. 만약 주변 대비 임대료가 너무 높게 책정되었다면, 매입 후 임대료 상승 여지가 없다. 이와 반대로 낮게 책정되었다면 향후 임대료 상승을 통해 건물가치를 상승시킬 수 있다. 인근 임대료 시세는 네이버 부동산에서 확인할 수 있다.

> **TIP 매각사례와 임대사례에서의 비교대상**
>
> 매각사례와 임대사례에서 비교대상은 그 지역 전체가 아니다. 역세권이더라도 대로변과 이면은 가격 차이가 많이 나기 때문이다. 건물을 비교할 때는 건물과 같은 블록 또는 동일도로 라인의 건물이 비교 데이터로서 가장 유의미하다. 만약 그 안에 비교대상이 없다면 조금 더 범위를 벌려 현황(역에서 거리, 코너, 신축 또는 구축 등)을 고려해 가감적용해야 한다.

등: 등기부등본

부동산 등기부등본은 소유권·근저당·임차권·가압류 등 권리관계가 모두 표시된 이력서와 같다. 등기부등본은 크게 표제부, 갑구, 을구로 나눌 수 있는데, 표제부에는 건물의 기본 정보가, 갑구에는 소유자의 관한 사항이, 을구에는 소유권 이외 사항이 있다. 간혹 실질 소유주인 아버지가 병환으로 아들이 대리계약을 하는 경우가 있는데 진위 여부 등을 꼼꼼히 따져야 한다. 또한 압류, 가압류, 경매개시결정 등 법적소송이 진행 중이거나 복잡한 권리관계가 얽힌 건물의 경우 반드시 해당권리 말소 후 매매이전하거나 전문가의 자문을 통해 다시 한 번 더 꼼꼼하게 확인하자.

등기사항전부증명서(말소사항 포함)
- 토지 -

고유번호 2601-████████

[토지] 서울특별시 성북구 ████

【 표 제 부 】		(토지의 표시)			
표시번호	접 수	소 재 지 번	지 목	면 적	등기원인 및 기타사항
1 (전 1)	2000년2월8일	서울특별시 성북구 ████	대	155.7㎡	
					등기기록 과다로 인하여 부동산등기법 제33조의 ██

【 갑 구 】		(소유권에 관한 사항)		
순위번호	등 기 목 적	접 수	등 기 원 인	권리자 및 기타사항
1 (전 15)	소유권이전	2023년11월30일	2023년 ██ 매매	소유자 ████ 서██ 302 매매목록 ████
				등기기록 과다로 인하여 부동산등기법 제33조의 규정에 의하여 순위 제1번 등기를 이기 2024년6월11일

【 을 구 】		(소유권 이외의 권리에 관한 사항)		
순위번호	등 기 목 적	접 수	등 기 원 인	권리자 및 기타사항
1 (전 26)	근저당권설정	2023년11월30일 제████	2023년11월27일 설정계약	채권최고액 금2,5████ 채무자 주식회사██ 서울특별시 성██ 302호(삼선동1████ 근저당권자 주식███████ 서울특별시 중██ (동소문로금██)

열람일시 : 2025년09월19일 15시48분10초

1/2

건: 건축물대장

건축물대장은 주로 건축물에 관한 사항을 본다. 토지의 용도지역뿐만 아니라 건폐율, 용적률, 사용용도 등에 대해 명시되어 있다. 특히 위반건축물 유무를 확인할 수 있다. 위반건축물이 있으면 매입 시 대출이 안 되니 주의하자. 간혹 등기부등본과 건축물대장이 표시사항이 다르다면 소유자에 관한 사항은 등기부등본을, 건축물의 표시사항은 건축물대장을 기준으로 보면 된다.

일반건축물대장(갑) 예시

■ 건축물대장의 기재 및 관리 등에 관한 규칙 [별지 제1호서식] <개정 2023. 8. 1.>

일반건축물대장(갑)

(2쪽 중 제1쪽)

건물ID	2020231053	고유번호	11200114	명칭		호수/가구수/세대수	5호/0가구/0세대

| 대지위치 | 서울특별시 성동구 성수동1가 | 지번 | | 도로명주소 | 서울특별시 성동구 |

※대지면적	102 ㎡	연면적	288.2 ㎡	※지역	준공업지역	※지구		※구역	
건축면적	61.2 ㎡	용적률 산정용 연면적	288.2 ㎡	주구조	철근콘크리트구조	주용도	제1종근린생활시설	층수	지하: 층, 지상: 5층
※건폐율	60 %	※용적률	282.55 %	높이	25.27 m	지붕	(철근)콘크리트	부속건축물	동 ㎡
※조경면적	㎡	※공개 공지·공간 면적	㎡	※건축선 후퇴면적	㎡	※건축선후퇴 거리			m

건축물 현황					소유자 현황			
구분	층별	구조	용도	면적(㎡)	성명(명칭) 주민(법인)등록번호 (부동산등기용등록번호)	주소	소유권 지분	변동일 변동원인
주1	1층	철근콘크리트구조	제1종근린생활시설(소매점)	43.4	주식회사ㅇㅇ	서울특별시 1층, 2층(ㅇ	1/1	2024.7. …
주1	2층	철근콘크리트구조	제1종근린생활시설(소매점)	61.2	110111-8******			소유권이전
주1	3층	철근콘크리트구조	제1종근린생활시설(소매점)	61.2		- 이하여백 -		
주1	4층	철근콘크리트구조	제1종근린생활시설(소매점)	61.2	※ 이 건축물대장은 현소유자만 표시한 것입니다.			

이 등(초)본은 건축물대장의 원본내용과 틀림없음을 증명합니다.

성동구청장

발급일: 2025년 2월 18일
담당자:
전 화:

※ 표시 항목은 총괄표제부가 있는 경우에는 적지 않을 수 있습니다.

297㎜×210㎜[백상지 80g/㎡]

토: 토지이용계획확인서

우리나라 전국의 토지는 각각의 용도, 즉 쓰임이 정해져 있다. 각각의 용도지역으로 지정되어 있다면 그 용도로만 사용해야 한다. 지구단위계획구역이나 정비구역 재개발지역으로 묶여 있다면 개별개발이 용이하지 않다. 만약 신축 등을 고려한다면 반드시 꼼꼼하게 사전 검토해야 한다. '역사문화 보존지역'이거나 공동개발

토지이용계획확인서 예시

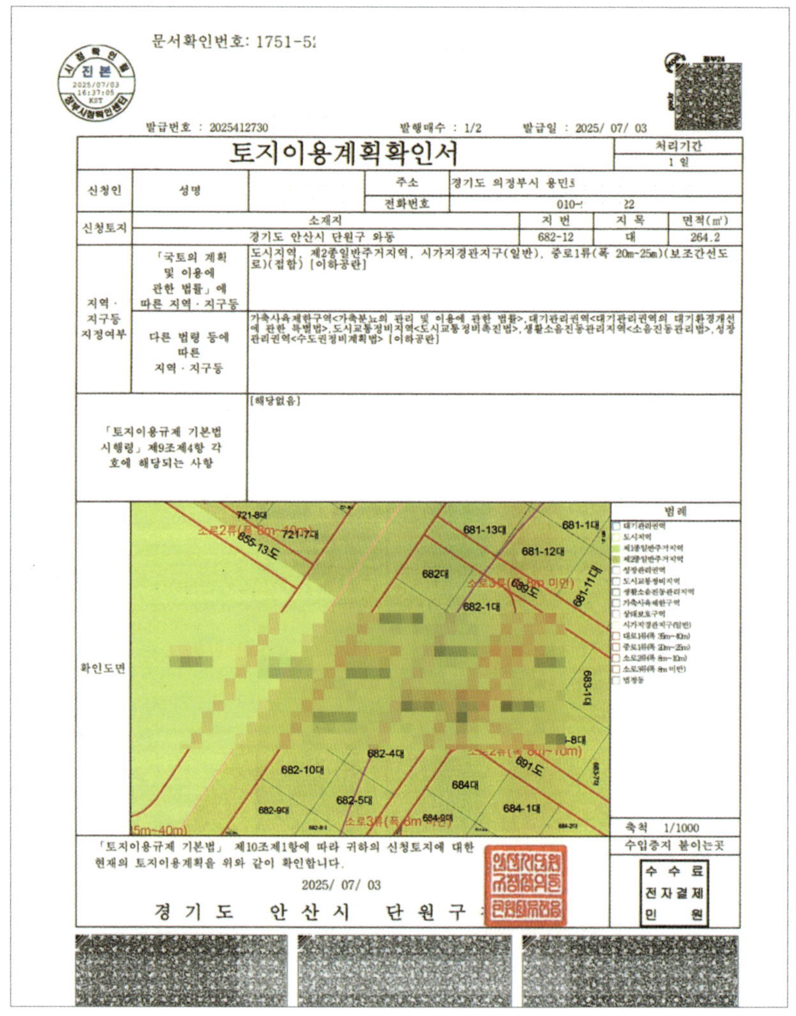

'지정'인지 단어 하나에 따라, 아예 개발이 불가능할 수도 있다. 또한 내 땅임에도 일부 도로로 쓰이고 있거나 인접 토지에서 경계를 넘어와 있을 수도 있다. 꼬마빌딩 신축 시 건축선(후퇴선)을 적용받아 수익률이 낮아질 수도 있다. 해당 내용의 전문적인 지식이 부족하다면 지역구청 담당부서나 건축사를 통해 반드시 확인하자.

대: 대출확인

건물을 전액 자기자본으로 사기가 어렵기 때문에 매입 전 미리 대출 여부에 대해 확인해야 한다. 대출은 언제나 매매가가 아닌 감정가를 기준으로 나오기 때문에 은행에 탁상감정가(비용 무료)를 의뢰하고 대출액을 확인해야 한다. 그러나 이 또한 잔금 시점에서 변동이 있을 수 있어 너무 타이트하게 금액으로 맞추지 말고 약간의 여유를 두고 매입자금 계산을 하는 것이 좋다. 그리고 은행은 다다익선이니 대출받을 때 주거래은행만 믿지 말고 전국구로 은행을 비교하는 것이 유리하다.

건: 건축사

리모델링이나 신축을 목적으로 한다면 비용이 들더라도 반드시 사전에 건축사에게 확인해야 한다. 도로법, 일조권 사선제한, 주차장법 등 건축 규제에 따라 수천만 원 또는 수억 원이 날아갈 수도 있기 때문이다. 비용이 들더라도 매입 전 반드시 건축사를 통해 확인하자(이 과정에서 건물과 땅을 보는 수준도 상당히 올라가기 때문에 수업료라고 생각하자).

명도에도 전략이
필요하다

궁중족발 사건을 기억하는가? 임대인과 임차인의 갈등이 심해지자 결국 도끼까지 들어 언론에 대서특필이 되었던 궁중족발 사건은 굉장히 오래된 일이지만 많은 이들이 기억할 것이다. 명도의 극단적인 단편을 보여주는 사건이었다. 건물주 입장에서는 골칫덩어리 임차인일 수 있지만 임차인에게는 생계가 달려 있는 사업장이다. 입장 바꿔 보면 참으로 마음 아픈 일이지만, 건물주 입장에서도 큰돈이 들어가는 사업이기 때문에 명도는 힘들지만 어쩔 수 없는 숙명이다.

그래서 명도는 건물 투자에 있어 난이도가 상당히 높은 부분이라고 할 수가 있다. 특히 상업용 건물의 경우 더욱 그렇다. 대안이 많은 주택과 달리 상가는 대안이 많지가 않고 장기간 한 터에서 자리잡고 오래 장사를 했기에 단골과 권리금이 형성되어 있기 때문이다. 그렇다면 어려운 꼬마빌딩의 명도는 대체 어떻게 하는 것이 좋을까?

무조건 전 건물주가 명도해야 한다

생판 모르는 사람이 건물주 됐으니 나가 달라 하면 어느 누가 반감을 갖지 않을 수 있을까? 그래도 일면식이 있는 전 건물주가 건물의 사정으로 인해 나가달라고 부탁하는 것이 가장 유리하다. 그래서 건물 매입 과정에서 전 건물주가 명도를 안 해주면 건물가격을 깎아야 한다. 명도 과정은 고단하기도 하고 권리금, 이사비 등 비용이 많이 나갈 수밖에 없기 때문이다.

권리금을 챙겨주라

오랜 기간 장사를 하게 되면 당연히 프리미엄이 붙게 된다. 그 권리금은 온전히 임차인의 노력으로 만든 권리이므로 포기하라는 말은 당연히 반감을 사게 되고, 협의가 안 될 수밖에 없다. 반드시 권리금을 챙겨주어야 하고 심지어 상가임대차보호법 10년을 적용받아 법적으로 내보낼 수 있는 상황에서도 권리금을 어느 정도 챙겨 주는 것이 서로 빠르게 협의할 수 있는 방법이다.

최대한 소문 안 나게 조용하게 처리하라

건물이 팔렸다는 소식은 최대한 소문이 안 나게 진행해야 한다. 건물의 하자에 의한 공사 등으로 퇴거를 요구하는 방법이 가장 적절하다. 건물을 매매한다는 소식이 세입자들한테 들어가는 순간 과도한 비용을 요구할 수 있다. 지인 건물주의 경우 10평남짓 커피숍에서 1억 원이 넘는 권리금을 무리하게 요구해 골치를 앓았다는 이야기도 들은 적이 있다. 그래서 건물 보러 갈 때도 너무 티 나게 보지 말고 최대한 조용히 임장해야 한다. 임차인에게 티가 나게 임장을 하는 것은 즉시 건물이 매매됨을 알리는 것이고, 이후 상황이 순탄치 않을 수 있기 때문이다.

건물과 헤어질 결심, 354공식

건물 투자의 핵심은 헤어짐이다. 영화 〈헤어질 결심〉처럼 처음부터 헤어질 결심을 하고 건물을 만나야 한다. 뭐? 아직 건물을 사지도 않았는데, 헤어질 결심을 하라니 이게 무슨 말인가?

부동산은 주식보다 환금성이 떨어지지만 엑시트 전략 없는 건물 매입 역시 환금성이 매우 떨어진다. 우리가 1단계 투자를 거쳐 2단계로 성장하기 위해서는 투자금, 즉 시드머니가 묶여 있지 않아야 한다. 1단계 투자에서 시드머니를 불려 넥스트로 넘어가려면 잘 헤어지는 것은 필수다. 첫 번째 건물을 어떻게 하면 잘 엑시트할 수 있을지 그리고 어떤 건물이 엑시트가 잘 되는 건물인지에 대해 살펴보자.

엑시트가 잘 되는 354 공식

이제부터는 잘 헤어지기 위한 354공식을 소개한다. 시장에서 가장 잘 매각되는 수익률은 4%다. 그렇다면 4% 건물이 나오게 세

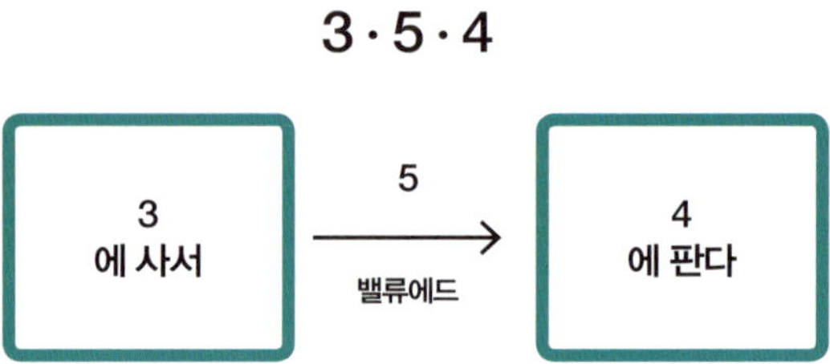

팅이 가능한 건물이어야 한다는 뜻이다. 354공식은 쉽게 말해 3%의 건물을 사서 5%로 밸류업한 후 4%에 팔라는 뜻이다. 이게 무슨 말이냐고? 위 내용을 이해하기 위해서는 건물가격을 구하는 공식인 '수익환원법'을 알아야 한다.

수익환원법에 의한 건물가격 = (연 임대료 / 요구수익률)+보증금

예를 들어, 연 임대료 2억 원에 보증금 2억 원인 서울의 건물가격을 계산해보자. 2억 원을 3.5%로 나누고, 2억 원을 더하면 59억 원이다.

지역별 요구수익률

- 서울 강남 2%(신축 3%)

- 강남 외 서울 3.0~3.5%

- 서울 외 수도권 4.0~4.3%

- 수도권 외 지방 5~6%

수익환원법에 의한 건물가격을 알기 위해서는 지역별 요구수익률을 알아야 한다. 그래야만 해당지역에서 매각 가능한 수익률을 맞출 수 있기 때문이다.

> **TIP** 보증금은 생략한다. 상업용 빌딩에서 보증금 비율은 3% 이하로 매우 낮기 때문에 빠른 계산을 위해 연 임대료와 요구수익률만 체크하자.

다음 도식을 보면 서울의 60억 원 건물로 3% 수익률(연 1억 8,000만 원 임대료)이 발생한다. 그런데 이 건물과 잘 이별하려면 5% 수익률인 연 3억 원(60억 원 × 5%)의 임대료 건물로 '1억 2,000만 원 추가(월 1,000만 원)'를 만들 수 있어야 한다. 그렇게 세팅되었을 때 75억 원(연 임대료 3억 원 / 4%)짜리 건물로 헤어질 수 있다는 이야기다.

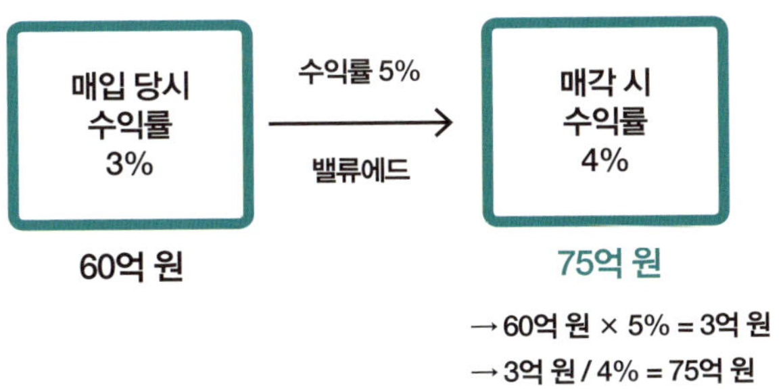

60억 원 × 2% = 1억 2,000만 원 (월 1,000만 원)

354는 기본포맷이며 지역별 요구수익률에 맞춰 공식이 바뀐다.

강남 243 　　　　 서울 외 수도권 465

서울 354 　　　　 지방 687

요구수익률이 세 번째 자리에 와야 하며, 두 번째 자리는 첫 번째 자리보다 +2% 높은 수치다. 내가 매입하고자 하는 건물이 이와 같은 수익률로 세팅이 가능한지 검토하자. 예를 하나 더 들어 보자. 경기도 부천의 20억 원 꼬마빌딩은 현재 수익률 4%다. 이 공식에 적용하여 적절한 매매가를 산정해보자.

경기도 부천 지역의 건물을 요구수익률 5%에 맞춰 465로 세팅한다.

· 현 임대료는 연 8,000만 원(20억 x 4%)

· 6%인 연 1억 2,000만 원으로 임대료 세팅(연 4,000만 원, 월 330만 원 임대료 추가 세팅)

· 1억 2,000만 원 / 5%(지역 요구수익률) = 24억 원에 매각

첫 번째 자리와 두 번째 자리, 세 번째 자리를 정리하면, 첫 번째 자리는 '매입 당시 수익률'이다. 두 번째 자리는 첫 번째 자리에 2를 더한 값이다. 건물주가 올려야 할 수익률을 +2 이상으로 생각하면 더 좋다. 그것은 건물주의 능력이다. 세 번째 자리는 지역의 요구수익률이다.

다시 정리해보자. 내가 건물을 살 당시보다 2% 이상 수익률을 올

릴 수 있는지를 검토해야 한다. 엑시트에 유리한 조건이 되려면 매입 후 2% 이상 수익률을 올릴 수 있는 건물이어야 한다는 말이다. 이제 다음 부분에서 어떻게 +2%의 수익률을 만들 수 있을지 354 공식이 가능한 전략을 살펴보자.

354공식을 위한
엑시트 전략 6가지

어떻게 +2% 수익률을 만들 수 있을까? 가장 소극적인 방법부터 알아보자. 다음은 매입 당시 3% 수익이 나오는 30억 원 건물의 사례다.

매입 당시 3% 수익이 나오는 30억 원 건물 사례

연도	예상NOI	Cap Rate (매입가 30억 원 기준)
0년차	9,000만 원	3.00%
3년차	약 1억 500만 원	3.50%
5년차	약 1억 1,500만 원	3.85%
7년차	약 1억 3,000만 원	4.33%
10년차	약 1억 4,700만 원	4.90%
11년차	약 1억 5,300만 원	5.10%

위의 표처럼 3% 수익률의 30억 원 건물은 연 9,000만 원의 임대료가 나온다. 이 건물을 매년 갱신 시점에 5%씩 임대료를 올리게 되면 10년이 되는 시점 매입가격 기준 5% 수익률인 1억 5,000만 원이 임대료가 된다. 그 시점 4%의 수익률에 맞춰 38억 원 정도에 매각할 수 있다.

즉, 사서 10년간 들고 있다가 팔되 매년 임대료를 5%씩 올린다면 10년이 되는 시점에는 +2%의 수익률이 가능해진다. 그러나 보다 적극적인 방법으로 10년보다 빠르게 매각할 수 있다. 이제부터 요구수익률에 맞춰 잘 헤어질(엑시트) 수 있는 다양한 방법에 대해 알아보자.

싸게 사야 한다

모든 부동산을 빠르게 매각하기 위해서는 시세보다 저렴하게 내놔야 하는데 그러기 위해서는 처음부터 싸게 사야 한다. 싸게 사면 좋은 가격에 팔 수도 있지만 또 한 가지 좋은 점이 있다. 경기변동에 따른 가격 하락이나 고금리 구간이 와도 안전하게 버틸 수 있는 힘이 된다. 나 역시 강남 건물을 급매로 잡을 수 있었기에 고금리 기간에도 버틸 수 있었다. 일단은 싸게 사는 것이 시장에서 경쟁력 있는 가격으로 팔 수 있게 해주고, 경제 위기 후 회복 구간까지 버티는 데에도 부담을 크게 덜어 준다.

그렇다면 건물을 어떻게 싸게 살 수 있을까? 많은 이들이 경매라고 생각할 수 있는데 나의 생각은 조금 다르다. 상업용 건물의 경우 보통 월세로 이자를 감당하는데 이렇게 이자 감당이 안 되어 경매까지 넘어간 건물 대부분은 입지가 떨어진다. 보통 상업용 건물의 입지가 보통 수준만 되어도 대부분은 임대료를 낮추거나 렌트프리 기간을 길게 제공하는 노력을 통해 경매까지 가지 않고 불경기를 버텨낼 수 있다. 그러나 이자를 감당하지 못할 정도로 경매 시장까지 나왔다는 것은 대부분 장사가 안 되는 입지일 가능성이 높다. 이러한 건물은 경매로 낙찰받아서 다시 시장에 내놔도 그다지 희망적이지가 않다. 그렇다면 경매가 아니어도 건물을 싸게 살 수는 없을까?

• 사정에 의한 급매잡기

다음은 매도자의 사정에 의해 급매가격으로 시장에 나오는 경우들이다.

① **상속으로 인한 급처분** 100억 원의 건물을 상속받은 자녀의 상속세는 약 40억 원이다. 죽음은 준비 없이 찾아온다. 아무리 부자여도 수십억 되는 현금을 보유하고 있는 사람은 많지 않다. 상속세는 사망일 이후 6개월 안에 납부해야 한다. 이러한 경우 대부분 급매로 처분할 수밖에 없게 된다.

② **무리한 투자로 급처분** 2021년, 2022년 건물 불장(고속 상승 시기) 당시 법인으로 공격적인 건물 투자를 하는 사례가 많았다. 그러나 이후 고금리와 불경기로 인한 공실률이 높아졌다. 부동산 임대법인의 경우 자본 잠식으로 재무건정성이 낮아져 대출 연장이 안 되는 법인들은 매각을 진행할 수밖에 없고 역시 급매로 처분할 수밖에

없다.

③ 건물주의 금전문제로 급전이 필요한 경우 잘나가던 사람도 잘나가던 회사도 갑자기 위기가 찾아올 수 있다. 이럴 때는 법인의 자산을 매각하여 빚을 충당해야 하며 이때 사옥매각을 급하게 추진하는 경우가 있다. 법인파산, 장사폐업 등으로 사옥이나 매장으로 사용하던 건물들이 시장에 저렴하게 나오기도 한다(늘 자산은 매각을 염두에 두어야 하기 때문에 자가 사용 목적으로 이면도로 안쪽 건물을 매입하면 안 된다. 매각에 유리한 건물이 되도록 유동인구와 가시성 높은 입지가 최우선이다).

④ 법적문제(세금체납 , 소유자간 소송, 가압류 등)

⑤ 연말에 법인 매수매도가 활발하다(법인세 절감을 위해 법인들의 건물 매입 또는 사옥 갈아타기가 많다).

⑥ 대출이 적게 나오는 건물 다가구 상가주택의 경우 상업용 건물보다는 시세가 저렴하다. 주택은 취득세(12%) 가 높지만 잔금 전 주택을 근생빌딩으로 용도변경 후 매입하면 취득세(4.6%)를 낮출 수 있다. 근린생활시설 중 일부(노유자시설 등)은 타 시설 대비 대출이 낮다. 이런 건물 역시 반드시 용도변경을 통해(음식점, 업무시설 등) 대출 비율을 높여 매입해야 한다.

• 손품을 통한 급매 찾기

꼬마빌딩의 경우 20년 이상(업계에서는 10년) 된 건물의 건물값은 치지 않는다. 건물은 완공 순간 감가상각이 들어가기 때문에 땅값으로 가치를 판단하면 된다.

① **밸류맵** https://www.valueupmap.com/

밸류맵 첫 화면은 굉장히 복잡하다. 장기간의 거래사례와 매매, 경매 등이 혼재되어 있기 때문이다. 이제부터 우리에게 유의미한 정보만을 남겨보자.

'3년치 실거래'와 '매물' 두 개의 탭만 남겨 둔다. 이렇게 해두면 다음 정보가 한눈에 들어온다.

- 거래 사례 많고 적음
- 유의미한 최근 거래 사례와 현재 매가를 비교
- 가격의 추세선 파악 및 한눈에 가격비교하기

그리고 나서 상단에 '단가/토지/평'으로 탭을 설정 후 살펴보자.

출처: 밸류맵

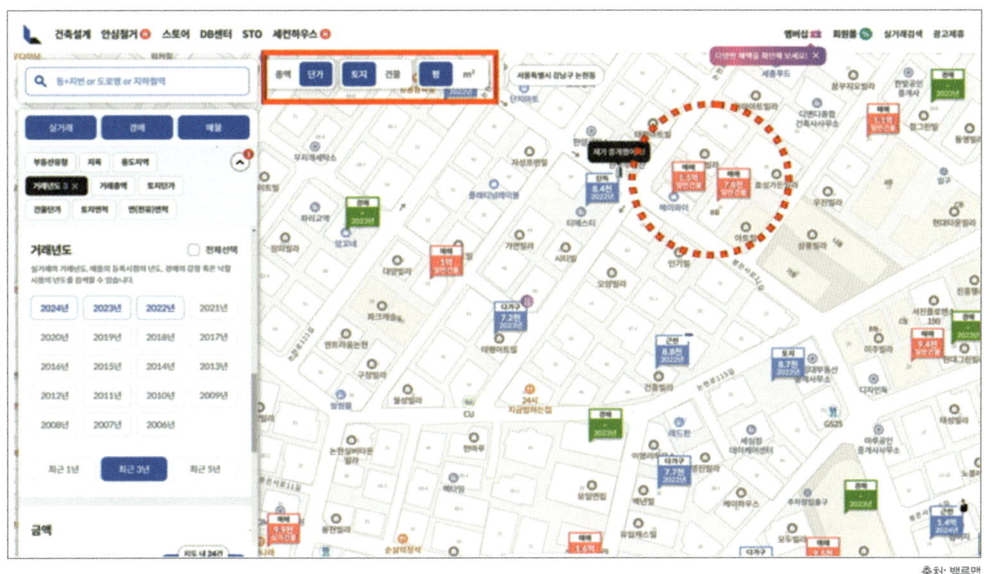

출처: 밸류맵

빨간 캡션의 건물들이 매매로 나온 건물들인데 평단가가 한눈에 들어와 가격비교하기가 훨씬 수월해진다. 동그라미처럼 같은 블록 인접 건물임에도 가격이 확연히 차이가 난다면 자세히 살펴볼 필요가 있다.

② **네이버 부동산** https://land.naver.com/

첫 번째, 네이버 부동산 첫 화면에서 상단에 '상가/업무 공장' 탭 클릭한다. 모든 부동산이 섞여 있기 때문에 건물로 소팅한다.

출처: 네이버 부동산

두 번째, '건물/토지' 탭만 남기고 나머지는 지운다. 구분상가, 사무실 등은 모두 지우고 건물, 토지만 남긴다.

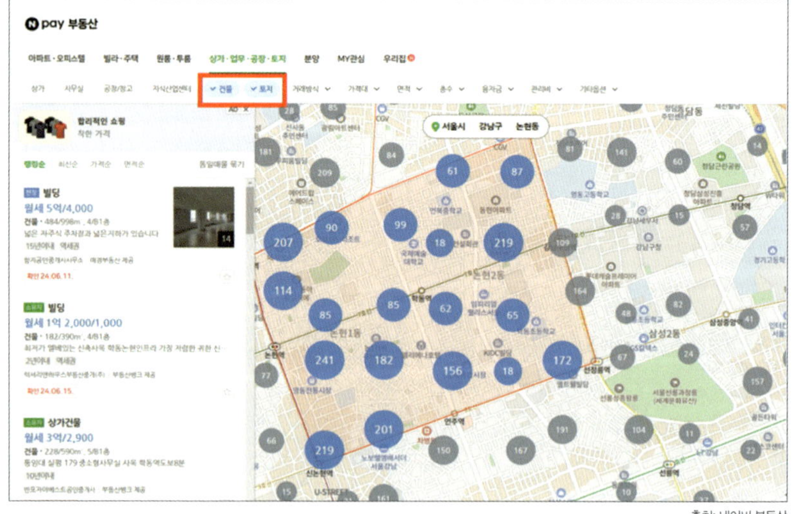

출처: 네이버 부동산

세 번째, '거래 방식'은 매매, '금액대' 범위를 설정한다. 임대, 매매 등 거래 방식에서 매매로 설정 후 본인 자금에 맞는 금액대의 건물로 범위를 설정한다.

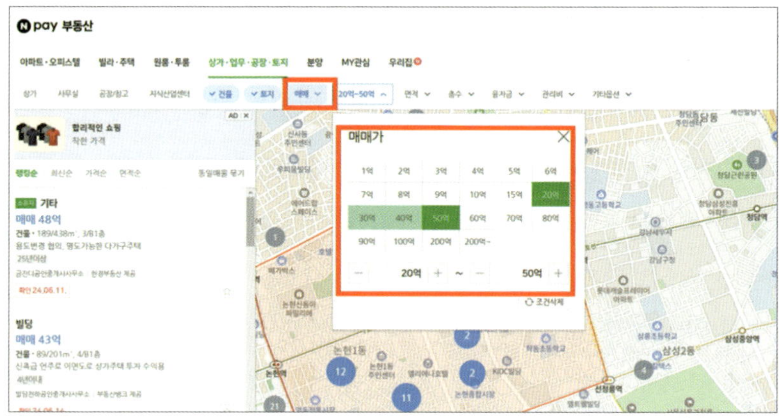

출처: 네이버 부동산

네 번째, '급매' 탭을 설정한다. 급매로 설정하면 물건이 확 줄며 시세 대비 저렴한 건물이 한눈에 들어온다.

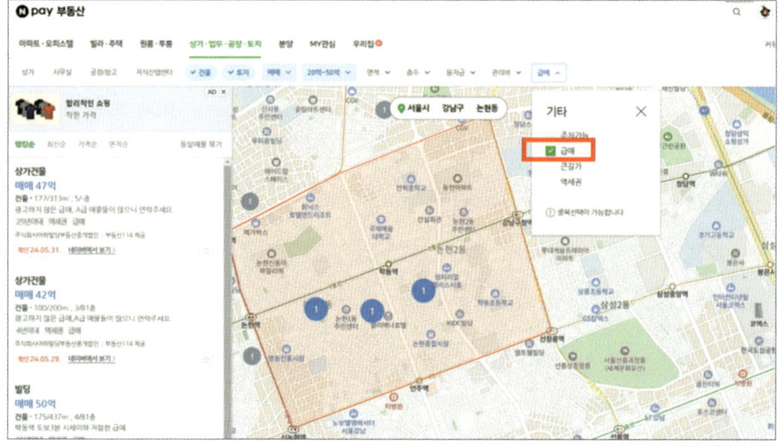

출처: 네이버 부동산

공략할 지역 임장을 다니다 보면 토박이 부동산을 만나게 된다. 이때 할아버지 한 분 앉아 계신다고 들어가기 뻘쭘해 하지 말고 꼭 들어가보자. 동네 원주민과 형 동생하며 돈독한 관계로 집안 사정까지 훤하게 알고 계신 분일 수도 있다. 그런 분이라면 확실히 얼굴 도장을 찍고 오자. 그리고 건물 매입에 대한 강력한 의지와 구체적인 현 상황과 보유한 금액까지 이야기하면 더 좋다. 그리고 그 동네 건물주가 되면 주변 건물 관리소장님들과 커피 한 잔 사가서 인사도 드리고 친해지면 좋다.

꼬마빌딩 관리소장님들은 대부분 건물주와 직접 소통하기 때문에 건물주의 사정을 공유받을 수 있다. 나도 강남 건물 주변 관리소장님과 청소이모님과의 관계가 돈독하다. 그리고 그분들을 통해 건물주 사정을 의외로 많이 듣게 된다. 혹시 급하게 처리하는 건물이 된다면 정보를 살짝 흘려줄 수도 있다. 인연이 어디서 어떻게 시작될지 누가 알겠는가?

뜨는 상권에 투자하기

건물과 잘 헤어지기 위한 두 번째 방법으로 변동성이 높은 뜨는 상권에 주목해보자. 꼬마빌딩은 속한 상권의 영향을 많이 받아 받는다. 건물이 속한 상권의 유동인구가 늘어나면 상권의 가격도 그에 비례해서 올라간다. 강남구 상권의 경우 꾸준한 지속상승이 있고 안정성이 높지만 가격이 높다. 꾸준하게 지속적으로 성장하지만 드라마틱한 변동성은 없다. 하지만 과거 10년 데이터를 보면 오히려 강남구보다 성동구나 금천구의 상승률이 더 높다. 최근 10년 기준으로 강남구 110% 상승, 성동구 약 400% 상승, 금천구 약 200% 상승했다(한국부동산원통계). 두 상권은 강남보다 더 빠르게 성장한 대표적인 상권이라고 볼 수 있다. 강남 건물주로 가기 위해서는 보다 빠른 상승곡선을 그리는 투자지역에 주목해야 한다.

그래서 우리는 제2의 성수동이 될 만한 입지를 발견해야 한다. 성수동 연무장길, 아뜰리에길의 경우 상권이 생기기 전 대부분 창고나 공장이었고 유동인구 없는 저조한 가격대 지역이었다. 그러나 현재는 연무장길 메인길의 경우 평당 4억 원을 넘어가고 있으며 국내외 엄청난 유동인구를 자랑하는 핫플레이스가 되었다. 그러나 이렇게 성장하는 데 걸린 시간은 불과 5년 내외다.

다음 밸류맵 거래 사례에 따르면 2019~2020년 연무장길 메인길은 평당 7,000~8,000만 원, 이면은 3,000~5,000만 원 수준이다. 만약 이러한 변동성을 예측했더라면 우리는 지금 어땠을까? 아마도 이 책을 읽고 있지 않을 것이다.

출처: 밸류맵

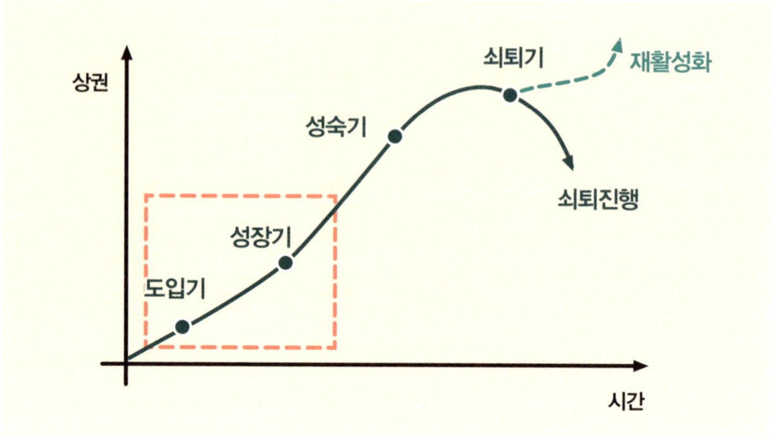

하지만 희망이 있다. 이처럼 뜨는 상권이 될 만한 곳의 변화를 예측하여 가격이 오르기 전에 선점할 수 있도록 노력해보자. 추후 높은 가격으로 매각할 수 있을 것이다. 그러나 이러한 상권을 선점하기 위해서는 상권에 대한 공부와 꾸준한 상권 임장을 통해 자신만의 데이터를 쌓아야 하고 확신을 가질 수 있어야 한다. 그렇다면 상권에 대한 이해를 높이기 위해 상권 생애주기 곡선에 대해 알아보자.

위의 그래프와 같이 하나의 상권은 수명주기가 있으며 도입기, 성장기, 성숙기를 거쳐 쇠퇴기로 접어들게 된다. 각각의 특징에 대해서 보다 자세히 살펴보면 다음과 같다.

• 상권의 생애주기 곡선

① **도입기** 상권이 조성되는 시기로 임대료가 저렴함. 영세하지

만 개성 있는 가게나 공방 등이 하나둘씩 생겨나지만 아직 유동인구가 많지는 않다. 하지만 트렌드 리더들의 SNS 등을 통해 입소문이 나기 시작하며 트래픽이 조금씩 생기기 시작하는 단계다.

② **성장기** 상권의 발전(잠재) 가능성이 많은 상권으로 맛집과 감성카페가 많아지면서 식음료 상권을 시작해 트래픽이 점점 증가하는 게 눈에 보이는 시점이다.

③ **성숙기** 이미 활발하게 형성되어 있는 상권으로 유동인구가 많아지면서 대기업의 브랜드숍들이 들어오기 시작한다. 한동안 상권의 활황을 띠며 각종 임대문의가 많아지고 이때부터는 건물주들은 임대료를 올리며 높아진 임대료를 버티지 못하는 영세상인들은 쫓겨나는 젠트리피케이션이 발생한다. 특색 있던 임차인은 사라지고 인지도 높은 브랜드 상권으로 변모하며, 기존에 갖고 있던 독특한 개성이 사라진다. 사람들은 흥미를 잃고 서서히 유동인구가 감소하기 시작한다.

④ **쇠퇴기** 더 이상 발전 가능성은 희박하다.

재활성화된 상권은 쇠퇴가 진행되면서 만약 지역이 재활성화되면 다시 성장기, 성숙기가 도래하게 된다. 그렇지 않은 경우 쇠퇴기 말기로 진행된다.

위와 같은 상권 생애주기 단계에서 내가 추천하는 타이밍은 상대적으로 저렴한 시기인 '도입기~성장기 초기'에 진입하여 '성숙기 전 엑시트'하는 전략이다. 여기서 포인트는 엑시트 타이밍이다. 그렇다면 어떻게 성숙기를 알 것인가? 상권의 성숙기를 구분하는 방법은 위에서 언급한 대로 알 만한 대기업 브랜드들이 하나 둘씩 자리 잡기 시작한 때다. 그렇다면 성숙기로 접어들었다는 의미로 받아들이고 슬슬 엑시트를 준비해야 한다.

대기업 수준의 임대료를 내줄 만한 넥스트 임차인이 없어진다는 것은 다시 말해 임대료가 정체되고 건물가격 또한 정체된다는 뜻이기 때문이다. 여기서 많은 이들이 망설인다. 조금 더 기다리면 건물가격이 더 오를 것 같기 때문이다. 그러나 유혹에 넘어가지 말자. 앞서 말한 대로 성숙기라는 타이밍을 볼 수도 있지만 그 기준을 금액으로 잡을 수도 있다. 대략 내 시드머니가 100% 정도(시드머니가 5억 원에서 10억 원이 되는 시점) 성장했을 때 엑시트를 준비하고 다음 단계로 옮겨 타는 것을 추천한다.

그런데 이렇게 뜨는 상권은 어떻게 찾을 수 있을까? 상승률이 두드러지는 지역을 찾기 위해서는 프롭테크 툴을 적절히 활용하고 SNS 활성도를 추적 관찰하며 현장 임장을 자주 다녀야 한다. 지인과 약속을 잡을 때 익숙한 장소가 아닌 뜨는 상권으로 잡는 습관을 통해 미리 서너 시간 전에 사전답사하여 임장이 생활화될 수 있도록 노력하자. 뜨는 상권의 감感을 잡을 수 있는 방법을 몇 가지 추천한다.

• 상권 확인 가능한 프롭테크 추천

① 서울시 상권분석시스템

서울시에서 제공하는 사이트로 서울상권 중 뜨는 상권을 알려

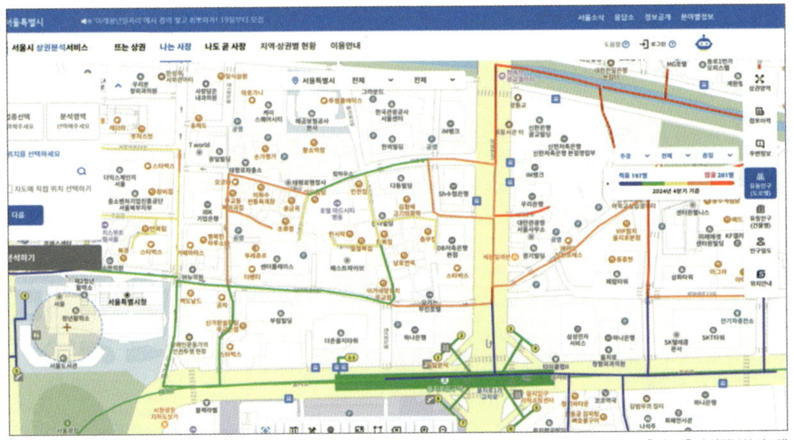

출처: 서울시 상권분석 시스템

주기도 하고 유동인구 집중지역을 일자별 시간별로 확인할 수 있다. 붉은색일수록 주동선이며 상권이 살아 있고 파란색일수록 반대가 된다.

② 네이버 지도

네이버 지도를 보면 어떤 곳은 살구색으로 보이고, 어떤 곳은 하얀색으로 보인다. 이는 검색량이 많은 곳일수록 살구색으로 변

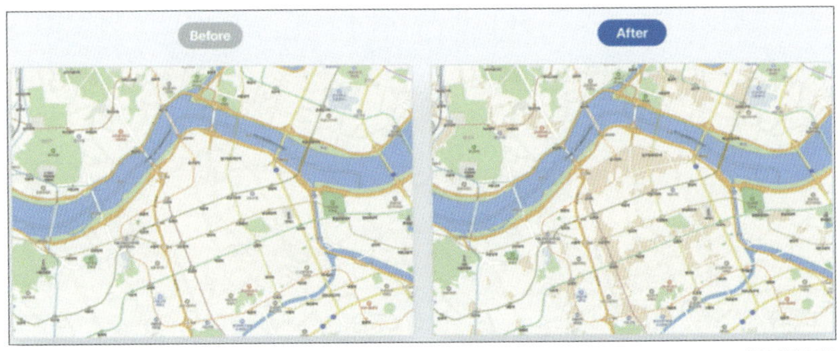

출처: 네이버 지도

한다.

다음 성수동 상권이 뜨면서 뚝섬역까지 상권이 확장되었고, 기존에는 지도에서 흰색으로 보이던 곳들이 최근에 붉은색으로 많이 바뀌었다.

뚝섬역까지 상권이 확대된 모습

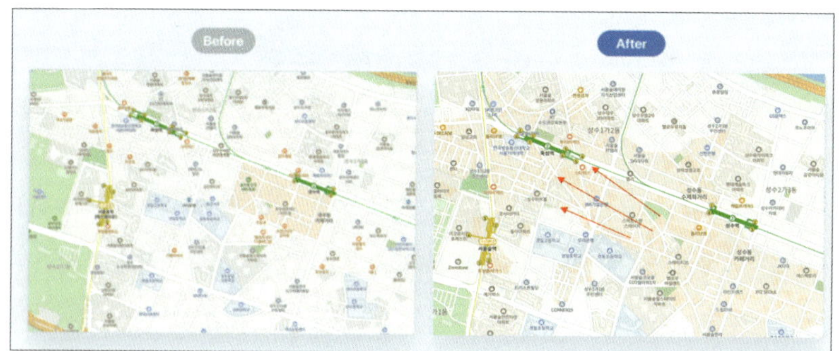

출처: 네이버 지도

③ 네이버 데이터랩

대한민국 국민이 가장 많이 사용하는 검색엔진인 네이버의 데이터랩으로도 뜨는 상권의 관심도를 추적관찰할 수 있다. 검색량이 서서히 증가하고 있다면 그래프에서 우상향하는 모습이 나타난다. 데이터 기간은 2016년부터 약 10년 정도의 데이터를 볼 수가 있다.

몇 가지 상권을 데이터랩에서 살펴보자. 현재 젠트리피케이션을 맞고 하향곡선을 달리고 있는 가로수길의 경우 2018~2025년 월간 검색량을 보면 지속적으로 하향곡선을 그리고 있다.

가로수길 검색량

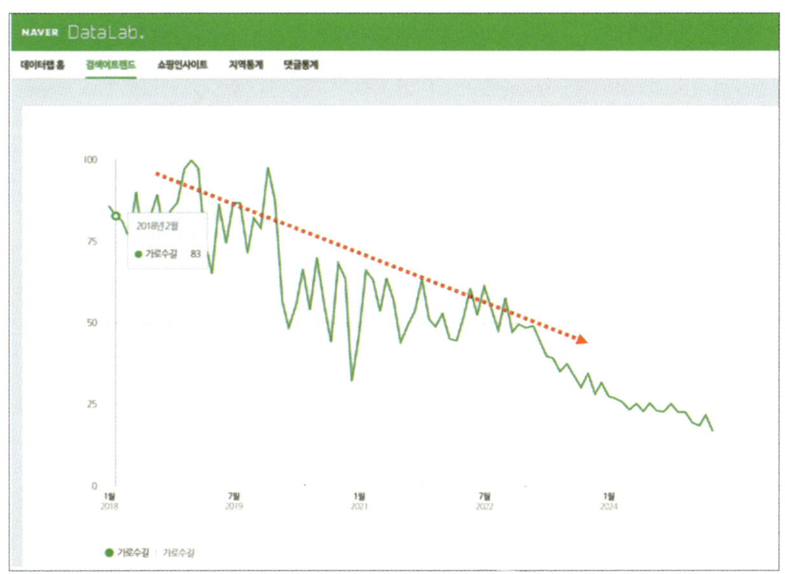

출처: 데이터랩

가로수길 검색량의 경우 동기간 성수동 연무장길과 비교 시 확연히 차이가 난다.

연무장길 검색량

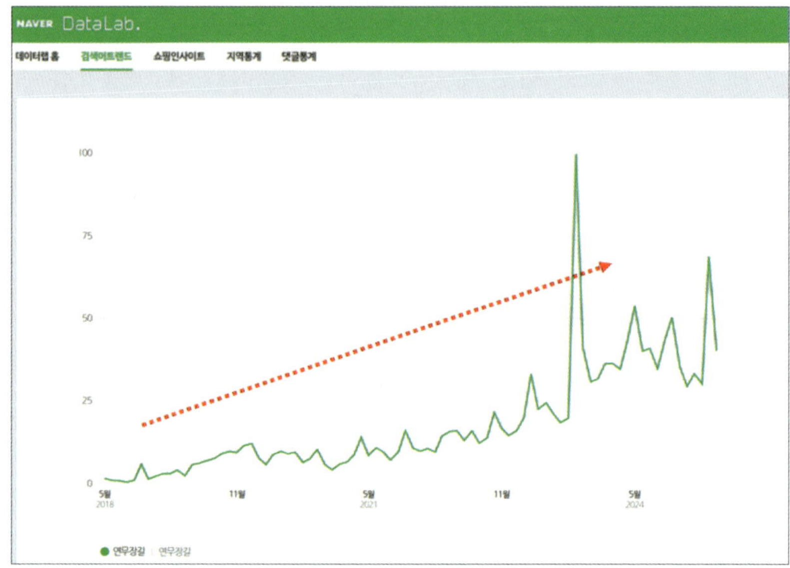

출처: 데이터랩

용리단길 검색량

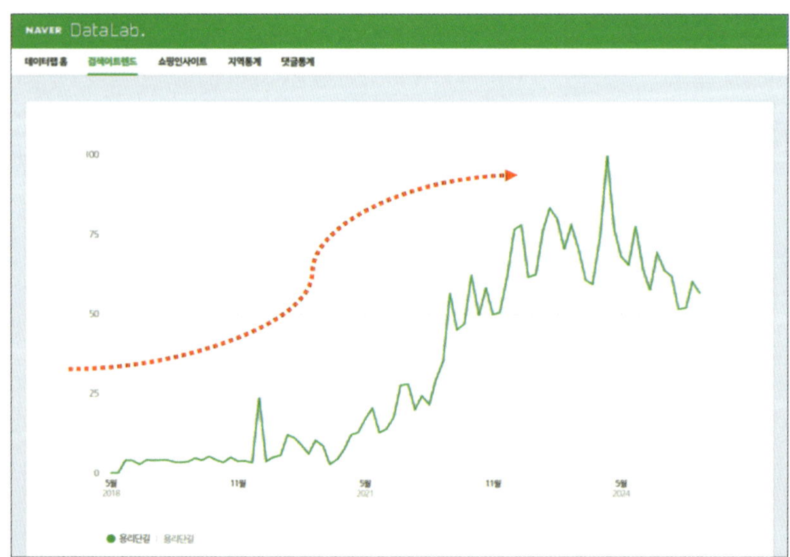

출처: 데이터랩

용리단길로 검색량을 보면 상권의 생애주기표와 어느 정도 유사하게 흘러간다.

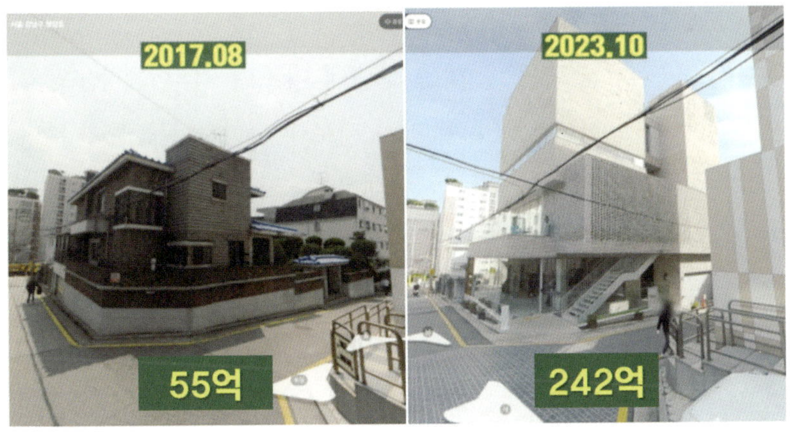

신축과 리모델링

이런 초라한 건물이라도 입지만 좋다면 환골탈태시켜 황금알을 낳는 거위로 만들 수 있다. 354공식을 만드는 가장 좋은 방법은 당연히 신축이나 리모델링이며, 이는 2021~2022년에 가장 선호하는 방법이었고, 이미 연예인 건물 투자 사례에서 많이 소개되었다. 3년 만에 300% 이상 수익이 나는 매각 사례도 많다. 그러나 위와 같은 방식은 '구건물 매입비 + 취득세 + 명도비 + 공사비(철거비 + 설계비 + 감리비 + 시공비) + 공사기간 이자비용'이 모두 매입원가에 포함된다. 그 비용이 모두 포함된 매입원가에서 +2% 수익률 제고가 되어야 한다. 그런데 최근 환율상승(수입원가 상승)에 따른 자재비 상승, 인건비 및 금리가 모두 올랐기 때문에 매입원가 대비 속한 지역의 최대임대료를 기준으로 +2의 수익이 나오는지는 잘 따져봐야 한다.

이태원이나 종로 등 오래된 상권에 가보면 거의 합벽 수준의 빽빽하게 붙여 지어 건폐율이 거의 제로에 가까운 건물들이 많다. 1970년 전후로 지어진 건물들은 대부분 그렇다. 또한 2003년 이전 건물들은 구건축법 적용으로 용적률, 건폐율이 약 50% 높았다. 이후 화재나 붕괴의 안정성 및 일조권, 조망권, 바람길 등 도시의 쾌적성을 위해 건축법이 보다 강화되었다(용적률이 2종일반주거의 경우 250%에서 200%로, 3종일반주거의 경우 300%에서 250%).

건축물대장을 통해 준공년도를 확인하고 건폐율, 용적률 이득을 봤다면 신축이 아닌 리모델링을 통해 '깔끔한 외관 + 높은 수익률'로 매각이 유리한 건물을 만들어보자.

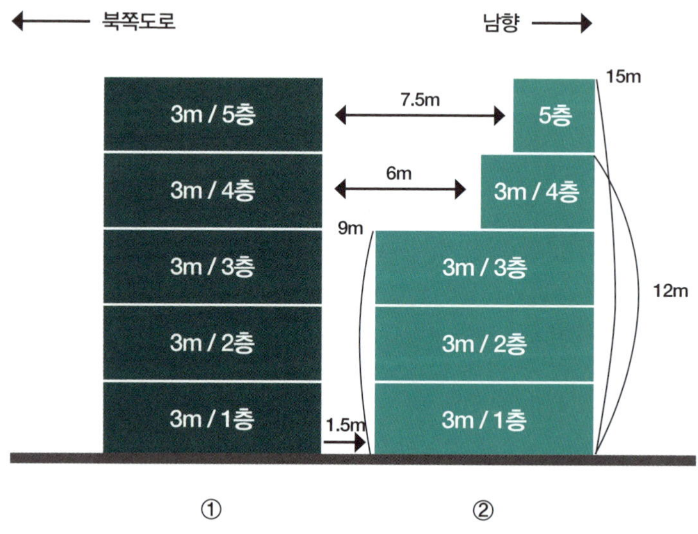

• 북도로 건물

아파트와 달리 상업용 건물은 남향보다 북향 건물을 더 선호한다. 1, 2, 3종 주거지역의 꼬마빌딩은 그림과 같이 남향의 경우 일조권 사선제한으로 인해 9미터 이상(현재는 10m) 높이부터 한층 면적이 확연히 줄어들게 된다. 면적은 곧 임대료이기 때문에 넓은 면적을 확보할 수 있는 북향 빌딩을 찾아보는 것이 좋다.

• 경사면 건물

경사면 건물의 경우 지하층은 용적률에 산정되지 않기 때문에 임대면적이 늘어난다. 또한 사진에서와 같이 가장 임대료가 비싼 1층이 두 개 생기는 효과가 있어 앞뒤로 양 도로를 낀 건물이 경사면에 있을 경우 수익률이 상당히 올라간다.

묶어 사기

빌딩의 매입원가를 낮추는 것은 매우 중요하다. 다음 지적도와 같이 '자루형 토지 + 인접 토지'로 78-25과 78-28 두 토지를 묶어서 사거나 '대로변 + 이면도로' 건물을 묶어서 사는 방법이다. 이런 자루형 토지는 도로가 없다는 이유로 거의 반값에 거래가 된다. 두 개의 토지를 묶어 산다면 매입원가를 낮추어 신축 시 사업성이 좋아진다. 이렇게 '반값토지 + 토지'를 묶어서 신축을 하게 되면 개발 후에는 메인도로의 건물가격으로 매각할 수 있다.

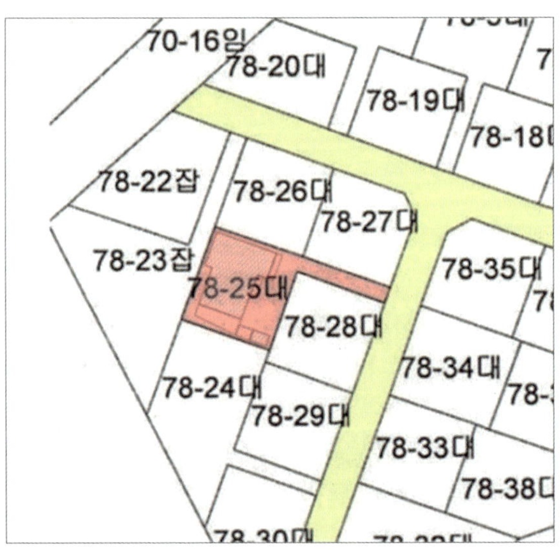

임대료 높이기

수익환원법에서 임대료는 곧 건물가격이기 때문에 임대료를 올리는 것은 곧 건물가격을 올리는 것과 같다. 다음 세 가지는 공실없는 임대를 가능하게 하고 건물가치를 올리는 임대전략이다.

① **임대료** 렌트프리는 ○, 네고는 ×라는 것을 명심하자. 임대료 네고를 요구하는 임차인이라면 임대료를 깍지 말고 렌트프리 기간을 연장해주는 방식으로 협의를 하는 것이 좋다

② **핵심임차인 유치** 건물에 어떤 임차인이 들어오느냐도 상당히 중요하다. 1층에 스타벅스나 베스킨라빈스와 같은 대기업 유명브

1층을 반으로 쪼개 1층+2층으로 묶는다.

랜드가 입점된다면 누구나 선호하는 건물로 비싼 가격에 매각이 가능하기 때문이다

③ **임차인 유치를 위한 유연한 사고** 요즘처럼 공실이 많아지는 시기에는 임차에 더욱 유연한 사고가 필요하다. 가장 임대가 잘 나가지만 비싼 임대료의 1층을 쪼개서 부담되는 1층의 임대료는 낮추고 2층 공간의 접근성은 더 올려 임대를 더 유리하게 할 수 있다.

공시지가와 붙은 가격 살피기

모든 부동산은 국가에서 정해놓은 가격이 있다. 바로 공시지가인데, 이는 세금을 위해 매기는 기초 데이터다. 공시지가는 검색하면 바로 알 수 있는데 시세 대비 2배 내외가 된다(강남, 성수 등 핵심지

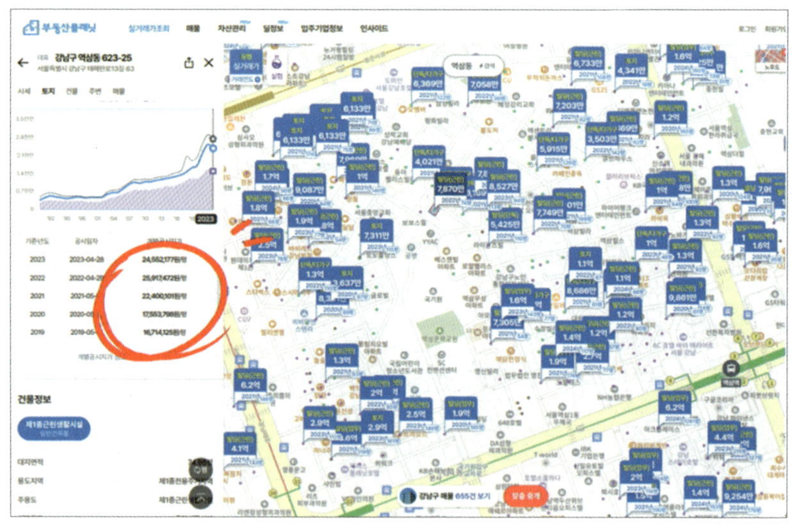

출차: 부동산 플래닛

공시지가를 검색해보면 저평가되어 있고 상승 여력이 있는 토지를 찾을 수 있다.

의 경우 공시지가의 3배 정도가 시세로 형성되어 있다). 이러한 특징에도 불구하고 공시지가가 시세와 거의 붙어 있는 토지가격을 간혹 보게 되는데, 이는 현재 가격이 저평가되어 있고 상승 여력이 있는 토지라는 뜻으로, 향후 가격상승을 노려볼 수 있다. 공시지가를 확인하기 위해서는 토지이음, 부동산 플래닛, 밸류맵, 디스코 등의 사이트를 참고할 수 있다.

그러나 당장 눈에 보이는 가격이 싸다고 해서 진짜 싼 게 아닐 수도 있다. 명도가 어렵거나 용도변경이 안되거나 지구단위로 묶여서 공동개발지정이 된 곳이라면 개별개발이 안 되는 땅일 수도 있다. 또는 권리관계가 복잡하여 사면 위험한 건물들도 있으니 싸다고 덥석 물지 말고 꼼꼼하게 잘 따지거나 전문가의 자문을 받아보자.

망작 건물
피하기

건물은 잘 사는 것도 중요하지만 사지 말아야 할 건물을 거르는 것 또한 중요하다. 부자가 되기 위해 산 건물이 팔지도 못하고 임대도 안 나가는 건물이 되어서는 안 되기 때문이다. 다음 건물들만 피해가도 수억 원의 피해는 막을 수 있다.

이 건물만은 피해가라

① 건축물대장과 토지대장의 땅 사이즈가 다른 토지

좁은 도로 건물은 위험하다. 건물 접도로는 최소 4m 이상(가급적 6m 이상)이어야 한다. 신축 시 건물 접도로는 4m가 안 되는 건물이라면 도로 포함 4m만큼 뒤로 밀려나는 건축후퇴선을 적용받아 내 땅이 잘려진 상태로 건물을 지어야만 한다.

건물은 토지면적과 대지면적이 다르다. 토지면적은 말 그대로 소유한 땅 사이즈이지만 대지면적은 건물을 지을 수 있는 면적이다. 간혹 토지대장의 대지면적은 100㎡인데 건축물대장의 대지면

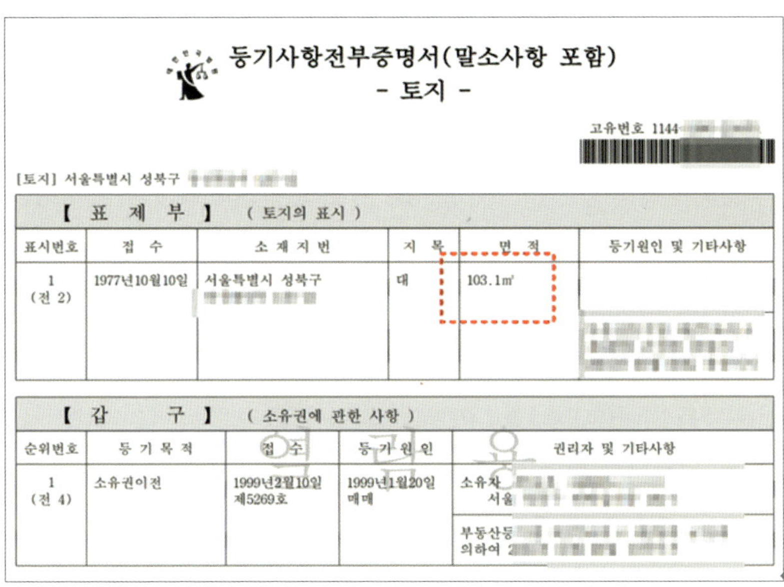

〈토지대장〉의 면적 103.1㎡

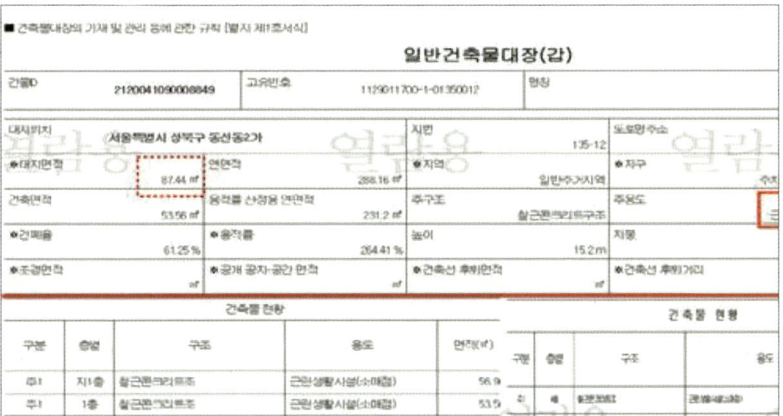

〈건축물대장〉의 대지면적 87.44㎡

해당건물은 뒷 건물이 맹지로 주위토지통행권을 내주고 있는 상태다. 이에 토지 면적이 잘린 상태로 건물을 지을 수 밖에 없다. 내가 소유한 토지는 103.1㎡지만 실제 건물을 건축 가능한 대지의 경우 87.44㎡ 가 된다.

적은 90㎡인 건물이 있다. 이 말은 결국 도로로 10㎡ 만큼 내줘야 한다는 뜻으로 내 땅에 건물 지을 땅이 깎인다는 말과 같다(토지대장과 건축물대장의 대지 사이즈가 다른지 반드시 확인해야 한다).

토지대장의 토지는 100평인데 건축물대장이 대지는 80평이라면? '대지'는 건축물을 지을 수 있는 땅 사이즈다. 즉, 내 땅은 100평이어도 80평만 대지로 인정받으니 건폐율이 50%라면 바닥면적이 50평이 아닌 40평이 된다. 내가 소유한 토지의 면적보다 작게 건축물을 지어야 한다면 당연히 수익률도 그만큼 낮아진다.

해당 건물은 뒷 건물이 맹지로 주의토지통행권을 내주고 있는 상태다. 이에 토지 면적이 잘린 상태로 건물을 지을 수밖에 없다. 내가 소유한 토지는 103.1㎡지만 실제로 건축이 가능한 대지의 면적은 87.44㎡가 되는 것이다.

② 주거지역 협소 토지

상업지역은 건폐율이 주거지역보다 높다. 그러나 주거지역 건폐율은 50% 정도가 대부분이다. 예를 들어, 땅이 40평일 때 건물의 바닥면적은 20평이다. 20평에서 공용부분과 승강기가 들어가는 면적을 제외한다면 실사용 면적은 얼마일까? 너무 작은 면적이라면 업종에 제약이 생기기 때문에 받을 수 있는 임차인이 굉장히 줄어든다는 이야기다. 주거지역의 건물을 매입할 때는 특히 최소 50평 이상만 검토하는 것을 추천한다(준주거 이상 건폐율 70~90%).

③ 개발이 안 되는 빌딩

건물 투자의 매력 중 하나는 단독 디벨롭으로 인한 시세차익이다. 신축이나 리모델링용 건물이 인기 있는 이유다. 그러나 지구단위계획구역, 문화재보호구역, 공동개발지정구역 등 이러한 경우는 여러 건물을 묶어서만 개발할 수 있거나 또는 개발이 아예 안 되는 곳도 있다. 매입 전 토지이용계획원을 꼭 확인해야 한다.

다음 지적도에서 '251대'의 경우 도로가 지나가고 있다. 노란색 필지의 땅에 신축할 시에 건물이 거의 날아가게 된다.

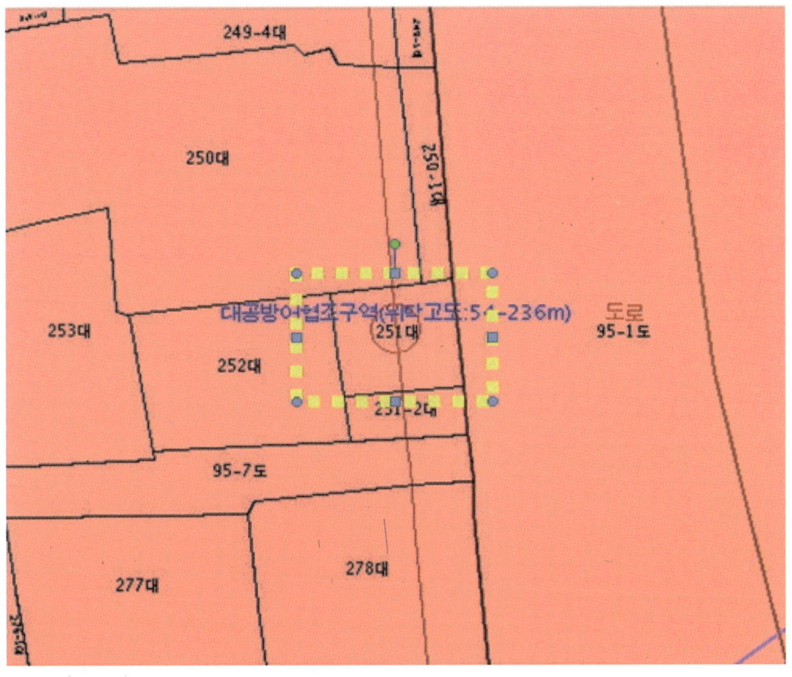

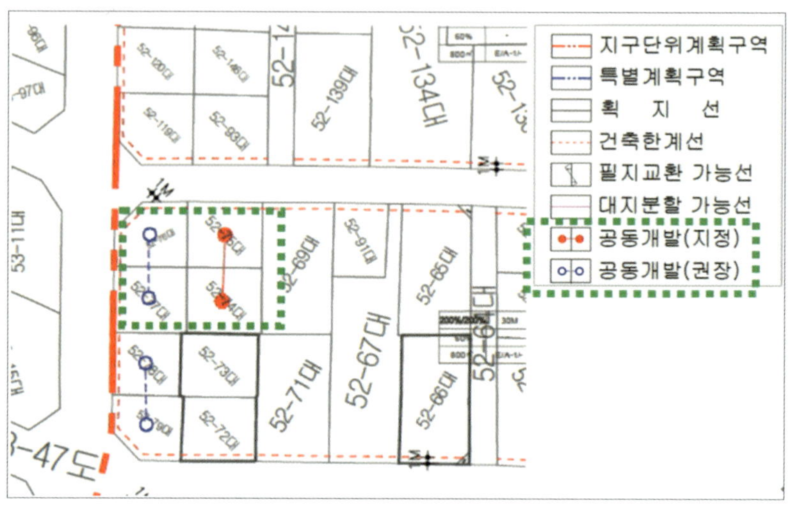

지구단위구역으로 지정된 토지들 중 위 도면과 같이 '공동개발 권장'과 '공동개발 지정(지도의 붉은 점 부분)'이 된 곳이 있는데 권장이 아닌 '지정'이라면 반드시 두 필지를 묶어서 개발해야 한다. 위와 같이 개별개발이 안 되는 토지 매입 시 단독으로 개발하는 것이 어렵다. 본인이 직접 개발하지 않고 시행사에게 매각을 추진할 때도 개발에 제약이 있는 토지는 매각이 잘 안 된다.

④ 내 땅 침범한 옆집

강북 구도심 구옥의 경우 담벼락 위치가 잘못된 경우가 많다. 내 땅인데 옆집 담벼락이 넘어와 있거나 아예 건축물이 넘어와 있는 경우도 있다.

강남처럼 신도심이 생기기 전에 구도심이었던 한강의 북쪽은 대부분의 집이 완벽하게 지적도에 의거해서 지어지지 않았다. 그

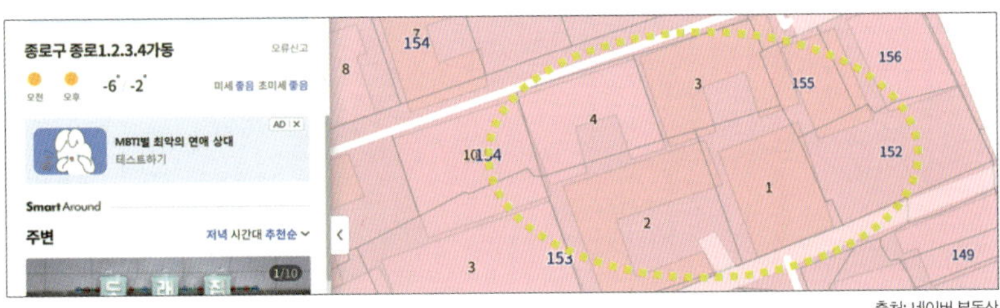

출처: 네이버 부동산

필지 경계에 걸쳐 있거나 넘어와 있는 구옥들

런데 문제는 내가 매입한 땅에 남의 담벼락이 있어도 임의로 허물수 없다는 것이다. 몇 십 년을 이대로 살던 원주민에게 "내 땅이니지료를 내시오" 하기도 만만치 않다.

그것 때문에 건축선을 한참 뒤로 밀려서 건축해야 한다면 큰손해로 이어질 수 있다. 그러니 주거지역의 구옥 매입 시 반드시지적도와 비교하여 내 필지에 타인의 건물이 넘어와 있는지를 꼭확인해야 하고 필요한 경우 경계점 확인 및 지적측량을 해야 한다.

⑤ 자루형 토지

건물의 경우 접근성은 너무나 중요한데, 자루형 토지는 입구가협소해 건물까지 접근성이 떨어지고 유동인구를 축소시킨다. 뿐만아니라 추후 건물 리모델링이나 신축을 할 때도 어려움이 많다. 자루형 토지를 사는 이유는 오직 하나, 인접된 연결 토지를 같이 매입하여 저렴한 비용으로 개발하기 위한 것이다. 그 외에는 추천하지 않는다. 진출입이 어려울 뿐만 아니라 추후 신축이나 리모델링을 할 때도 트럭 한 대 못 들어갈 정도로 어려움이 많다.

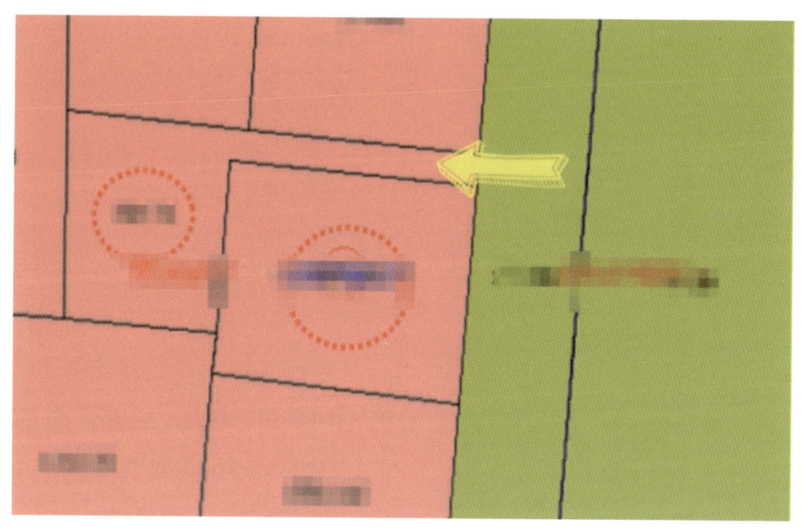

⑥ 대출이 안 나오는 빌딩

꼬마빌딩 투자의 매력은 높은 대출비율이다. 그런데 꼬마빌딩이라고 해서 다 똑같이 대출이 많이 나오는 것은 아니다. 다음 건물들은 대출이 잘 안 나오는 건물이니 매입 시 주의해야 한다.

- 주택건물 또는 주택이 믹스된 건물

  (다가구, 다세대, 다중주택, 상가주택 등)
- 토지용도가 종교시설, 노유자시설
- 위반건축물(위반 해소 시 대출 가능)
- 집합 건물(구분상가 건물, 지분이 쪼개진 건물)

위와 같은 건물은 낮은 비율로 대출이 나올 수 있으니 매입 시

주의해야 한다.

⑦ 최유효이용 건물

강남역 대로변에 주택이 있거나 상권이 전혀 없는 주택밀집지역에 상업용 건물이 있다면 어떨까? 주거지역에는 주거빌딩이 상권에는 근생빌딩이 있어야 한다. 두 개가 바뀐다면? 상권지역에 집이 있으면 주거생활의 어려움이 있을 것이고, 주거지역에 상가가 있다면 유동인구가 적고 접근성이 떨어져 매출이 나오지 않을 것이다. 건물은 각각의 용도에 맞는 곳에 위치해야만 가장 최적의 이용이 가능하다.

⑧ 광대로가 좋을까?

상권에서 가장 좋은 대로는 8~10m로 신사동 가로수길 메인길 도로 정도다. 도보로 건너기 편리해야만 자연스럽게 건너편 상권으로 이동하는 사람이 많아진다. 상권이 발달했더라도 상권 가운데를 광도로가 지나간다면, 그 상권은 단절되어 건너편 인구유입이 어려워진다.

⑨ 고가, 철도, 터널

내 상권에 고가, 철도, 터널이 있을 경우 역시 상권의 단절요소가 된다. 이러한 장애물로 인해 상권의 확장성이 어렵고, 해당 상권의 유입인구를 늘리는 데에도 한계가 생긴다.

⑩ 1종 전용주거지역/1종 일반주거지역

1종 전용주거지역, 1종 일반주거지역은 지역별로 차이가 나지만 대부분 용적률이 100~150%이다. 건물 투자의 경우는 수익률이 중요하다. 연면적에 따라 수익률이 비례하는 건물 투자는 1종 주거지역의 경우 당연히 수익률이 높아지기는 어렵다. 그러나 예외의 경우도 있다. 단위당 매출 규모가 큰 청담동의 경우는 이야기가 좀 다르다. 보통 매출과 비례해 임대료가 따라가기 때문에 낮은 건물인 1종이더라도 수익률은 높을 수 있다.

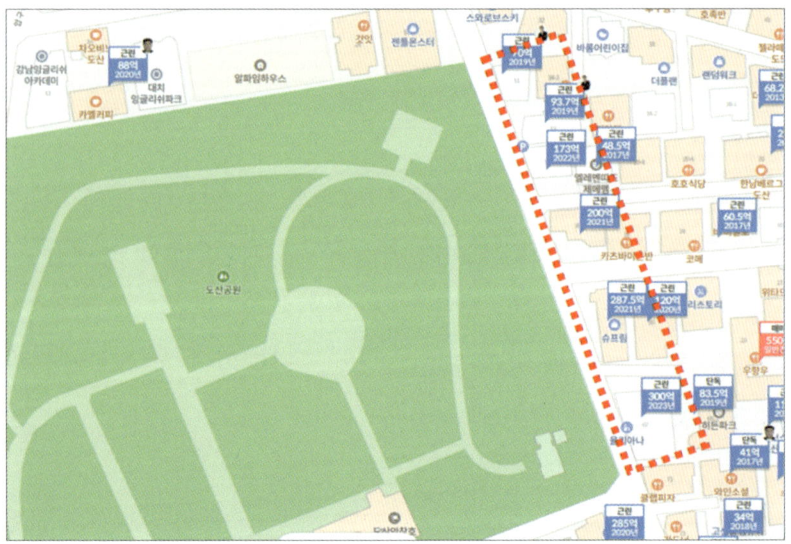

압구정의 도산공원 인접 건물들은 1종 일반주거지역이며 평당 3~4억 원이다.

⑪ 아파트단지 인근 근생빌딩

아파트 인근의 근생빌딩의 경우는 안정성은 높으나 큰 시세상승은 기대하기 어렵다. 상업용 건물의 경우 매출이 늘고 유동인구 유입이 높아져야만 임대료도 오르고 건물가격도 비례해서 올라간다. 그러나 아파트 근생빌딩들의 경우는 대부분 상권의 활성화 및 확장의 어려움, 마트나 세탁소 등의 필수품 위주의 소비로 인해 소비상승력이 제고되기는 어렵다. 대단지 아파트 인근 상업용 건물의 경우 공실걱정이 낮아 안정성은 높으나 시세차익을 기대하기는 어렵다.

높은 수익률? 무조건 좋을까?

지역마다 개별성은 다르지만 평균수익률이 있다(강남 2.5%, 강남외 서울 3.5%). 그런데 간혹 적정 수익률 대비 높은 수익률의 건물이 있는데 너무 운이 좋다며 이런 건물을 덜컥 매입해서는 안 된다. 임대료가 왜 높은지를 잘 따져봐야 한다. 매각을 위해 일시적으로 가짜 임차인이 입주해 있거나 렌트 프리를 오래 주고 높은 임대료를 책정하는 방식의 매각용 건물일 수도 있다. 이런 건물의 경우 기존 임차인이 퇴실 후 신규 임차인이 들어올 때 동일 수익률을 맞추기가 어렵다.

① 접도가 사도인 토지

도로에는 두 가지 종류가 있다. 국도와 사도다. 국도의 경우 국가 소유의 땅으로 개인 간 거래가 불가능하지만 사도의 경우는 개인 간 매매가 가능하다. 간혹 매매로 소유자가 변경되거나 세금체납, 분쟁 등으로 압류나 경공매가 될 수도 있다. 접도로의 도로등기를 떼보면 사도 확인이 가능하다.

② 세금이 높은 시설(위락시설 토지)

위락시설 여부는 해당번지수의 건축물대장을 떼서 주용도를 확인해보면 된다. 이러한 건물의 장점은 높은 임대료로 수익률이 좋다는 점이다. 단점은 명도의 어려움이 있고 위락시설로 분류된 토지는 세금이 타 토지 대비 높은 편이다.

꼬마빌딩 상권 보는 법

국내에서 가장 비싼 명동의 네이처리퍼블릭 건물의 대지의 평당 가격은 10억 원이다. 10억 원인 이유는 단순하다. 그 땅에서 10억 원이 나오기 때문이다. 이 말은 단위면적당 매출이 높으면 땅값도 비싸지게 된다는 것이다. 이렇게 명동처럼 한결같이 위상을 유지하고 변동 없는 상권이 있는 반면에 강남 가로수길 상권의 경우는 한때 최고의 임대료와 몸값을 자랑했고, 과거시세가 평당 2~3억 원이었지만 현재는 공실지옥을 맛보고 있다. 지금은 시세도 2억 원 수준으로 다운되었다. 이처럼 상권은 변화하기도 하며 유행과 흐름을 타기도 한다. 상업용 건물 투자는 상권이 핵심이기 때문에 건물이 속한 상권의 변화와 흐름을 잘 파악해야만 성공적인 투자로 이어질 수 있다.

상권과 입지의 차이

앞에서도 상권을 다루었지만 조금 더 부연설명해본다. 우선 상

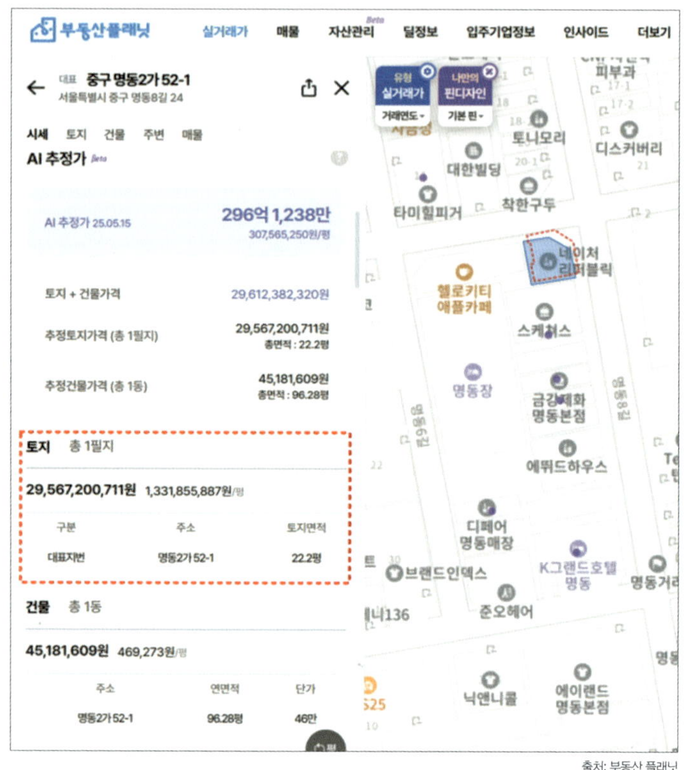

출처: 부동산 플래닛

권과 입지의 차이를 아주 간단히 요약하면 입지는 점(고정), 상권은 면(이동가능)이라고 볼 수 있다. 입지는 부동성, 즉 그 상권이 속해 있는 고정으로 이동할 수 없지만, 상권은 유동성, 즉 유행에 따라 상권의 생애주기에 따라 이동·확장이 가능하다.

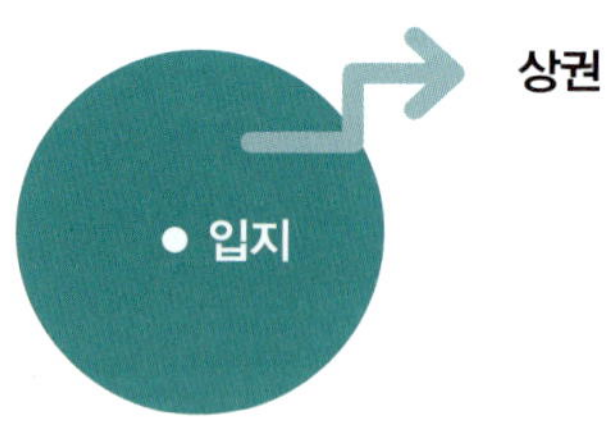

상권의 이동과 확장

　상권의 이동은 기존의 상권은 죽고 완전히 새로운 상권으로 넘어가는 것을 말한다(가로수길 → 로데오). 상권의 확장은 기존 상권에서 주변으로 점진적으로 넓어지는 것을 말한다(성수동 → 뚝섬역 / 이태원 → 한강진역, 경리단길).

가로수길 상권의 이동

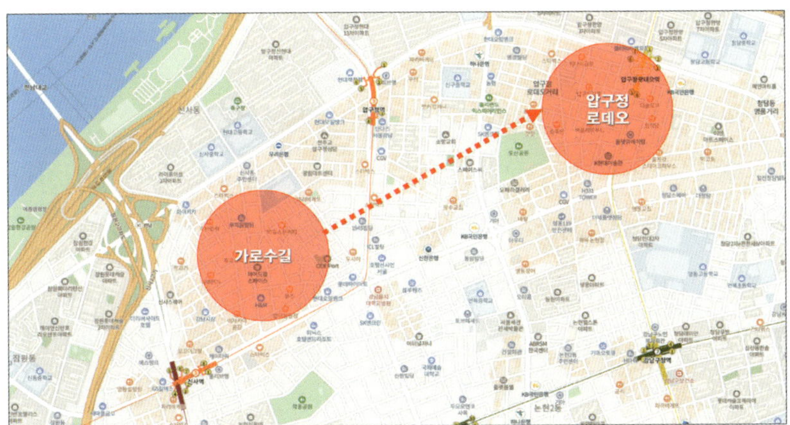

출처: 네이버 지도

이태원 상권의 확장

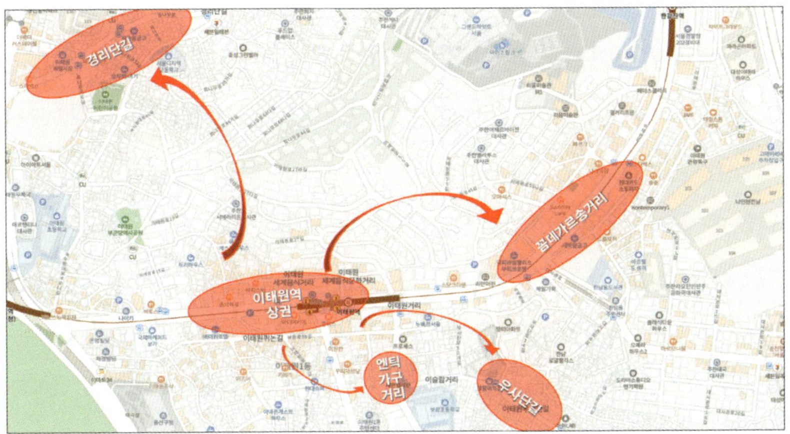

출처: 네이버 지도

가장 좋은 상권은?

유동인구가 다양한 상권이 좋다. 한 예로 요즘 핫한 성수동 연무장길 상권의 경우 '평일 사무실 인구 + 주말 MZ모임'이나 '연인 데이트 장소 + 외국인' 등 다양한 유형의 유동인구가 유입된다. 또는 일자리 중심 상권인 CBD(종로구, 중구), GBD(강남, 서초, 송파), YBD(여의도)는 지지 않는 베스트셀러로 안정적인 일자리와 배후세대가 있는 좋은 상권이다.

대로변 → 중도로 → 소도로 순서로 상권이 발전

대로변 상업시설은 많은 오피스가 등장한다. 회사원의 식사나 회식을 위한 식음료점들이 대로와 이면도로로 서서히 생겨나기 시작한다. 이런 이유로 상권이 '대도로 → 중도로 → 소도로' 순으로 발전한다. 언제나 식당이나 카페를 시작으로 소매점의 단계로 변해간다. 이렇게 대로부터 이면까지 상권은 물 줄기를 타고 흐르듯 생겨난다.

젠트리피케이션은 왜 발생하는가?

상권의 생애주기는 여러 번 언급했지만 다시 한 번 정리해보자. 1단계, 상권이 없던 임대료가 싼 지역에 임대료가 싼 영세한 임차인들이 들어간다. 2단계, 공방·창작자·예술가 등 영세하지만 개성 있는 임차인들이 모이며 감성 있는 콘텐츠로 입소문이 나기 시작한다. 3단계, 트렌드리더들의 SNS로 확산되며 점차 유동인구가 늘어나고 상권의 매출이 증가한다. 이때부터 유동인구 유입이 감지

되면서 대기업이 들어오기 시작한다. 4단계, 대기업은 높은 임대료를 지불하며 좋은 입지부터 선점해 나가게 된다. 5단계, 건물주들은 높은 임대료를 받기 위해 기존 임차인들을 내보내고 대기업 브랜드 임차인을 받게 된다. 6단계, 임대료 상승으로 기존의 영세 임차인과 원주민들이 이탈(젠트리피케이션)하며 거리는 상권의 개성이 사라지면서 유동인구가 감소한다.

1층 임대료를 보라

네이버부동산 등 프롭테크를 통해 지역별 임대료 수준을 파악할 수 있다. 건물 투자자라면 지역별 임대료 수준을 알아야 한다. 현재 서울에서 임대료가 가장 높은 곳은 명동, 압구정 로데오, 청담동 명품거리, 성수동 연무장길, 강남역 대로변 정도로 보통 1층 임대료가 평당 50~100만 원 사이이다. 그 이하로는 잘나가는 상권의 1층 임대료는 30만 원 전후이며 상권이 약하거나 외곽으로 가면 평당 10만 원 이하인 곳도 많다. 그러니 서울 변두리나 지방에 건축비를 많이 들여 으리으리하게 지어봤자 받을 수 있는 임대료에는 한계가 있다. 즉, 매입하고자 하는 건물의 최상단 임대료를 알아야만 안정적인 건물 투자가 가능하다. 1층 상가의 임대료 및 권리금이 높게 형성되어 있을수록 상권의 활성화가 잘 되어 있다고 파악할 수 있다. 임대료 및 권리금이 높게 형성되어 있다면 투자가치도 긍정적이라고 볼 수 있다.

2층 공실률이 낮다면 잘나가는 상권이다

아무리 잘나가는 상권이라도 2층은 공실이 꽤 많은 편이다. 임장 시에 2층 등 상층부까지 공실이 없는 상권이라면 굉장히 활성화된 좋은 상권일 확률이 높다. 2층 공실률을 체크하는 것도 상권 확인의 중요한 포인트다.

간판을 보면 상권이 보인다

주거지역 상가에서 자주 보이는 간판은 무엇일까? 주로 세탁소, 마트, 문구점, 편의점 등일 것이다. 반대로 상업지역에서 자주 볼 수 있는 것은 카페, 술집, 밥집, 소매점, 문화공연장 등이다. 주거지역에 속한 꼬마빌딩은 외부의 유동인구 유입이 낮아 구매력이 높아지기 어렵고 임대료가 정체되어 있어 건물가격 역시 상승하기 어렵다. 내가 임장하고 있는 상권에 간판을 보면 여기는 주거지역으로 주민만 이용하는 상권일지 외부유동인구를 끌고 올 만한 상권인지가 확인이 가능하다.

소비력을 보라 매출이 곧 임대료다

위에서 임대료를 말했지만 높은 임대료는 곧 높은 매출과 비례한다. 매출액이 높아야만 그만큼 높은 임대료를 감당할 수 있기 때문이다. 그렇다면 어디가 높은 매출이 나올까?

오픈업이라는 사이트를 통해 손쉽게 상권의 매출액을 확인할 수 있다. 반경 300~500㎡ 기준으로 여러 상권을 비교해서 찍어볼 때 투자지역의 매출 규모를 파악할 수 있다. 예를 들어, 명품 및 고급레스토랑이 많은 압구정 로데오의 경우 2024년 11월 기준 월매출 806억 원이며, 동기간 강남역의 경우 836억 원으로 최고의 매출을 자랑한다. 반면 유동인구는 많지만 소비력이 낮은 대학가 상권의 경우 샤로수길 245억 원, 건대입구역 332억 원이다(데이터는 주로 카드매출 기준으로, 현금매출이 많은 지역의 경우 차이가 날 수 있다).

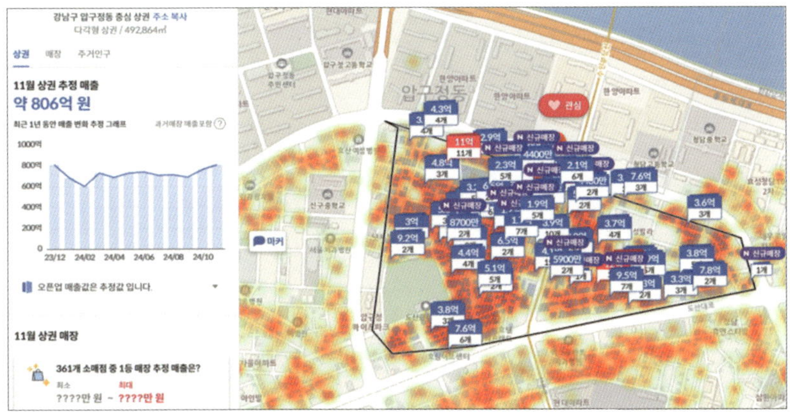

압구정 로데오 청담동 명품거리의 월매출 규모는 806억 원이다.

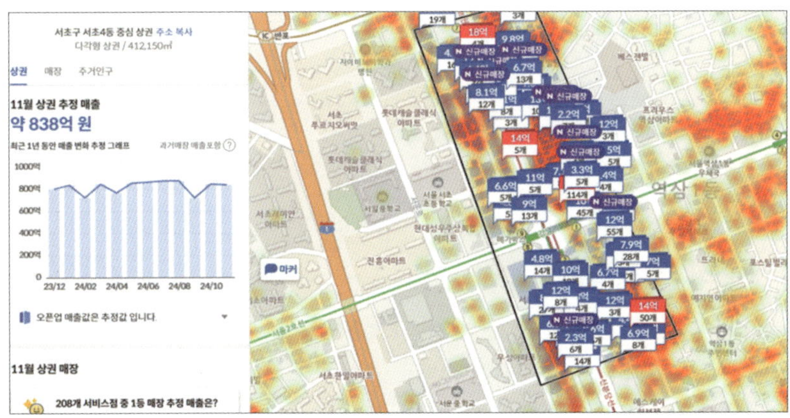

강남역 강남대로의 월매출 규모는 838억 원이다.

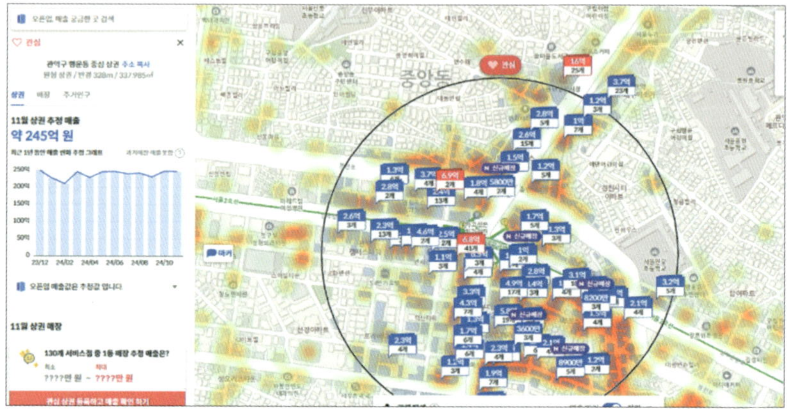

서울대입구역 샤로수길의 월매출 규모는 245억 원이다.

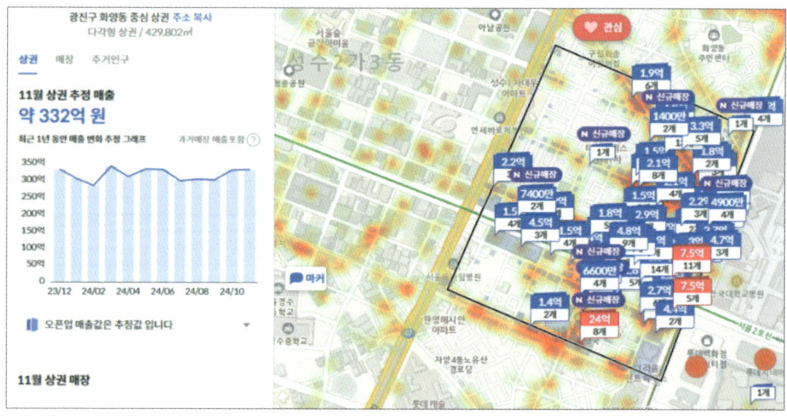

화양동 건대입구역의 월매출 규모는 332억 원이다.

유동인구 유형을 알자

해당 지역을 오가는 인구의 규모와 유형을 분석하여 고객층을 확인한다. 상권은 일자리가 많은 직장인 일지 트렌디한 MZ가 모이는 2030인지, 외국인관광객이 많이 오는지 또는 아파트 대단지

로 지역주민이 많은지 등 유동인구의 타입별 조사가 필요하다. 유
동인구의 특성에 따라 꼬마빌딩이 속한 상권의 소비잠재력에 따른
매출 규모 및 안정성을 확인할 수 있다.

건물관리는 돈이다, 건물관리로 수익률 20% 올리기

화장실 공사는 필수다

건물관리만 잘해도 건물주의 수입이 늘어난다. 건물 구석구석 조금만 손보면 충분히 임대료를 더 올릴 수 있다. 나의 강남 건물은 노후된 건물이었기에 무엇보다 화장실 공사가 시급했다. 오래된 타일과 올드한 스타일의 화장실이었다. 큰돈 들어가는 공사는

화장실 공사사진

화장실 공사 후 사진

못해도 우선 화장실 공사만이라도 하자고 마음먹고 남녀 화장실의 모든 도기 및 액세서리를 교체했고, 타일덧방과 문은 페인트칠로 아주 간단히 리모델링을 했다. 임차인들은 임대차 공간을 볼 때 화장실을 매우 중요하게 생각하기 때문에 깔끔한 화장실은 필수다.

관리실에서 커피숍으로 변신하다

나는 건물운영을 하며 어떻게 더 큰 수익을 창출할까를 늘 고민했다. 공간을 보고 있으면 돈이 보인다. 그때 2평 남짓한 1층의 관리실이 눈에 들어왔다. 나는 건물을 직접 관리했기에 관리실은 노는 공간이었다.

'여기를 돈이 들어오는 공간으로 만들면 좋겠는데… 그래, 테이크아웃 커피숍을 만들자'라고 생각하며 테이크아웃 전문 카페로 주변 카페보다 가격을 낮추어 경쟁력을 높이고, 빌라나 아파트가 많은 요지이니 배달로 매출 반경을 늘리기로 했다.

골조공사한 모습

작지만 내 인생 첫 카페가 탄생하였다.

그런데 위의 그림과 같이 관리실은 접근성이 떨어졌다. 외부에서 커피를 사기 위해 사람이 들어오려면, 건물 내부까지 들어와야 하는 구조였다. 나는 도로쪽에서 접근성을 높이기 위해 내부유리를 철거하고 외부까지 확장했다.

그래서 결과가 어땠을까? 불행일까? 다행일까? 코로나가 겹치며 브랜드도 없는 커피숍 매출이 웬만한 프랜차이즈 카페 매출을 넘어섰다(빽다방 월매출 평균은 3,000만 원). 바리스타도 아니고 그동안 카페 경험도 없었던 내가 어떻게 이런 결과를 얻었을까?

모르는 사업에서 성공하는 전략, 전문가를 영입하라!

나는 카페 투자금을 아끼기 위해 '당근'에서 중고장비를 검색했다. 그 당시 코로나로 많은 가게가 줄줄이 폐업을 했기에 한 번에 모든 장비를 다 넘기는 카페가 많았다. 많은 가게를 보던 중 한 가게가 눈에 들어왔고, 카페에 필요한 풀세트 장비를 정말 저렴하게 사들일 수 있었다.

여기에서 그치지 않았다. 성공할 수 있었던 진짜 포인트는 당근에서 물건만 가져온 게 아니라 가게 사장님까지 함께 데려왔다는 점이었다. 그 사장님은 경력 10년 차의 베테랑이셨으나 코로나를 이겨내지 못했다. 가게로 물건을 가지러 간 날 물었다.

"사장님 이제 뭐 하실 거예요?"

"당장은 뭐가 없어서 좀 쉬면서 생각해 보려고요"

"그럼 저희 가게로 오시죠!"

나는 그동안 쌓아둔 사장님의 노하우를 단 번에 내 가게에 적용할 수 있었다. 기술과 실력은 최상급이었으나 기존의 방식만을 고수하느라 코로나라는 벽에 부딪힌 것이었다. 그분의 노하우를 밀착해서 배웠고, 실무를 익히기 시작했다. 거기에 코로나로 배달 호황기를 맞아 배달 매출까지 대박날 수 있었다.

당근에서 모셔온 사장님은 현재 어떻게 되었을까? 경기도에 오조카페 2호점을 대박카페로 운영 중이다. 카페는 다시 쳐다보고 싶지도 않다던 분이 나를 만나고 카페인생 2막을 맞은 셈이다.

공실인데도 돈이 들어온다?

나는 건물 일부가 공실일 때도 돈이 들어오게 만들었다. 2층에 약 15평 정도의 되는 작은 사무실이 공실이었다. 임차인을 찾는 동안 놀고 있는 이 공간을 차마 두고 볼 수가 없었다.

이곳에서 무엇을 할 수 있을까 고민한 나는 임대 나가기 전까지 공간 대여업인 '렌탈 사무실'을 해보기로 했다. 역시나 이번에도 큰돈은 들이지 않기로 했다. 집에 안 쓰는 가전, 그림, 소품 등을 최대한 활용했고, 중고로 테이블과 의자, 화이트보드 등을 저렴하게 들여왔다. 다음과 같이 간단하게 세팅하는 데는 단 며칠밖에 걸리지 않았다.

거기에 참신한 아이디어를 더했다. 강남에 '나만의 클래스'를

'나만의 클래스' 광고물

개설한 것이다. 손뜨개, 육아 노하우, 색종이 접기 등 어떤 강의든 가능한 곳이었다. 모두가 주인공인 세상 아닌가? 꼭 몇 백 명 앞에서 강의해야만 강사는 아니다.

우리는 삶의 크고 작은 노하우를 가지고 있는 소소한 전문가들이다. 나만의 재주를 다른 사람들과 공유한다면 일석이조로 자존감도 올라가고 돈까지 벌 수 있다.

무료 디자인 툴을 활용해 위의 광고물을 뚝딱 제작했고, 인스타에 광고를 올리자 조금씩 문의가 들어오기 시작했다(미리캔버스, 캔바 등 다양한 디자인 툴이 모두 무료이며 사용이 쉽다).

공간 임대업에서 성공포인트는 "공간을 판 것이 아니다! 당신의 꿈을 팔았다!" 나는 평범한 공간에 아이디어를 더해 남과는 다른 공간으로 차별화시켰다. 그렇게 소소하지만 재미있는 실험을 하며 공실로 있는 공간에서도 돈이 나오게 만들었다.

주차장으로 30만 원 벌기

그냥 지나칠 수 있는 공간들과 죽은 공간에서도 돈을 버는 방법이 분명히 있다. 내가 실행했던 또 하나의 방법은 '건물 주차장으로 30만 원 꿀수익 벌기'였다.

내 강남 건물 지하창고에는 자동차 두 대만 한 커다란 사이즈의 물탱크가 하나 있었다. 탱크 옆 사람과 비교하면 얼마나 큰 물탱크인지 알 수 있다. 전 건축주가 설치한 거라 처음에는 필요하기 때문에 있는 것이라 생각하고 그대로 두었으나, 이 비싼 강남땅에 저만큼을 죽은 공간으로 놀리기가 아까웠다. 건축사와 통화할 일이 생겨 도면과 사진을 주며 문의했고, 물탱크를 철거해도 문제없다는 회신을 받았다. 이 자리에 월 주차료를 받으면 대당 15~20만 원을 벌 수 있다. 나는 바로 실행했다.

위 사진과 같이 주차장의 안쪽으로 두 대의 주차자리가 생겼다. 그리고 지하가 훨씬 넓어졌다. 현재 이 자리에서 매달 30만 원의 꿀수익을 올리고 있다. 주말이 한가한 주차장은 '모두의주차장 앱'을 통해 한가한 시간대를 등록해 외부차량 주차가 가능하도록 운영하고 있다. 여기서 또 매달 커피값이 나오고 있다.

창고의 벽과 물탱크가 제거되는 모습

물탱크가 완전히 제거된 상태

주차장 안쪽 두 대의 주차자리

건물주 마인드는
임대 서비스업 종사자

나처럼 없이 살다가 후천적 건물주가 된 사람은 선천적 금수저 중 늘 윗물에서만 자란 사람 위에 사람 없는 안하무인 건물주가 눈에 띌 때면 눈살이 찌푸려진다. 주변 건물주에게서 종종 보게 되는데 청소이모님 또는 관리소장님을 하대하거나 부모뻘 되는 임차인에게도 갑질을 일삼는다. 그런 건물주들을 볼 때면 한심하기보다는 사실 안쓰럽다. 주변 모두가 떠났기에 직언해주거나 올바름을 장착시켜줄 그 누구도 없는 것이다(생의 마지막 날 결국 반려견만이 쓸쓸히 그들 곁을 지키겠지).

부자를 꿈꾸고 건물주를 꿈꾸는 당신이라면 건물주의 마인드부터 제대로 세팅하고 가자. 건물주는 조물주가 아니다. 건물주는 임대서비스업 종사자다. 건물주는 갑이 아니고 철저하게 을이기 때문이다. 건물주는 임차인을 레버리지 삼아 건물을 매입했다. 임차인은 보증금을 넣은 채권자이며, 임대인인 건물주는 채무자인 것이다. 서비스업에 대해 따져보면 생활의 편의와 삶의 질 향상을 위하여 무형의 노무를 제공하는 업이다. 따라서 소비자인 임차인에게 상응하는 서비스를 제공하는 것이 임대서비스업의 본질 아니겠는가? 건물주 마인드세팅을 위해 다음 다섯 가지를 기억하자.

첫째. 건물주의 월급은 임차인이 주는 것이다. 임대료는 누구로부터 오는가? 당신의 고객인 임차인으로부터 온다. 당신은 월급쟁이 서비스직 종사자다.

둘째, 임차인의 불만은 고객 컴플레인이다. 고객은 밤이든 새벽이든 언제든지 전화가 올 수 있다. 불평하지 말고 프로다운 정신으로 고객의 불만을 해결하라. 고객의 불만은 내 발전의 밑거름이되어 줄 것이다.

셋째, 동파되거나 누수되기 전에 시설을 철저하게 관리하라. 강추위에 전화가 오더라도, 폭우가 쏟아져도 뛰어나간다는 태도로 임하라. 그리고 비용이 들어가도 수리는 완벽하게 하라.

넷째, 놀라운 서비스를 제공하라. 입주사에게는 감사선물을 하고, 한 여름에는 냉방기 냉각가스 교체를 하고, 명절에는 작은 선물과 감사 인사를 하라. 작은 서비스에도 고객은 감동한다.

다섯째, 임차인이 성공해야 당신이 성공한다. 당신은 연봉이 오르길 원하는가? 당신의 월급인 임대료를 올리고 싶으면 고객인 임차인을 성공하게 하라. 고객과 방문 손님에게까지 친절한 서비스를 제공하라. 작은 친절이 크게 이어질 수 있도록 그들의 비즈니스를 위해 물심양면으로 도와라.

위의 다섯 가지 마인드를 장착할 때 더 단단한 프로 건물주가될 수 있다.

평범한 사람 누구나 건물주 될 수 있다

chapter 05

건물주
이젠 꿈이 아닌
현실이다

월건주

월급쟁이가 부자가 될 수 있는
세 번의 기회

평범한 월급쟁이에게 종잣돈은 모든 부의 출발점이다. 하지만 현실은 냉정하다. 사회초년생 시절, 한 푼 두 푼 모은 돈이 내 인생을 좌우할 수 있다. 내가 돌이켜본 결과, 평범한 월급쟁이가 부자가 될 수 있는 기회는 딱 세 번뿐이었다.

첫 번째 기회, 사회생활 시작 후 결혼 전 싱글 시절

대학교 동기 박모 군은 누구나 부러워하는 대기업에 입사했다. 첫해, 회사는 최대 매출을 찍으며 박 군에게 두둑한 보너스를 안겼다. 그는 스스로를 자랑스러워하며 외제차를 할부로 샀다. 오피스텔에 독립해 살면서 명품 가방도 샀다. "월급과 보너스로 다 해결되겠지" 그의 계산은 단순했다.

하지만 몇 해 지나 회사는 역성장을 맞이했다. 보너스는 사라졌고, 밀린 할부금은 눈덩이처럼 불어났다. 결혼할 때까지 박 군은 한 푼도 저축하지 못했다. 지금도 그는 집 한 채 없이, 월급에 쪼들리며 살아가고 있다.

반면 고등학교 동창 최모 군의 이야기는 극적으로 달랐다. 그는 공무원 시험에 수년간 도전하다가 결국 중소기업에 입사했다. 늦게 시작한 사회생활, 방황한 시간, 실패의 연속. 하지만 그는 마음을 다잡았다.

"이제부터 내 돈은 내가 지킨다."

최 군은 악착같이 돈을 모았다. 아끼고 또 아껴 종잣돈을 만들었다. 작은 빌라, 지방 아파트, 상가주택, 수도권 아파트까지, 한 단계씩 투자하며 자산을 늘렸다. 몇 년 후 그는 수십 억대 자산가로 성장했고, 안정된 삶과 행복을 누리게 되었다. 사회초년생 시절, 돈을 모으는 짧은 기회가 평생을 바꾼다.

두 번째 기회, 결혼 전 신혼 시절

결혼은 또 다른 기회의 시작이다. 혼자가 아닌, 둘이 함께 절약하고 돈을 모을 수 있는 마지막 시기다. 배우자의 경제관념은 결혼생활과 자산 형성에 직접적인 영향을 준다. 결혼식은 최대한 검소하게, 집은 넓기보다는 아담하게, 외식보다 집밥 위주로 지출을 조정한다. 작은 습관 하나가 종잣돈을 결정짓는다.

나는 다행히 경제관념이 뚜렷한 아내와 결혼했다. 우리는 맞벌이를 하며 부지런히 저축했고, 모은 돈으로 부동산 투자에 도전했다. 그 결과, 우리는 첫 번째 건물주가 되는 기적을 맞이할 수 있었다.

세 번째 기회, 아기가 초등학교 가기 전

아이를 키우면 돈을 모으는 것이 훨씬 어렵다. 교육비와 생활비가 눈덩이처럼 불어나기 때문이다. 하지만 초등학교 입학 전까지는 상대적으로 관리 가능한 시기다. 옷은 금방 작아지니 싸게 사거나 물려받는다. 장난감과 책도 최대한 절약하거나 중고를 활용한다. 이렇게 절약한 돈이 투자의 씨앗이 된다.

나 또한 지금 딸아이 초등학생 시절을 지나고 있지만, 이 시기 종잣돈을 확보하지 못했다면 평생 월급에 의존하며 살아야 했을 것이다. 젊을수록, 빠를수록, 종잣돈을 만들고 투자하는 습관을 가지는 것이 경제적 자유와 안정으로 가는 가장 확실한 길이다.

절약만으로는 충분치 않다

세 번의 기회 동안 절약으로 종잣돈을 모았다면, 이제는 버는 것과 투자하는 방법에 관심을 가져야 한다. 근로소득만으로 부자가 되기는 어렵다.

사업 소득, 부업, N잡 등 다양한 방법으로 수익원을 늘려야 하고, 투자소득에도 눈을 돌려야 한다. 특히 대한민국에서 부동산 투자는 필수과목이다.

세 번의 기회를 놓치지 않고, 절약과 투자 전략을 실천한 사람만이 평범한 월급쟁이에서 건물주이자 경제적 자유인으로 성장할 수 있다.

> **TIP** 세 줄 요약
>
> • 사회 초년기부터 절약과 투자습관을 길러라.
>
> • 금융·부동산 공부를 시작하고, 작은 돈이라도 모으는 것이 중요하다.
>
> • 초기 기회를 잡지 못하면 나중에 따라잡기 힘들다.

현금 1억, 3억, 5억 있다면 이렇게 하라

현금을 모은 뒤 가장 흔히 받는 질문이 있다. "1억, 3억, 5억이면 나는 지금 무엇을 해야 할까요?" 월급쟁이에게 있어 현금은 기회의 씨앗이다. 하지만 금액에 따라 접근 방법은 달라진다. 지금부터 나는 세 가지 시나리오로 나눠 이야기해보려 한다.

1억, 사회초년생에게 첫 종잣돈의 힘

솔직히 말해, 1억 원은 평범한 월급쟁이에게 결코 작은 돈이 아니다. 20년 전과 달리, 2025년 현재 1억 원의 실질 가치는 떨어졌지만, 여전히 투자 세계에서는 시작할 수 있는 출발선이다. 과거에는 1억 원으로 지방 아파트 분양권이나 재개발 빌라에 투자할 수 있었다. 하지만 인플레이션으로 인한 돈의 가치 하락으로 1억 원으로 큰 수익을 내기는 쉽지 않다.

이럴 때 가장 중요한 전략은 조급함과 불안감을 버리는 것이다. 회사에서 꾸준히 월급을 받으면서, 주식, 펀드, 다양한 금융자산에 투자하며 시드머니를 키워야 한다.

그리고 동시에 경제공부, 자산공부를 시작해야 한다. "돈을 먼저 모은 뒤 공부하자"는 사람도 있다. 하지만 그때 기회가 찾아와도 잡지 못한다. 1억 원은 단순한 금액이 아니라, 투자 감각을 기르는 훈련용 자금으로 활용해야 한다.

3억, 투자 경험을 쌓는 애매한 금액

3억 원은 부동산 투자에서 가장 고민되는 금액이다. 몇 년 전만 해도, 구분상가, 지식산업센터, 오피스텔 등 월세가 꾸준히 나오는 곳에 투자하라고 권유했다. 하지만 현실은 달라졌다. 대출금리 인상, 자영업 폐업률 증가, 경기 불황 등 이 모든 변수 때문에, 이제는 따박따박 월세 받는 상가 투자가 쉽지 않다. 특히 지방 분양상가는 비추천이다. 그렇다면 대안은 무엇일까?

환금성이 좋은 꼬마빌딩이라면, 투자 경험을 쌓고 짧은 기간 내 매각이나 월세수익을 확보할 수 있는 자산이 될 수 있다. 3억 원을 투자할 때 가장 중요한 것은 환금성이다. 10년 넘게 투자금이 묶이는 재건축이나 장기 프로젝트는 피해야 한다. 작은 건물이라도 현금화가 용이하고 안정적인 수익을 낼 수 있는 곳을 선택해야 한다. 앞서 말했듯이 3억 원이 부족하다면 나처럼 각자의 돈을 모아 가족과 함께 투자를 하는 것도 고민해야 한다.

5억, 본격적인 꼬마빌딩 투자

5억 원이면 이제 투자의 폭이 넓어진다. 단독투자도 가능하지만, 가족과 공동투자로 자금을 합치면 더 좋은 건물에 접근 가능하다. 꼬마빌딩 선택의 폭이 넓어지고, 안정적 월세흐름을 확보할 수 있다. 하지만 주의할 점이 있다. 최근 대출금리가 여전히 불안정하다. 과도한 대출을 사용하면 위험이 커진다. 따라서 5억 원 이상의 자금이 있더라도, 현금흐름이 안정적인 건물을 중심으로 투자 계획을 세우는 것이 현명하다.

돈보다 중요한 것은 공부와 감각!

현금이 많다고 해서 자동으로 부자가 되는 건 아니다. 시장은 계속 변한다. 투자 트렌드는 수시로 바뀌고, 금리, 정책, 경기 상황은 늘 변한다. 따라서 투자자가 해야 할 일은 명확하다. 경제공부와 자산공부를 계속하고 투자의 감각과 시장 인사이트를 길러, 기회가 왔을 때 신속하게 판단한다. 투자 경험을 쌓으며, 소액부터 단계적으로 규모를 늘려 나가야 한다.

현금이 많다고 부자가 되는 건 아니다. 세상은 늘 변한다. 금리와 정책은 수시로 바뀌고, 투자 트렌드도 하루가 다르게 달라진다. 따라서 투자자가 해야 할 일은 단순하다. 계속해서 경제공부와 자산공부를 하고, 시장의 감각과 투자 인사이트를 키워야 한다. 그리고 작은 돈부터 단계적으로 투자하며 경험을 축적하도록 노력해야 한다.

종합소득세 내는 세계가 있단다. 혜정아

억울함과 자부심

몇 년 전 넷플릭스 드라마 〈더 글로리〉의 장면 하나가 떠오른다. 전재준이라는 인물이 이사라에게 미술 작품을 판매하는 장면이다. 정리하면 이렇다.

이사라는 작품값을 뻥튀기해서 탈세를 시도했고, 전해준은 자신의 골프장 인테리어를 위해 작품을 구입하며, 소득 비용 처리를 했다. 그러면서 이사라는 직장인 혜정이에게 이렇게 말한다. "근로소득세 내는 넌 모르는, 종합소득세 내는 세계가 있단다, 혜정아."

평범한 월급쟁이였던 시절, 나는 이 장면을 단순히 드라마 속 장치로만 받아들였다. 하지만 내 꼬마빌딩 두 채와 상가를 운영하며 매년 5월 종합소득세를 납부하는 지금, 그 말이 단번에 이해됐다. 혜정의 경우, 직장에서 받는 월급이 소득의 전부라면 연초 연말정산만 신경 쓰면 된다. 하지만 월세를 받거나 추가 수익 파이프라인이 있는 사람은 매년 5월 종합소득세를 내야 한다.

솔직히 말하면, 매년 5월 세무서를 마주할 때마다 나 또한 두 가지 감정이 공존한다. '악착같이 건물 두 채를 운영하며, 은행 이자까지 제외하고 겨우 남은 월세를 세금으로 내야 한다니⋯'라는 억울함과 '종합소득세를 내고 있다는 것은 내가 회사 밖에서 치열하게 살아왔다는 증거이기도 하다'라는 자부심이다.

월급쟁이는 근로소득세를 내고, 부자들은 종합소득세를 낸다는 단순한 이분법으로 생각할 수 없다. 하지만 부자들은 근로소득 외에도 자본소득, 사업소득 등 여러 소득 파이프라인을 가지고 있다. 부자들만 가능한 걸까? 아니다. 우리 같은 평범한 월급쟁이도 가능하다.

종합소득세를 통해 배우는 부자의 세계

나는 처음 종합소득세 고지서를 받았을 때, 솔직히 눈앞이 캄캄했다. 월세와 상가수익을 합산하고, 은행이자를 차감하고 공제항목을 꼼꼼히 계산하고 그렇게 낸 세금이 내게 큰 부담으로 느껴졌던 것이다.

하지만 시간이 지나 깨달았다. 이 세금을 낸다는 것은, 직장 밖에서 내 돈이 돌아가고 있다는 증거였다. 내 월급만으로는 절대 경험할 수 없는 돈의 흐름을, 나는 세금이라는 실전 장치를 통해 배우고 있는 것이다. 평범한 월급쟁이는 연말정산만 하면 되지만, 부자는 종합소득세를 통해 돈의 흐름과 투자 효율을 매년 점검한다. 그리고 나는 이 과정을 통해 투자전략과 세금계획을 함께 세우는 습관을 갖게 되었다.

현금 5억 아파트 살까?
건물 살까?

만약 당신에게 현금 5억이 있다면, 아파트를 살까? 아니면 꼬마빌딩을 살까? 정답은 없다. 사람마다 처한 상황, 목표, 가족 환경이 다르기 때문이다. 하지만 내 경험과 평범한 월급쟁이 관점에서 조언을 해보겠다.

내 집이 없다면, 우선 내 집 마련부터

부동산 투자의 최종 목표도 결국 돈을 버는 것이지만, 돈을 버는 이유는 사랑하는 가족과 행복하게 살기 위해서다. 내 집이 없으면, 집값 상승과 월세, 전세값 변동 때문에 불안하고 스트레스를 받는다. 따라서 우선 실거주 목적의 아파트나 주택을 매입하는 것이 현명하다. 하지만 현실은 쉽지 않다. 최근 아파트 대출규제와 가격상승으로 내집 마련이 어려운 것도 현실이다.

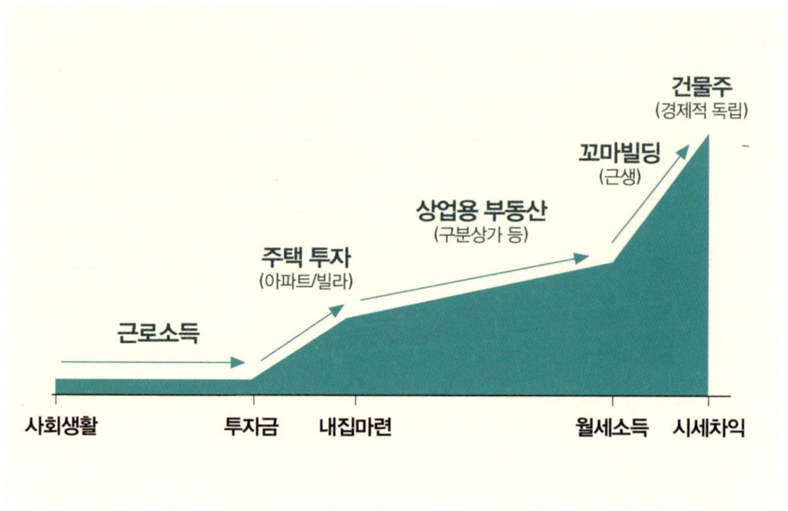

내 집이 이미 있다면, 추가 투자 선택

만약 이미 내 집이 있고, 추가 투자용으로 자금을 활용할 계획이라면, 나는 꼬마빌딩 투자를 추천한다. 왜냐하면 아파트보다 여러 가지 장점이 있기 때문이다.

아파트 대비 꼬마빌딩의 장점

• 첫째, 정부 규제가 덜하다

아파트는 서민 거주 목적이 우선이므로, 다주택자가 되면 언제든 세금 폭탄을 맞을 수 있다. '똘똘한 한 채'라는 말처럼, 아파트는 거주목적이지 투자목적으로 접근하기에는 한계가 있다. 반면,

꼬마빌딩과 같은 상업용 부동산은 상대적으로 정부규제가 덜하다. 그래서 부자와 연예인들이 아파트보다 상업용 부동산을 선호한다.

• 둘째, 대출 레버리지가 좋다

아파트는 정부규제로 대출이 제한적이지만, 꼬마빌딩은 '개인 60~90%'까지 대출이 가능하다. 즉, 소액투자금으로도 큰 규모의 투자효과를 볼 수 있다.

• 셋째, 내 노력으로 가치를 높일 수 있다

아파트는 주인의 노력으로 가격을 올릴 수 없다. 1층과 10층의 시세 차이 정도가 전부다. 꼬마빌딩은 다르다. 리모델링, 신축, 업종 선택, 월세 인상 등으로 직접 가치를 올릴 수 있다. 노력과 전략에 따라 내 의지로 수익과 자산가치를 키울 수 있는 것이 최대 매력이다.

> **TIP** **세 줄 요약**
> - 내 집이 없으면 실거주용 아파트를 먼저 마련하라.
> - 추가 투자라면 정부규제가 적고, 레버리지 활용이 가능한 건물 투자를 고려하라.
> - 내 의지와 노력으로 가치상승이 가능한 투자에 집중하라

월급쟁이가
부동산 투자를 해야 하는
다섯 가지 이유

투자에는 셀 수 없이 많은 방법이 존재한다. 은행 저축, 주식, 채권, 펀드, 보험, 심지어 한때 광풍처럼 몰아쳤던 비트코인과 가상화폐까지. 그렇다면 평범한 월급쟁이에게 가장 적합한 투자 방법은 무엇일까? 나는 단호히 말한다. 부동산이다. 내가 직접 부동산을 통해 수익을 내보았기에 자신 있게 말할 수 있다.

주위를 보면 은행과 금융상품만으로 부자가 된 사람은 찾기 어렵다. 비트코인 광풍 때 잠깐 돈을 번 사람은 있어도, 장기적으로 안정적 부를 얻은 사람은 드물다. 그러나 부동산을 통해 집을 사고, 월세를 받고, 시세차익을 누리는 사람은 내 주변에 너무나 쉽게 존재한다. 이제 월급쟁이가 부동산 투자를 해야 하는 다섯 가지 이유를 이야기해보겠다.

회사 업무에 제약을 주지 않는다

직장 후배 김 과장은 자칭 '주식 전문가'다. 매일 아침 9시 개장과 동시에 스마트폰을 붙들고 시세를 확인한다. 마음이 콩밭에 가 있는 탓에 회사 업무는 뒤로 밀린다. 어느 날은 중요한 보고를 놓쳐 상사에게 꾸중을 듣고, 하루 종일 마음은 불안과 초조로 뒤덮인다. 하지만 부동산 투자는 다르다. 한 번 투자하고 나면 잠시 잊고, 회사 업무에 집중할 수 있다. 외근이나 출장 중에도 간간이 시세를 확인하거나 현장을 방문하는 정도로 충분하다. 회사와 투자, 둘 다 포기하지 않아도 되는 가장 현실적인 선택지가 바로 부동산이다.

다른 투자보다 리스크가 상대적으로 낮다

한때 비트코인 광풍에 휩싸였던 박 부장은 회식 자리에서 자신의 수익률을 자랑하곤 했다. 하루에 몇 백만 원을 벌기도 했다. 하지만 1년이 채 지나지 않아, 그의 포트폴리오는 마이너스가 되었고, 누구에게도 하소연할 수 없는 상황이 되었다. 주식, 파생상품, 암호화폐… 수익률이 높지만, 손실이 발생하면 하루아침에 돈이 사라진다. 은행 저축은 안전하지만 수익률은 바닥 수준이다. 그에 반해 부동산은 다르다. 공부하고 전략을 세운다면, 안정적인 시세차익과 월세수익을 동시에 확보할 수 있다. 심지어 노후보장까지 가능하다.

소액으로도 시작할 수 있다

직장 동료 최 부장은 소위 흙수저 출신이었다. 하지만 총각 시절부터 모은 종잣돈으로 지방 아파트와 빌라를 매입했다. 초기 투자금은 고작 3,000만 원. 그러나 이제 그는 월급보다 많은 월세수익을 올리며, 경제적 자유를 향해 한 발씩 나아가고 있다. 많은 사람들이 부동산 투자는 큰돈이 필요하다고 생각하지만, 현실은 다르다. 소액으로도 충분히 시작할 수 있고, 꾸준히 투자경험을 쌓으며 자산을 확장할 수 있다.

대출 레버리지를 극대화할 수 있다

성실히 직장생활을 해온 사람이라면, 은행과 금융기관에서 대출을 받을 수 있다. 정부규제가 있긴 하지만, 다른 직업군보다 부동산 대출은 훨씬 용이하다. 이를 활용하면, 5억 원 현금으로도 10억~15억 원 규모의 꼬마빌딩 투자가 가능하다. 레버리지가 크면 투자 성공 가능성도 높아진다. 단, 과도한 대출은 금물. 안정적인 월세 수익을 확보하면서 현명하게 레버리지를 활용해야 한다.

회사에서 배운 역량을 투자에 활용할 수 있다

회사를 다니며 사람을 설득하고, 수치를 분석하고, 프로젝트를 관리하며 쌓은 경험은 부동산 투자에 그대로 적용된다. 영업·마케팅 및 손익 계산 능력, 숫자와 수익률 분석, 사람과의 커뮤니케이션과 협상 등 업무상 경험한 모든 경험이 부동산 투자에서 큰 자산이 된다. 회사에서 쌓은 능력을, 부동산이라는 현실에서 현금과 자산으로 바꾸는 과정이 바로 월급쟁이 투자자의 강점이다.

따라서 월급쟁이에게 적합한 투자방법, 그것은 부동산이다. 회사 업무에 부담을 주지 않으면서 안정적인 수익과 노후 보장을 누리고 소액으로 시작해 점차 확장하며 레버리지를 활용하고 회사

생활에서 쌓은 역량을 그대로 활용할 수 있다.

돈을 모으고, 투자하고, 자산을 늘리는 과정은 쉽지 않다. 그러나 현실적이고 안정적인 방법을 찾는다면, 부동산 만한 선택지는 없다. 평범한 월급쟁이도, 한 발씩 움직이며 전략적으로 투자하면, 부동산을 통해 평생 월급이 아닌 자산으로 부를 만들어갈 수 있다.

> **TIP** 세 줄 요약
>
> - 부동산은 회사 일에 지장을 주지 않고, 안정적인 수익을 낼 수 있다.
> - 소액으로도 투자 가능하며, 대출을 활용해 레버리지 효과를 극대화할 수 있다.
> - 회사에서 배운 역량과 사람 관리 능력을 투자에 적극 활용하라.

월급 모아 5년 만에
건물 2채 산 핵심 비법,
레버리지

회사에서 친한 채 부장, 그는 학창시절 성실했고, 공부도 잘했다. 덕분에 대기업에 입사했고, 10년 동안 묵묵히 회사 생활을 했다. 결혼도 했고, 사랑스러운 딸아이도 얻었다. 그는 이제 평생 행복할 것이라 믿었다. 하지만 몇 년 전부터 그의 얼굴에는 미묘한 불만이 서려 있었다. 아내가 서울에 집을 구입하자고 했을 때, 그는 대출을 두려워했다. 몇 억 대출이라니, 상상만 해도 숨이 막힌다. 그는 조금 더 모아서 집을 사자고 결심했다. 그러나 집값은 날마다 치솟았고, 어느 순간 그는 대출로도 집을 살 수 없는 신세가 되고 말았다.

이때, 내가 그에게 한마디를 던졌다. "레버리지Leverage를 이해해야 합니다. 지렛대처럼, 가진 힘보다 더 큰 힘을 만들어내는 법칙이죠." 레버리지, 내가 가장 좋아하는 단어다. 지렛대. 작은 힘으로 큰 결과를 만들어내는 원리다. 이 원리를 이해하면, 돈과 시간, 기회를 지배할 수 있다.

고용자 vs 노동자, 노예 vs 주인

누군가는 다른 사람을 레버리지하여 돈과 시간을 얻는다. 반면, 누군가는 다른 사람 계획 속에서 레버리지를 당하며, 매달 꼬박꼬박 월급에 의존하며 살아간다.

친한 직장 동료 박 부장은 하루도 빠짐없이 일찍 출근한다. 야근도 가장 많다. 그는 열심히 살면 반드시 성공한다고 믿는다. 그러나 열심히만 산다고 부자가 되는 것은 아니다. 나는 30년 넘게 한 회사 월급쟁이로 살아온 아버지를 보며, '열심히 일하라'는 세상 법칙이 현실에서 얼마나 한계가 있는지 알았다. 그렇다면 무엇이 필요할까?

최소 노력의 법칙

바로 '최소 노력의 법칙'이다. 더 적은 돈으로 더 많은 돈을 버는 법, 더 짧은 시간으로 더 많은 시간을 얻는 법, 더 적은 노력으로 더 큰 성과를 내는 법, 이것이 바로 레버리지의 핵심이다. 타인의 계획 속에서 움직이고 있다면, 당신은 100% 레버리지 당하는 삶을 살고 있다. 남을 잘 활용해야 한다. 남을 적절히 이용할 줄 알아야 한다.

회사 안에서의 레버리지

과거에는 오래 앉아 있는 것만으로 인정받던 시절이 있었다. 그러나 세상은 변했다. 이제 중요한 것은 시간이 아닌 능력이다. 나는 회사에서 어려운 문제를 마주하면 모든 걸 스스로 해결하지 않는다. 빠르게 '모른다'를 인정하고, 나보다 잘하는 사람에게 아 웃소싱한다. 그 결과, 내 업무 속도는 빨라지고, 야근 없이도 누구 보다 먼저 부장을 달 수 있었다.

회사 밖에서의 레버리지: 대출

가장 대표적인 레버리지는 바로 대출이다. 만약 내가 대출이라 는 레버리지를 몰랐다면, 3년 만에 꼬마빌딩 2채를 사는 일은 불가 능했을 것이다. 예를 들어, 김 부장과 박 부장이 모두 10억 원을 가 지고 있다고 하자.

김 부장은 10억 원으로 10억짜리 건물 한 채를 산다. 박 부장은 10억 원을 자기 자본으로 쓰고, 나머지는 대출을 활용해 20억 원 짜리 건물을 산다. 10년 후, 부동산 가격이 20% 상승하면 김 부장 은 2억 원을 벌고 박 부장은 4억 원을 번다. 대출이라는 지렛대, 레 버리지 효과가 만드는 차이다.

결론은 전략적으로, 체계적으로, 남을 활용하라는 것이다. 내 가 하고 싶은 말은 단순하다. 더 열심히 일하는 것만이 답이 아니 다. 더 오래 야근하는 것만이 성공의 비법이 아니다. 중요한 것은 전략적이고 체계적으로 남을 활용하는 삶이다.

회사 안이나 밖에서, 단순 작업과 시간 낭비는 철저히 아웃소 싱하고, 남들의 시간을 돈으로 사고, 남은 시간에 우리만의 비전과 목표를 쌓아야 한다.

매일 출근길 지하철에서 스스로에게 물어보자. 나는 타인을 레 버리지 하고 있는가? 나는 타인에게 레버리지를 당하고 있는가?

월급쟁이는 회사에 레버리지를 당하는 삶을 사기 쉽다. 이제는 회사를 레버리지하여 나의 미래를 준비할 때다. 근로소득 외에, 부동산 투자와 자산을 통해 나만의 수입원을 만들고, 진정한 경제적 자유를 쟁취하라.

TIP 세 줄 요약

- 레버리지를 전략적으로 활용하라.
- 적은 노력으로 더 큰 성과를 내는 '최소 노력의 법칙'을 기억하라.
- 회사 안팎에서 시간을 효율적으로 쓰고, 중요한 일에만 집중하라.

부자가 될
기회가 오고 있다

세상이 어지럽다. 트럼프 관세 전쟁으로 전 세계는 불확실성으로 가득하다. 작년 탄핵으로 나라가 흔들렸고, 고물가, 자영업 폐업률 급증, 부동산 시장은 침체를 겪고 있다. 이런 시대를 바라보는 사람들의 시선은 두 가지로 나뉜다.

"쯧쯧… 세상 큰일이야. 내가 이럴 줄 알았어! 나라가 이게 무슨 꼴이람!"

"이러한 불확실성 속에서, 위기는 곧 기회야. 뭔가 기회가 있을 텐데?"

대학 신입생 시절, 나는 IMF를 겪었다. 경제가 흔들리고 환율과 금리는 치솟았다. 사람들은 나라가 망할까 두려워 극도의 공포감에 휩싸였다. 대부분은 자산을 팔며 공포를 견뎌냈지만, 소수는 공포 속에서도 기회를 찾아 자산을 매입했다. 결과는 어떠했을까? IMF 이후, 공포에 굴복한 사람들은 큰 손해를 봤지만, 기회를 활용한 사람들은 벼락부자가 되었다.

《부자 아빠 가난한 아빠》의 저자, 로버트 기요사키의 말이 인상적이다. "2008년 금융위기 당시, 부동산 가격이 급락했을 때 은행에서 수백만 달러를 빌려 집을 장만했다. 부자가 될 수 있는 기회는 시장 붕괴가 임박했을 때다. 가치 하락에 당황하지 말고, 할인 구매의 기회로 접근해야 한다"는 그의 말에 전적으로 공감한다. 분명 위기 속에는 기회가 있다. 시장이 흔들릴 때 기류를 잘 타면, 누구에게나 부자가 될 수 있는 기회가 찾아온다.

내 경험을 다시 이야기해보자. 나는 꼬마빌딩 투자를 하고 있다. 첫 번째 건물의 경우, 부자들만의 영역이라 여기면서 모두가 아파트에 투자할 때, 나는 친형과 모은 월급을 털어 꼬마빌딩 한 채를 매입했다. 현재 가치는 두 배로 상승했다. 두 번째 건물의 경우, 코로나가 터지고 명동 건물들이 '임대' 간판을 내걸고 '착한 건물주'라는 신조어가 등장했을 때, 3억 원 가까이 싸게 매입했다. 지금 두 채의 건물을 통해 나는 모두 안정적 월세는 물론 상당한 시세차익까지 얻었다.

혼돈의 시기는 나의 인생을 바꿀 수 있는 시기임을 반드시 기억해야 한다. 세상이 어지럽다고 한탄하거나, 나라를 원망하거나, 회사를 탓하는 것으로는 아무것도 바뀌지 않는다. 중요한 것은 세상이 어떻게 흘러갈지 분석하고, 내가 부자가 될 기회는 무엇인지 찾는 것이다. 이 순간을 포착하고 기회를 행동으로 옮기는 사람에게만, 미래의 부와 자유가 열린다. 세상은 항상 혼란스럽다. 하지만 그 혼란 속에서 행동하는 사람만이 부자가 될 기회를 잡을 수 있다.

TIP 세 줄 요약

- 혼돈과 불확실성을 위기가 아닌 기회로 봐라.
- 시장 혼란기에 자산을 확보하면 부자가 될 수 있다.
- 기회를 잡기 위해 종잣돈과 레버리지를 항상 준비하라.

회사 임원이
될 수 있는 확률 0.8%

최근 "임원 1명당 직원이 124.7명에 달한다. 이 숫자가 그대로 유지된다면, 임원으로 승진하는 직원은 전체의 0.8%에 불과하다"는 내용의 기사가 있었다. 직장인들의 로망, 소위 '별을 따는' 임원. 그런데 그 확률이 단 0.8%라니. 과연 얼마나 어려운 일일까? 신입사원 시절의 나도 '언젠가는 나도 그 0.8% 안에 들 수 있을 거야' 하며 하루하루 꿈과 기대를 안고 살아갔다. 하지만 부장이라는 직함을 달고 보니, 회사 임직원들의 삶을 가까이 지켜보면서 깨달았다. 0.8% 안에 드는 것 자체가 얼마나 기적적인 일인지, 그리고 그 과정이 얼마나 험난한지 말이다.

나는 나름대로 회사 임원이 되기 위해 넘어야 할 7단계의 코스를 정리해보았다(물론 회사마다 다르며, 다음 수치는 나의 경험과 관찰을 기반으로 한 개인적 생각이다).

1단계, 회사생활 1년차(신입사원)

신입사원의 90% 이상은 회사에 뼈를 묻겠다는 각오로, 언젠가는 임원이 될 꿈을 안고 출근한다.

2단계, 회사생활 2~3년차(대리)

90% 중 겨우 10%만이 회사의 선택을 받는다. "누구를 키울까, 누구를 포기할까?" 회사는 냉정하게 판단한다. 참고로 이 10% 안에 들려면, 연속 2년 이상 우수 인사고과를 받아야 한다.

3단계, 회사생활 3~5년차(과장)

선발된 10% 안에서는 해외 파견, 발탁 승진 등 다양한 기회가 주어진다. 하지만 경쟁은 여전히 치열하다.

4단계, 회사생활 5~7년차(차장)

10% 안에서도 약 5%만 소규모 조직의 보직장 자리를 얻는다. 이제 리더로서의 자질을 시험받는 단계다.

5단계, 회사생활 10년차(부장)

5% 중 겨우 3%만 임원 후보군으로 선발된다. 이때부터 본격적인 경쟁과 평가가 시작된다.

6단계, 13년차 이상(부장 이상)

3% 중 단 0.8%만 임원의 혜택을 누릴 수 있다. 하지만 끝난 게

아니다. 정규직 신분에서 계약직 신분으로 바뀌며, 매년 성과를 요구받는다.

7단계, 선택된 0.8%(임원)

이 단계에서도 단 0.1%만이 진정한 의미의 자유로운 임원이 된다. 돈 걱정, 미래 걱정 없이 살 수 있는 길이다.

신입사원 시절 나는 7단계의 삶에 도전할 수 있을 거라 믿었지만, 현실은 달랐다. 2단계에서 이미 탈락했다. 그럼에도 불구하고 회사에 목숨 걸고 도전하는 사람들은 여전히 많다. 그들의 삶이 틀렸다는 것은 아니다.

다만, 한 가지 분명한 사실이 있다. 인생 전부를 회사라는 곳에만 의지하면 안 된다. 냉정하게 내 자신을 돌아봐야 한다. 내가 몇 단계에 있는지, 0.8% 확률 안에 들어갈 수 있는지, 객관적으로 판단해야 한다.

만약 불가능하다고 판단된다면? 과감히 회사 밖의 길을 찾아야 한다. 월급을 레버리지 삼아, 회사 안이 아닌 회사 밖에서 미래를 준비하고, 부동산과 같은 투자 소득원을 만들어야 한다. 결국, 0.8%라는 확률 안에 들지 못해도, 자신의 삶을 스스로 레버리지하는 사람만이 진정한 승자가 된다.

TIP 세 줄 요약

- 회사의 승진 경쟁은 치열하니, 회사에만 의존하지 마라.
- 월급은 레버리지로 활용하고, 회사 밖 투자소득을 만들어라.
- 장기적 관점에서 재무 독립과 경제적 자유를 목표로 삼아라.

chapter 06

이것만
제대로 이해해도
나도 건물주

오조

꼬마빌딩 분류 및 유형

이 책에서 다루고 있는 근린생활빌딩(근생빌딩)을 찾아보면, 2024년 기준 전국 상업용(근린생활시설·업무시설) 건물은 약 88만 동에 이른다. 이 중 거래가격 50억 원 이하의 꼬마빌딩은 약 78만 동, 즉 전체의 90% 이상을 차지한다. 서울만 놓고 보면 약 13만 동의 상업용 건물 중 절반 이상이 꼬마빌딩 규모다(국토교통부와 한국부동산원 통계). 이번 장은 평범한 사람들도 접근 가능한 꼬마빌딩에 대한 기초지식 및 투자용어뿐만 아니라 건물 투자에 필요한 필수지식을 담았다.

빌딩의 유형

꼬마빌딩은 토지와 건축물이 합쳐진 형태로 상가로 구성된 근생빌딩뿐만 아니라 주택이 믹스된 형태도 있다. 빌딩유형에 따라 다음과 같이 분류해보자.

꼬마빌딩은 다음과 같이 유형에 따라 다른 투자자산에 해당한

항목	주거전용빌딩	주거+상가(혼합형 빌딩)	근린생활(상업용)빌딩
구성	법적용어는 다가구·다세대·다중주택 등으로 분류되며 전층이 주거로 구성된 건물을 말한다.	1~2층 상가(근린생활시설), 3층 이상 주거가 믹스된 형태	전 층 근린생활시설(카페, 음식점, 학원, 병원 등) 또는 사무실로 구성
특징	안정적 월세 수익, 공실 리스크 낮다.	1층 상가 수익 + 상층 주거 안정성, 균형형 수익	상대적으로 공실 리스크 높음
입지 조건	1, 2, 3종 일반주거지역	준주거지역, 일반주거지역 대로변	상업지역, 준상업지역(준공업, 준주거), 1~3종 일반주거지역
투자 포인트	• '안정형' 투자자 적합 • 법인 투자 시 취득세가 중과(12%)되며 개인 투자 시 주택 수에 포함된다. • 대출은 주택법이 적용되어 방 빼기 적용받고 대출 비율도 낮다.	• 저층(1~2층) 상가 상층부는 주거로 '안정형+성장형' 믹스된 형태 • 주택 부분 취득세가 높으며 대출에서 방 빼기 적용받음 • 1층 상권 분석 중요, 향후 올근린화 가능	• 상권 성장성과 업종 트렌드 분석 필수, 관리 난이도 높다. • 법인으로 매입 시 대출이 수월하고 양도세가 개인에 비해 낮다.

다. 또한 같은 근린생활빌딩이라도 복합형(상가+주택)은 '안정적 현금흐름형', 올근린형(상가, 사무식)은 '고수익·상권 성장형'에 가깝다.

투자자는 자본력, 리스크 성향, 관리 가능성에 따라 자신에게 맞는 유형을 선택해야 한다. 이 구분을 명확히 이해하면, 건물의 종류에 따라 '수익구조가 다른 자산'으로 건물을 바라볼 수 있게 된다.

빌딩 규모에 따른 분류

부동산 시장에서 흔히 '꼬마빌딩'이라 부르는 건물은 명확한 법적 기준이 있는 것은 아니다. 하지만 투자 실무에서는 매매가 약

업계에서 구분하는 빌딩 규모 기준

구분	연면적	대지면적	층수	주요 특징
소형(꼬마) 빌딩	200평 이하	10~100평	2~4층	개인 직접 관리 가능
준중형 빌딩	200~500평	100~300평	4~7층	상가·학원·병원·사무실 등 임차 혼합
중형 빌딩	500~2,000평	300~1,000평	7~15층	전문 임대관리 필요
대형 빌딩	2,000평 이상	1,000평 이상	15층 이상	기관·리츠 보유, 전문 운용 대상

※ 서울·수도권 기준

10억~50억 원 이하, 연면적 200평 이하, 6층 이하인 건물을 통상 꼬마빌딩이라 부른다.

이보다 규모가 커지면 관리 인력이나 임대관리 회사의 도움이 필요해지고, 건축비와 대출 규모가 커지기 때문에 준중형, 중형빌딩으로 분류된다. 위 표는 일반적으로 업계에서 구분하는 빌딩 규모 기준을 정리한 것이다.

건물 투자 시 반드시 알아야 할 핵심 용어 리스트

건물 투자는 아파트 투자보다 훨씬 많은 '기술적 용어'를 포함한다. 이 용어를 모르고 계약서나 설계도를 보면, 중요한 리스크를 놓칠 수 있다. 실전 투자자에게 필요한 기본 개념을 정리한다.

토지 관련 용어

용어	정의 및 설명
대지면적	건물이 세워진 실제 땅의 면적. 건폐율·용적률 계산의 기준이 된다.
건폐율	대지면적 대비 건물이 차지하는 바닥면적의 비율. '얼마나 넓게 짓는가'를 결정한다.
용적률	대지면적 대비 건물의 총 연면적 비율. '얼마나 높게 짓는가'를 나타낸다.
용도지역	토지의 성격을 정하는 제도. 주거·상업·공업지역 등으로 나뉘며, 건폐율과 용적률이 다르다.
도로접면	건물이 접한 도로의 폭. 폭 4m 이상 도로에 접해야 신축이 가능하다.
가각전제 (角角前提)	교차로에 접한 대지에서 교통안전을 위해 건물 신축 시 모서리 일부를 잘라내는 제도. 건물의 실사용 면적과 수익성이 감소하므로 매입 전 반드시 검토해야 한다.
후퇴선	도로나 경계선으로부터 일정 거리 이상 물러나 건축해야 하는 거리. 도로 확장이나 일조 확보 목적이다.

건축 관련 용어

용어	정의 및 설명
연면적	각 층의 바닥면적을 모두 합한 수치. 용적률 산정의 기준이 된다. 지하층은 연면적에서 제외된다
층수 산정 기준	반지하는 일부 층수에서 제외되며, 옥탑층은 포함된다.
일조사선제한	남쪽 인접 대지의 일조를 확보하기 위해 일정 높이 이상에서 건물을 뒤로 물려 지어야 하는 규제.
건축선	건축물의 배치를 정하는 기준선. 도로 중심선으로부터의 거리로 정해진다.
주차장법 (법정주차대수)	용도별로 정해진 최소 주차공간 확보 기준. 예를 들어, 1, 2종 근린생활시설은 134㎡당 1대 이상.
건축물 용도분류	근린생활시설(1, 2종), 업무시설, 판매시설 등으로 구분된다(용도 변경 시 허가 필요).
승강기 설치 기준	6층 이상이고, 연면적 2,000㎡ 이상인 경우 또는 높이 31m를 초과하는 경우 승강기 설치가 의무다.
리모델링(대수선) 가능 범위	'내력벽 해체·변경(30㎡ 이상)', '기둥·보·지붕틀 각각 3개 이상 변경', '방화벽 또는 방화구획 변경', '주(피난)계단 해체·변경', '외벽 마감재 해체·변경(6층 이상)' 등 건축법에서 정한 대수선 범위에 해당될 경우 허가가 필요하며, 그 외 단순 수선은 허가 없이 가능

임대 및 관리 관련 용어

용어	정의 및 설명
전용면적 / 공용면적	임차인이 실제 사용하는 공간(전용)과 복도·엘리베이터·화장실 등 공용공간이 구분된다.
임대료 / 보증금 구조	임대차계약을 통해 보증금과 월세(임대료)를 정하며 월세 수준을 통해 연간 임대수익률을 계산한다.
권리금	기존 영업자가 후속 임차인에게 받는 '영업가치'의 대가
공실률	전체 임대 가능한 면적 중 비어 있는 면적의 비율
건물 관리비 구성	고정비용은 전기·수도·청소·소방·정화조 등이며 엘리베이터 유지비·도로점용료 등은 건물별 개별 적용된다.

투자 및 대출 관련 용어

용어	정의 및 설명
순영업소득NOI	1년 총소득 − 1년 지출금(원리금상환 미포함)
현금흐름Cash Flow	1년 총소득 − 1년 지출금(원리금상환 포함)
자본 환원율Cap Rate	순영업소득NOI / 매매금액
투자수익률ROI	현금흐름Cash Flow / 실투자금
담보인정비율 LTV, Loan to Value Ratio	담보물의 가치 대비 대출 가능 금액의 비율 (예: LTV 70%인 10억 원 건물은 최대 7억 원까지 대출 가능)
임대소득이율 RTI, Rent to Interest	임대소득의 이자비용 감당비율. 건물 투자 시 중요한 지표 (예: RTI가 150%이어야 대출이 가능하게 되는 식)
요구수익률	투자자가 감수하는 위험 대비 요구하는 최소수익률. 투자자가 감수하는 위험에 대한 보상과 시간 가치를 반영한다. 지역별 요구수익률은 다르며 서울핵심지에서 서울 외곽으로 갈수록 또는 서울 외 지방으로 갈수록 높아진다.
탁상감정액	건물을 정식으로 현장 방문하지 않고, 책상 위에서만 조사하여 대략적인 가격을 산정하는 것이다. 이는 주로 정식감정평가 전에 대출가능금액 사전확인을 목적으로 활용된다.
감정평가액	금융기관이 대출 시 기준으로 삼는 평가금액. 시세와 다를 수 있으며 건물 대출은 언제나 감정평가액을 기준으로 한다.

꼬마빌딩 투자는 단순히 '수익형 부동산'이 아니라, 토지와 건축규제를 함께 이해해야 하는 종합투자다. 건폐율과 용적률, 주차장법, 일조사선제한 같은 단어들은 단순한 기술용어가 아니라 '가치의 한계선'을 의미한다. 이 기본기를 알고 나면 같은 30억 원짜리 건물이라도 어떤 곳은 '잠재가치가 있는 재건축형', 어떤 곳은 '용적률이 꽉 차 더 이상 개발이 불가능한 수익형'이라는 것을 구분할 수 있다. 투자는 결국 정보의 깊이만큼 안전해진다. 여기에서 다룬 용어들이 꼬마빌딩 투자를 한층 더 단단하게 만들어줄 것이다.

빌딩분석 유용한
손품 사이트

감感이 아닌 데이터로 접근해야 한다. 대부분의 초보 투자자는 건물을 고를 때 "유동인구가 많아 보인다", "이 근처는 잘 될 것 같다" 같은 감각적 판단에 의존한다. 하지만 실제로 성공적인 건물 투자는 '감'이 아닌 데이터 기반 분석력에서 갈린다.

부동산 시장이 투명해지고, 공공데이터와 상권데이터가 개방된 지금, 꼬마빌딩 투자자는 스스로 입지, 토지, 건물, 수익, 리스크를 수치로 검증할 수 있다. 지금부터 소개할 사이트들을 통해 아래 손품활용 흐름도를 참고하여 나도 전문가처럼 건물분석을 해보자.

손품 활용 흐름도

1단계 물건 탐색 / 시세검색

└ 네이버 부동산 / 밸류맵 / 디스코 / 부동산 플래닛 / 3D지도 / 네이버 지도 / 카카오 지도 / 랜드바이저

↓

2단계 상권·입지 분석

└ 서울시 상권분석시스템 / 나이스비즈맵 / 오픈업

↓

3단계 법규·토지 분석

└ 토지이음 / 정부24 / 인터넷등기소 / 토지이용규제정보서비스

↓

4단계 건물 구조 분석

└ 세움터 / 건축물대장 / 현장답사 / 건축사 자문

↓

5단계 수익성·리스크 검증

└ 네이버부동산 임대료 시세 / 수지분석

부동산

네이버 부동산land.naver.com: 매물, 임대시세, 개발계획

밸류맵valueupmap.com: 매물, 빌딩추정가, 실거래가

디스코disco.re: 매물, 실거래가, 건축정보, 도로확인

부동산플래닛bdsplanet.com: 매물, 빌딩추정가, 노후도

네이버지도map.naver.com: 활성화상권확인, 거리측정

카카오맵map.kakao.com: 부동산 과거사진비교

서울시 3D 맵smap.seoul.go.kr: 조망권, 일조권

감정평가 사이트: 랜드바이저landvisor.net / 밸류쇼핑 valueshopping.land

상권조사

오픈업openub.com: 상권매출

서울시 상권분석서비스golmok.seoul.go.kr: 뜨는 상권, 주동선, 부동선, 점포 이력

나이스비즈맵nicebizmap.co.kr: 유동인구 집중도 및 수치파악

호갱노노hogangnono.com: 상권 및 소득수준 파악

관공서

국가통계포털kosis.kr: 통계자료, 공공데이터, 인구현황

한국부동산원reb.or.kr/r-one: 부동산 통계자료, 상업용부동산 임대현황, 수익률, 공실률

토지이음eum.go.kr: 토지이용계획 열람, 토지관련 모든정보

국토교통부molit.go.kr: 정책발표, 보도자료

인터넷등기소iros.go.kr: 등기부등본

정부24gov.kr: 토지대장. 건축물대장 등

부동산정보통합열람kras.seoul.go.kr: 토지, 건축물, 이용계획, 공시지가

건축행정시스템 세움터eais.go.kr: 건물축대장, 주택인허가

레버리지 싸움,
대출 전략

꼬마빌딩 투자는 결국 '레버리지 싸움'이다. 상업용 건물 대출은 '감정가 + 임대수익'이 핵심이며 개인보다 법인명의로 진행하는 것이 유리하다.

같은 10억 원을 가지고도, 누군가는 20억 원짜리 건물을 사고 누군가는 40억 원짜리 건물을 산다. 그 차이는 '대출을 얼마나 전략적으로 활용하느냐'에 달려 있다. 그러나 건물에는 KB시세 아파트시세처럼 시세가 있는 것이 아니다. 상업용 건물의 평가기준은 감정가기준이며 여기서 매달 나오는 임대수익 역시 대출실행의 기준이 된다. 대출이 실행되는 순서는 다음과 같다.

매입할 빌딩 확정 → 은행 사전심사(소득·신용·보유자산 확인) → 감정평가 (감정가액의 70~80%) → 대출승인 및 계약체결 → 근저당 설정 및 실행

대출은 개인과 법인의 상황에 따라 다르지만 내가 추천하는 대

출가이드는 다음과 같다.

법인으로 대출 시 80%까지 대출 가능(개인은 60% 내외)

신규 법인은 대표의 신용, 자본금이 가장 중요하다. 기존 법인이라면 최근 2년치 재무재표가 중요하다. 최근재무재표에서 1년이라도 적자가 발생하면 불리하며 이럴 때는 오히려 신규법인을 세우자. 법인대출 시 주의할 점은 법인이 손실이 나면 대출연장이 불가능하거나 일부상환조건이 될 수 있으니 꾸준한 매출발생 및 손실이 없도록 재무재표 관리를 잘하자.

가급적 대출은 최대(80%)로 받자

대출은 건물 매입 시점에 가장 많이 나온다. 이후 추가 대출은 심사가 까다롭고 보수적이다. 시드머니가 충분해도 공실과 고금리 및 건물하자 발생 등 위기에 대처할 수 있도록 풀대출을 추천한다.

은행은 다다익선

주거래은행만 믿지 말고 최대한 많은 곳의 은행 문을 두드리자. 은행마다 감정평가금액, 담보인정비율이 다르고 담당자(은행 담당자, 지점장) 재량으로 금액과 금리우대도 가능하다.

추가담보 제공 시 대출금이 상승한다. 자가 아파트나 부동산을 공동담보로 제공해 대출금을 올릴 수 있다. 이때 공동담보로 제공되는 부동산의 경우 본인 외 타인(친인척, 지인 등)의 부동산도 가능하다.

대출도 타이밍이다

연말보다는 연초, 분기 말보다는 분기 초가 대출실행에 더 유리하다. 참고로 연말은 대출액도 낮고 금리도 더 높을 수 있기 때문에 가급적 잔금시점은 연초나 분기 초로 잡자.

기관을 통한 대출

법인의 신용이 부족하거나 예상금액만큼 대출이 안 나올 경우 공공기관 또는 보증기관을 통해 추가로 대출금을 늘릴 수 있다. 대표적인 곳은 다음과 같으니 각 홈페이지에서 세부사항을 확인해보면 된다.

- 정책자금대출: 공공기관, 지자체
- 보증대출: 신용보증기금, 기술보증기금, 지역 신용보증재단
- 벤처기업대출: 금리우대 대출액 증가(취득세 75% 감면 / 5년까지 법인세 절감 50%)

제2금융권의 문도 두드리자

그러나 금리가 부담되므로 일정기간 후 시세상승분을 고려해 건물 재감정후 1금융권으로 대환하도록 하자.

직장 때려치우기 전에 건물 사기

은행이 제일 좋아하는 것은 매달 일정한 현금흐름이 있는 사람이며, 특히 일할 기간이 많은 연령대를 선호한다. 나이가 많으면

그만큼 상환능력을 낮게 보기 때문이다. 그러니 건물주가 되는 것을 너무 미루지 말고 작은 것부터 빠르게 시작하는 것을 추천한다.

위반건축물

건축물대장에 노란딱지, 즉 위반건축물이 붙은 경우 대출이 나오지 않으니 주의해야 한다. 그러나 그 위반 정도가 경미하거나 또는 철거조건으로 대출이 실행될 수 있으니 금융기관과 협의가 필요하다.

기타 주의사항

상가주택, 고시원건물 등 주거형태가 믹스되면 방 빼기가 적용되어 원하는 액수만큼 대출금이 안 나올 수 있으니 주의하자(서울 기준 방당 5,500원, 각 지자체별로 상이하다).

빌딩 세법
3총사

건물을 사고, 벌고(보유하고), 팔기까지 우리는 다양한 세금과 만나게 된다. 취득할 때, 임대수익을 벌 때, 그리고 매각할 때 각각 달라지는 세율과 계산 방식은 투자수익률을 크게 좌우한다. 이 파트에서는 개인명의와 법인명의로 건물을 매입했을 때 각각 어떤 세금이 발생하고, 각 세금이 투자 수익에 어떻게 영향을 미치는지 살펴보자.

세금 구조를 이해하면, 단순히 '건물가격 대비 수익률'만 보는 것이 아니라, 실질적인 손익 구조까지 파악할 수 있다. 다음 표는 크게 세 단계로(살 때, 벌 때, 팔 때) 나누어 개인과 법인이 내야 할 세금을 비교해봤다.

구분		개인(사업자) 명의	법인 명의
① 살 때 (취득 단계)	취등록세	4.6% (상업용 부동산 기준, 거래가액에 따라 최대 5%)	개인과 동일 5년 이하 법인: 9.4% / 주택매입 시 13.2%
	비고	인지세, 건물분 부가가치세 발생	인지세, 건물분 부가가치세 발생
② 벌 때 (보유 및 임대 단계)	재산세 (7, 9월)	0.5%~2.0%(공시가격 기준)	개인과 동일
	소득세 (임대소득)	종합소득세율 6~45% 적용 (다른 소득과 합산)	법인세율 10~25% (과세표준 구간별)
	종합부동산세 (12월)	공시지가 80억 원(시가 약 250억 ~400억 원 이상)일 때만 부과	개인과 동일
③ 팔 때 (양도 단계)	양도소득세	시세차익에 대해 과세, 6~45% (보유기간 따라 단기 50%까지 가능)	별도 양도세 없음, 매 각차익은 법인세로 과 세(10~22%)
	지방소득세	양도세의 10% 추가	법인세의 10% 추가
	비고	장기보유 시 '장기보유특별공제'로 절세 가능(3년 이후부터 적용, 최대 15년까지 적용, 매년 2%씩 최대 30%까지 공제)	장기보유 특별공제 없음

수익 아끼는
건물 계약하기

건물 매매의 경우 단순히 소유권 이전 뿐만 아니라 명도나 법인계약등 아파트와 다른 사항들이 존재한다. 다음 사항들을 매매계약서에 기재함으로써 향후 분쟁이나 오해의 소지가 없도록 하자. 건물 매매시 가급적 건물전문 공인중개사를 통해 건물계약서를 작성하는 것을 권유한다.

잔금 시 명의가 법인으로 변경될 수 있다

매수인은 잔금일 전까지 매도자에게 사전 고지 후 계약자가 대표인 법인으로 명의를 변경할 수 있고, 변경 시 신규매매계약서를 작성하기로 한다. 이에 매도인은 적극 협조해주기로 하며 명의 외 계약사항은 그대로 승계한다.

→미리 법인준비가 안 됐을 경우, 우선 개인 명의로 계약 후 법인 설립 후 신규계약서를 작성하게 된다.

명도는 매도자가 책임진다

매도인은 ○○월 ○○일까지 건물의 전체 임차인을 책임명도하고, 잔금일에 전층 공실상태로 매수인에게 인도한다. 매도인은 약조된 날까지 명도되지 않는 경우 계약은 파기된다

→리모델링이나 신축으로 명도가 불가피한 경우 매도자 책임명도 항목을 넣자. 매수자가 명도를 할 수도 있음으로 협의항목이 될 수 있다.

불법 건축물 해소

매도인은 잔금일(또는 ○○. ○○일)까지 건축물대장상에 등재되어 있는 불법 건축물을 해소하며, 관련된 비용은 매도인이 부담한다.

→불법 건축물이 있다면 대출실행이 안 된다. 다만 철거조건으로 실행될 시 반드시 매매계약서에 넣어야 할 항목이다. 그러나 용도변경(주택 → 근생) 후 대출실행을 위한 경우는 매수인의 편의에 의한 것으로 매수 측에서 비용부담을 하는 경우도 있다.

하자담보 책임

구축건물 매입 시 매도자의 하자담보책임에 관해서는 관련 법령을 따른다. 신축건물 매입 시에는 매도자는 매수자에게 시공사와의 하자 보증보험에 관한 일체사항을 인계한다. 하자보증보험 내용 외의 하자에 대해서는 관련 법령에 따른다.

일정지연조율

매수인의 사정(건축인허가, 대출지연 등)으로 지연되어 잔금일이 지연될 경우 매수인은 잔금일에 지연이자를 매도인에게 지급한다.

→잔금대출실행 지연 리스크를 해소하기 위한 문구다.

당신의 퇴직금,
정말 준비가 끝났나요?

"너 내가 퇴직금 건들지 말라고 말했잖아. 상가로 수익 내는 게 쉬운 줄 알아? 원수가 있거든 상가 분양권 전해라."

드라마 〈서울 자가에 대기업 다니는 김 부장 이야기〉 속 대사였지만, 이 장면을 보며 마음이 불편해진 분들이 분명 있을 겁니다. 왜냐하면 이 이야기는 결코 드라마 속 이야기만은 아니기 때문입니다.

퇴직을 앞두고, 혹은 퇴직 이후 막연한 불안에 휩싸인 순간, 사람은 가장 쉽게 잘못된 선택을 합니다. 준비 없는 퇴사, 초조함, 그리고 '뭔가 해야 한다'는 압박감 속에서 우리는 종종 가장 위험한 투자를 선택합니다. 이 책은 그 악수를 피하기 위해 쓰였습니다.

이 책은 결코 당신을 쉽게 부자로 만들어 주지 못합니다. 솔직히 말해, 우리 역시 아직 스스로를 '성공한 건물주'라 부르기에는 부족합니다. 다만, 이 책을 쓰며 우리가 얻은 가장 큰 수확은 정답을 알려주는 책을 쓴 것이 아니라, 우리가 어떻게 건물 투자를 해

왔는지를 차분히 정리할 수 있었다는 것입니다.

불과 몇 년 전만 해도 우리는 부동산 앞에서 겁부터 나던 부린이였고, 회사와 집을 오가는 삶이 전부인 평범한 월급쟁이와 가정주부였습니다. 하지만 공부하고, 고민하고, 선택을 반복하면서 우리는 회사 밖에서 전혀 다른 세상을 보기 시작했습니다. 돈의 흐름, 시간의 가치, 그리고 '노동만이 답은 아닐 수 있다'는 생각 말입니다.

이 책을 통해 가장 전하고 싶었던 메시지는 단순합니다. "우리 같은 사람도 건물주가 될 수 있다." 이 말은 지금 당장 건물을 사라는 이야기도 아니고, 무리해서 인생을 걸라는 말도 아닙니다. 다만, 건물주는 특별한 누군가의 전유물이 아니라 마인드를 바꾸고, 준비하고, 시간을 견디는 평범한 사람의 선택이라는 사실을 당신도 마음 한쪽에 담아두었으면 합니다.

우리는 아직 진행형입니다. 월건주와 오조는 아직 엄청난 부자도, 화려한 성공 신화의 주인공도 아닙니다. 지금도 각자의 본업을 충실히 하며 살아가고, 동시에 다음 투자를 준비하고 있습니다. 앞으로도 실수할 것이고, 생각보다 더디게 갈지도 모릅니다. 그래도 멈추지는 않을 겁니다.

그래서 감히 말하고 싶습니다. 우리, 함께 가봅시다. 이 책은 본업을 버리라고 말하지 않습니다. 오히려 본업을 지키면서 투자에 도전하는 삶을 이야기합니다. 지금 당신이 맡고 있는 역할, 회사에서의 자리, 가정에서의 책임, 그 무엇도 가볍지 않습니다.

조급해하지 말고, 비교하지 말고, 이 책을 출발선 삼아 한 걸음씩 나아간다면 분명 지금과는 다른 미래에 닿게 될 거라 믿습니다. 이 책이 끝이 아니라, 대화의 시작이 되기를 바랍니다. 앞으로도 우리는 계속 경험을 나누고, 같은 길을 걷는 사람들과 이야기할 것입니다. 지금 이 페이지를 덮는 당신에게 부자가 되라는 말 대신, 이 말을 전하고 싶습니다.

"당신도 가능합니다. 그리고 혼자가 아닙니다. 이제 다시 일상으로 돌아가 당신의 본업을 살고, 당신의 투자를 준비해 주세요. 우리도 계속 걸어가겠습니다. 같은 방향을 향해."

이토록 평범한 나도 건물주

초판 1쇄   2026년 1월 9일

지은이   월건주·오조
펴낸이   허연
편집장   유승현

책임편집   정혜재
편집부   김민보 고병찬 이예슬 장현송 민경연
마케팅   한동우 박소라 김영관
경영지원   김정희 오나리
디자인   김보현 한사랑

펴낸곳   매경출판㈜
등록   2003년 4월 24일(No. 2-3759)
주소   (04557) 서울시 중구 충무로 2(필동1가) 매일경제 별관 2층 매경출판㈜
홈페이지   mkbook.mk.co.kr   **스마트스토어**   smartstore.naver.com/mkpublish
페이스북   @maekyungpublishing   **인스타그램**   @mkpublishing
전화   02)2000-2641(기획편집) 02)2000-2646(마케팅) 02)2000-2606(구입 문의)
팩스   02)2000-2609   **이메일**   publish@mkpublish.co.kr
인쇄 · 제본   ㈜M-print   031)8071-0961
ISBN   979-11-6484-846-1(03320)